Personnel and labor management of Japanese companies

中国の現場からみる日系企業の人事・労務管理
―人材マネジメントの事例を中心に―

【編著】
- 李 捷生　Jiesheng Li
- 郝 燕書　Yanshu Hao
- 多田 稔　Minoru Tada
- 藤井 正男　Masao Fujii

東京　白桃書房　神田

はじめに

　本書は，過去十数年間にわたり明治大学郝ゼミ（経営学部）と大阪市立大学李ゼミ（創造都市研究科国際地域経済専攻）の学生たちが教員とともに行ってきた調査結果を「現場から見た」というコンセプトのもとに一書にまとめたものである。郝ゼミおよび李ゼミは，日系企業やローカル企業の人事労務管理に関する諸問題を研究対象としつつ，現地調査による事実発見および実態分析を方法論として重視するという点において共通している。

　郝ゼミは第Ⅰ部の執筆を担当する多田のほか，明治大学経営学部学生および経営学研究科の修士課程院生を中心として構成されており，教室で学んだ理論および知識を活用しつつ，現地調査を通じて実践的知識と柔軟な考え方を身に付けることをその教育の目標としてきた。

　そもそも郝ゼミにおいてフィールド・スタディの契機は，「生きた経営学」を学ぶための機会獲得にあった。同ゼミの学生たちは，教員とともに数年間にわたって継続的に同一企業を訪問し，「企業の年輪」を数えることによって現場の特徴およびその変化のあり様を克明に観察し，記録することができた。正に「教育現場主義」とでも表現すべき教育・研究の場を獲得したのである。当然のことながら，年ごとにゼミのメンバーは入れ替わるが，調査対象は同一企業に絞られたため，企業の長期的動態への観察を積み重ねることが可能となり，調査記録の資料的価値は高いものとなった。

　同一企業にその研究対象を絞る場合のさらなるメリットの一つとして，学生諸君および教員と企業との双方向的関係，いわば相互学習の関係性が構築されることで調査の楽しさや面白さが増幅される点が挙げられる。

　例えば，前年度に調査した際には，インタビューや現場見学で日本的経営システムの特徴と言うべき配置転換，情報共有，QCサークル等について明確に意識しなかったことが判明した場合，次年度の再訪問に際して，配置転換，情報共有，QCサークル等の諸制度が見事に取り入れられている現実を目の当たりにする，といった経験もしている。つまり，学生諸君および教員は，ただ一方的に情報を得るのみならず，企業側に新たな制度構築，組織改善の機会およ

びモチベーションを与えるという企業側を巻き込んだ双方向の成長機会を提供し得ることを学習したのである。と同時に，学生たちは自らの調査活動が企業にインパクトを与え，現場管理の改善につながったことを知ることで，現場調査に取り組むモチベーションが大いに向上したのみならず，事前学習の機会も以前に比して，より充実したものになった。かくて，現場での観察，実務家たちとの交流を重ねながら実態分析を深め，卒業論文を仕上げるという過程を経て，学生諸君の事実発見と問題分析の能力は飛躍的に高められていったのである。

加えて，学生諸君は，企業における人材育成の場を実地に見聞，分析，検証する過程を経て，在中日系企業経営者，管理者，現場従業員との良好な信頼関係を築いたのみならず，学生間の真の親交に目覚め，それをさらに深め，泣き，笑う機会を共有することでゼミ組織に対する「組織運営」，「人的資源管理」等に関する擬似的な体験を経験することとなった。

さらに，通訳を担う修士課程の中国人留学生と学部生との交流は，正に「異文化交流」そのものであり，ある種の「教育イノベーション」とでも呼べる機会を提供していたと言える。

以上に示したように，明大側の成果獲得の過程は，経営学のエッセンスがここかしこにちりばめられた絶好の教育，学習の場に他ならなかった。これらの機会をフル活用することで学生，院生諸君の多くが学術的な成果に留まることなく，人間的にも大きな成長と成果を獲得してくれたことに教員として大きな喜びを感じている。

最後に，いま一つ留意すべきは，若い学生諸君は好奇心が強く，かつ行動力があり，時としてその澱みのない瞳を通じて得られた事実が，多様でバラエティに富み，教科書で単純明快に整理された「事実」とは異なる場合が多い点は，特筆に値する。研究者による調査は仮説およびその検証という手順を踏み，仮説の検証と関連しない事実は基本的には捨象される。ところが，学生による調査は確かに論理的分析の不足や研究の深さが足りないという問題点はあるものの，新たな事実の発見につながる機会が少なくなく，新たなアイデア，発見を提供する結果となった。正に，採用・教育，熟練形成，内部昇進，チームワークといった人材育成システムに関する事実を多面的に掘り起こし，分析した本書第Ⅰ部の成果は，郝ゼミによる教員と学生たちの共同研究の成果に他ならない。

一方，李ゼミは第Ⅱ部の執筆を分担する羽淵，藤井両氏（李ゼミのOB）のほか，

はじめに

大阪市立大学大学院創造都市研究科（国際地域経済研究領域）の社会人大学院生を中心メンバーとして構成されており，日本とアジアにおける産業および人事・労務管理と関わる諸問題を調査研究に基づいて探究しつつ，研究論文や博士論文の作成をサポートすることを目標としてきた。

社会人出身のメンバーは長年にわたり会社の幹部，また労働組合の活動家としてビジネス活動や社会的活動に従事し，各自の実務領域における実践から豊富な経験的知識を蓄えてきた存在であった。社会人院生として大学院に入った目的は，学術的知識および方法論を学びつつ，自らの経験的知識を踏まえた創造的研究を行うことであり，従来よりも広く社会貢献をしていくということである。学術的知識と経験的知識との融合を通じて実践に資する研究を進めようとする社会人院生の要望を満たすために，十数年前から学術的知識を持つ若手研究者，経験的知識を持つ社会人院生からなる「調査研究」駆動型研究チームが発足された。研究チームの課題は現場への立入調査を通じて日系企業と中国企業の経営・労働のあり方を比較分析することであるが，日系企業と中国企業の人事労務管理の変容過程をどう捉えるのかということが調査研究の焦点の一つであった。すなわち，日系企業が現地に進出した当初，自ら（移転側）の方針に基づいて構築された管理方式が後程どのように変化したのか，変化を促す現地側要因とは何か，現地側要素を踏まえた新たな管理方式がどのような意義を持つのか，といったところに分析の焦点が絞られた。

特筆すべきは，社会人院生が経験的知識に根ざした分析視角に基づいて，現場で日々発生する複雑な現象からコアとなった要素を析出する上で鋭い洞察力と知見を持っていることである。そして移転側要素と現地側要素の両面から，なぜこうなったのか，といったところの因果関連の分析を事実に基づいて行うことが重視された。この意味において彼らの調査研究は仮説の検証を目的とするのではなく，問題の発見およびその対応のあり方に焦点を当てているということである。他方，経験的知識に偏りすぎて論理的かつ客観的思考ができなくなる恐れもある。そこで社会人院生と若手研究者が混成チームとなって，様々な視点から深く議論を交わし，できる限り分析の客観性を維持しようとしていた。こうした共同研究を土台に，執筆者が各自で事例研究を進め，研究発表を行ってきた。第Ⅱ部はその研究成果をまとめたものであるが，それは単に論文集ではなく，共通の問題意識を持つ作品である。この点については，本書の「終

章」でまとめたとおりである。なお論理構成の的確さ，第一次資料の豊富さにおいて一定の成果を収めることができた。もちろん，若手研究者や社会人院生の習作として一部，分析の不十分さ，概念規定の不明確さ，事例研究固有の限界など今後克服すべき問題点や課題も残っている。研究を継続する上で改善を図っていきたい。

最後に，郝ゼミと李ゼミは長年にわたって合同研究会や講演会の開催，共同研究の実施および学生交流などを通じて交流と連携を深めてきた。本書は両ゼミの学生参加を踏まえた実りある研究成果の一つである。

なお，本稿の執筆は，既述の通り徹頭徹尾"現場主義"を貫くスタンスで展開されてきた。この"現場主義"の実現に際しては，現場としての個々の企業の協力が不可欠である。この場を借りて，ご協力を賜った個々の企業および従業員の皆様方に改めて感謝申し上げる。

また，本書の出版にあたっては，白桃書房の大矢栄一郎社長に最初から最後まで細部にわたりご教示頂き，大変お世話になった。とりわけ，校務に忙殺される中，滞りがちな原稿作成については，本当に根気強くお付き合い頂いた。末筆ながら執筆者を代表して感謝の意を申し上げる。

2015年6月

編著者一同

◆目次

はじめに iii

序　章　本書の内容・構成と特徴

第 I 部　人事・労務管理の諸相

第 1 章　中国企業の現場にみるハイブリッド型人材マネジメント
―日系企業の人材育成システムを中心に―

はじめに 14
1. 中国企業の発展と人材育成 15
2. 日本的経営システムにおける人材育成システムの移転と先行研究 16
3. 新たな視点としての"相乗ハイブリッド型"システム 22
おわりに 25

第 2 章　日系企業の離職問題

はじめに 27
1. 在中国外資系企業における離職率の現状 28
2. 在中国日系企業における離職率の現状 29
　(1) 事例研究①：D社 29
　(2) 事例研究②：C社 32
おわりに 34

第 3 章　余剰人員対策制度

はじめに 39
1. SUH制度の概要 39
　(1) SUH制度の定義および諸規則概要 39

v

(2) 導入プロセス･･･ 42
　2. SUH制度の実態･･ 47
　　(1) 2005年度･･ 48
　　(2) 2006年度･･ 48
　3. SUH制度による成果･･ 49
　おわりに･･ 54

第4章　企業内教育制度

　はじめに･･ 56
　1. 企業内教育の主たる内容･･ 57
　　(1) 企業内教育の定義･･ 57
　　(2) 企業内教育の目的･･ 58
　　(3) 日本における企業内教育･･ 58
　2. 日系企業における企業内教育制度の事例研究･･････････････････････････････ 61
　　(1) 中国B社の事例･･ 61
　　(2) A社の事例･･ 68
　おわりに･･ 78

第5章　日系企業における多能工制度

　はじめに･･ 83
　1. 多能工とは･･ 83
　　(1) 多能工の定義･･ 83
　　(2) 多能工がもたらす効果･･ 85
　　(3) 中国における多能工研究の概要････････････････････････････････････ 86
　　(4) 中国における経営環境の諸特徴････････････････････････････････････ 87
　2. 中国での実証研究･･ 88
　　(1) ライン生産における多能工･･ 88
　　(2) セル生産における多能工･･ 90
　　(3) 実証結果に関する分析･･ 91
　おわりに･･ 94

第6章　現場力（「カイゼン」活動）

はじめに ……………………………………………………………………… 97
1. カイゼン活動に関する定義 …………………………………………… 98
　(1)　「カイゼン」の定義 ………………………………………………… 98
　(2)　日本におけるカイゼン活動の現状 ……………………………… 99
　(3)　中国におけるカイゼン活動の問題点 ………………………… 100
2. 日系小売業におけるカイゼン活動の事例研究 ………………… 101
　(1)　発表会の概要 …………………………………………………… 102
　(2)　従業員アンケート ……………………………………………… 103
3. 中国での事例研究 ……………………………………………………… 104
おわりに …………………………………………………………………… 106

第7章　内部昇進制度①（社内公募制度を含む）

はじめに …………………………………………………………………… 109
1. 内部昇進制度 …………………………………………………………… 109
　(1)　内部労働市場と内部昇進制度の定義 ………………………… 109
　(2)　日系企業における内部昇進制度の事例研究 ………………… 112
2. 社内公募制度（A社の事例） ………………………………………… 119
　(1)　社内公募制度の概要 …………………………………………… 119
おわりに …………………………………………………………………… 135

第8章　内部昇進制度②（評価制度）

はじめに …………………………………………………………………… 139
　(1)　人事評価の定義 ………………………………………………… 139
　(2)　日系企業における評価制度に関する事例研究 ……………… 141
1. 業績評価 ………………………………………………………………… 141
2. 態度評価 ………………………………………………………………… 142
3. 補助評価 ………………………………………………………………… 144
4. 日中両国におけるB社評価制度の比較 …………………………… 147
　(1)　セルフチェック制度の有無 …………………………………… 147

- (2) 発表会の活用度 147
- (3) 自己推薦制度の活用度 147
- 5. A社の事例（人民裁判制度） 148
  - (1) 人民裁判制度に至るまでのプロセス 149
  - (2) 各人民裁判制度の概要 150
  - (3) 人民裁判制度の実態 152
- おわりに 153

第Ⅱ部 人事・労務管理のダイナミズム

第9章 技術・技能集約的職場の労務管理 －自動車メーカーの製造現場の事例－

- はじめに 160
- 1. 広州本田の経営方式 161
  - (1) 設立過程 161
  - (2) 経営戦略 163
- 2. 広州本田の労務管理 166
  - (1) 設立当初の労務管理 166
  - (2) 「労働契約法」施行後の変化 169
- おわりに 171

第10章 女子労働者の雇用システム －大手電機メーカーの製造職場の事例－

- はじめに 176
- 1. 作業方式の変容 177
  - (1) セル生産の導入 178
  - (2) 作業工程と労働力編成 180
- 2. 女子労働者の雇用システム 182
  - (1) 女子正規労働者の登場 182
  - (2) 雇用・分配条件 183
- おわりに 188

第11章　中小企業の技能形成　―中小電機メーカーの日中比較―

　はじめに ……………………………………………………………………… 194
　1. 中小製造企業の生産システム，および技能に関する先行研究 ……… 195
　2. 金属加工―シャフト加工の工程を中心に― ………………………… 198
　3. 事例研究 …………………………………………………………………… 199
　　（1）　調査対象と調査方法 ………………………………………………… 199
　　（2）　大阪地域 ……………………………………………………………… 200
　　（3）　浙江省寧波市 ………………………………………………………… 203
　　（4）　調査結果 ……………………………………………………………… 206
　おわりに ……………………………………………………………………… 208

第12章　女子従業員の人事管理　―大手電機メーカーのホワイトカラー職場の事例―

　はじめに ……………………………………………………………………… 213
　1. 女子従業員の定着化―統括企業PD社の分析― ……………………… 214
　　（1）　人事管理の変容 ……………………………………………………… 214
　　（2）　長期雇用制度の適用 ………………………………………………… 218
　2. 女子コア人材の育成―財務統括企業PF社の分析― ………………… 220
　　（1）　女子専門職の特質 …………………………………………………… 220
　　（2）　能力重視の人事管理 ………………………………………………… 221
　おわりに ……………………………………………………………………… 225

第13章　技術者の人事管理　―垂直統合体制との関連を中心に―

　はじめに ……………………………………………………………………… 231
　1. 垂直統合体制と「モノ・機能・ヒト」の統合 ………………………… 232
　2. 垂直統合体制と技術者人事管理 ………………………………………… 233
　　（1）　技術者人事管理の特徴と歴史的背景 ……………………………… 233
　　（2）　技術者人事管理の課題 ……………………………………………… 234
　3. 技術者市場の日中比較 …………………………………………………… 235
　4. 垂直統合体制の改革事例 ………………………………………………… 236
　　（1）　垂直統合体制構築の現地化の課題 ………………………………… 237

(2) 企業グループによる垂直統合体制の再編成 ……………………238
　おわりに ……………………………………………………………………240

補　章　　新興ローカル企業の人材育成と報酬制度

　はじめに ……………………………………………………………………242
　1. 研究開発体制の発展 ……………………………………………………243
　2. 人事制度の改革 …………………………………………………………245
　　(1) 企業理念 ……………………………………………………………245
　　(2) 分配方針 ……………………………………………………………246
　　(3) 基本法の問題点 ……………………………………………………249
　3. 二元的分配システムの実態 ……………………………………………251
　　(1) 能力主義的職能給制度 ……………………………………………251
　　(2) 従業員持株制度 ……………………………………………………256
　おわりに ……………………………………………………………………262

終　章　　「複線型人事労務管理」の課題と展望

　はじめに ……………………………………………………………………266
　1.「相乗ハイブリッド」仮説 ……………………………………………267
　2.「相乗ハイブリッド」管理の典型例 …………………………………268
　3.「複線型人事労務管理」の展開 ………………………………………269
　むすび ………………………………………………………………………273

　文献リスト …………………………………………………………………275
　索引 …………………………………………………………………………289
　執筆者紹介 …………………………………………………………………296

序章

本書の内容・構成と特徴

　2010年，中国は世界第2位の規模を誇る経済大国となった。それは単なるGDPの拡大にとどまらず，そこで働く人々の勤労意識，組織の編成，人材の育成，活用方法等，様々な経営環境をも大きく変容させてきた。各企業は人材育成に力を入れ，人材マネジメントのレベルも大幅にアップする中，その競争力を向上させる中国企業も数多く誕生しつつある。

　本書は，日系企業を中心に中国国内企業の現場で働く「ヒト」に焦点を当て，現地調査に基づく事例研究を通して，その経営管理・生産システムにおける人材育成・人材形成を中心とした人材マネジメントの実態およびその特徴を明らかにすることを目的としている。

　改革・開放政策の実施以降，国有企業改革の実施および民営企業の育成策実施，さらには外資系企業の積極的な誘致策等により，中国企業の所有形態は多様化が進んだ。具体的には，それまでの旧体制下での国営企業を中心とした単一的な所有形態から，大別して国有企業・民営企業および外資系企業等から構成される多様な所有形態である。

　また，外資系企業は日系企業・欧米系企業・韓国系企業等，出資国別に分類することが可能である。このような外資企業群については，人材マネジメントシステムの源流もそれぞれ異なり，その成果としての各企業における人材育成・人材形成を中心とした人材マネジメントもそれぞれ固有の特徴を有するものとなっている。

　さらに，業界あるいは業種が異なる場合も，それぞれ固有の状況が存在する。例えば，アーキテクチュアの問題についても議論の対象として加味する必要の

ある業界，あるいは熾烈な競争下にある最前線の業界，業種については，その人的資源管理システムは重層的に複雑化せざるを得ず，そこには極めてダイナミックかつ動的な世界が形成されている。

一方，先進各国企業によるOEMあるいはODM生産を主業とする業界，業種，小売業等複雑なアーキテクチュアを必要としない業界，業種等においては，その分析，検討を静態的かつ平面的に展開することが比較的容易であり，そのエッセンスをより確実かつ明確に抽出，認識することが可能である。

そこで本書は2部構成とし，中国企業の人材育成・人材形成を中心とする人材マネジメントに関する現場調査を通した事例研究について，第Ⅰ部で多元的かつ俯瞰的な分析を，続く第Ⅱ部においてより高いレベルでの動態的かつ立体的，重層的な分析を行うこととする。

なお，第Ⅰ部については，明治大学経営学部の郝燕書研究室所属の学部生・大学院生（修士課程）によって実施された在中日系企業を対象とした調査結果，第Ⅱ部については，大阪市立大学の李捷生研究室所属の大学院生（博士課程）によって実施された在中日系企業および地場の民営企業を対象とした調査結果に基づき，それぞれ実施された分析，検討結果により構成されている。以下，それぞれの具体的な概要である。

まず，第Ⅰ部では，在中日系企業の事例に関する考察が行われている。明大グループは，日本企業の競争力を支える日本的人材育成システムについて，教育訓練およびOJTによる多能工の育成，QCサークルによるチームワークの形成，全員参加によるカイゼン活動の実施等に見られる現場主義的諸側面，さらには，この現場主義を盛り立てていく評価制度等に注目した。より具体的には，こうした諸側面が，仮に日本社会の歴史的・文化的特性と強く結び付いているとすれば，制度，慣習等社会環境の異なる中国への移転は困難を伴うのではないか，という移転側の視点，加えて，現地固有の文化，慣習，行動様式等の諸要素を取り入れる現地側の視点という移転側と現地側双方の要素を「融合」することにより，新しい人材マネジメントが形成されているのではないか，という問題関心を持って現地調査を開始した。この移転側および現地側双方の要素を融合した人材マネジメントという議論は，明大グループオリジナルの議論ではなく，これまでも多くの研究者が提唱してきた議論である。ただし，明大グループは，これまでのそれら議論からさらに一歩踏み込んだ本来の意味での，すな

わち"真正"ハイブリッド型人材マネジメントシステムとして"相乗ハイブリッド"という概念を提唱している。より具体的には，日系企業が中国現地で異文化経営を行う場合，成功した企業では，その「融合」によってより強力な第3の新しい人材マネジメントシステム，すなわち「相乗ハイブリッド」型システムが形成されており，逆に，中国現地での経営管理に苦しんでいる日系企業の場合，移転側と現地側の両要素の「融合」に不具合が生じ，システム自体を大きく損なう「相殺ハイブリッド」型システムへと変容しているという論理である。前者にあっては，人材マネジメントがスムーズに行われ，異文化経営に成功する。それに対して，後者は異文化経営に失敗し，中国からの撤退を余儀なくされ，場合によっては倒産という最悪の事態すら招くこともあり得る。こうした現地経営の明暗，正に異文化経営の成否を分ける最大のポイントこそが「相乗」かそれとも「相殺」かという点にある。その意味では，これまでのハイブリッド型分析からさらに一歩踏み込んだ"真正"のハイブリッド型分析とも言える新たな分析視点である。明大グループはこうした二分法を主たる分析手段として，企業調査を通じて「相乗」の諸要素とは何か，どのようにして「相乗ハイブリッド」が形成されたのか，逆に，如何なる方法を採れば「相殺ハイブリッド」を回避し得るのか，現場の様々な部署で働く経営者・管理者・作業員等へのインタビュー，アンケート調査を通じてその確かな解答を探し求めた。これぞ正に"現場主義"の真骨頂であり，その努力の成果こそが第Ⅰ部の主たる内容を構成している。その具体的な構成および各章の概要は以下の通りである。

　第1章においては，これまでの日本的経営システムの海外移転に関する先行研究の成果をまとめ，移転する側の論理に終始する議論が圧倒的な現状を批判的に捉え，時代の流れの中で，そこに欠落している決定的な要素としての現地の優位性に着目した新たな視点の必要性を提案している。

　第2章においては，日本的な人的資源管理システムの検証に先立ち，日本的経営システムの中国への移転に際して最も問題視される中国における労働市場の流動的性格，すなわち離職率の現状について検証している。

　また，第3章以降において，日本的な人的資源管理システムの移転問題について，成功事例となる各種具体的なシステムについて，その制度的な概要を中心に日本的経営システムとの関わりを含めて分析，検証している。

　第3章においては，日系製造業において，日本的経営システムには存在しな

いが，しかし，日本的経営システムの本質を確実に内包する現地固有の，いわば中国発祥の日本的経営システムとも呼べるSUH制度という制度について分析，検証している。正に第Ⅰ部で主張したい「相乗ハイブリッド型」経営システムの典型的な事例とも言える制度である。

第4章においては，日本的経営システムの根幹となる社内教育制度について，小売業およびOEM生産に従事する製造業で実践，成功している事例を分析，検証している。そこでは，相反する諸条件下にあって，本来であれば，到底，実践および成功が期待できないシステムであるはずの教育制度が，見事なまでに機能している実態が明らかにされている。

第5章においては，こちらも日本的経営システムの特徴の一つに数えられる多能工制度について，本来の議論ではその実現は到底，不可能であるはずの同制度が見事に実施されている実態を分析，検証している。やはり，そこにも現地の諸事情を活かす努力が為されている点が強調されている。

第6章においては，「現場力」，具体的にはカイゼン活動に焦点を当て，日本とは根本的に異なる現地従業員の気質の存在にも関わらず，現地の諸特質を活用することで日本的システムの運用は十分に可能であり，場合によっては，すなわち，現地の事情をより深く利用することで，日本での運用以上の成果が期待できる実態を明らかにしている。

第7章においては，内部昇進制度およびそのための社内公募制度という日本的経営システムの重要な構成要素としての内部労働市場という条件下で発展してきた制度についても，中国において十分に運用可能であることを分析，検証している。また，中国社会において取り残されてきた若年階層の一部について，同社会には存在し得ない新たな受け皿としての日系企業の存在意義という側面も浮き彫りにしている。

第8章では，内部昇進制度と不可分の関係にあると言える評価制度について，小売業およびOEM生産ながら製造業でのシステムを分析，検証している。そこでは，企業としての主義・主張に決して妥協を許さない強い決意と現地従業員の諸特質を，コンフリクトを回避しつつ見事なまでに融合，新たなシステムとして再生されている。場合によっては，日本的経営システムが有する劣位性を優位性に転換することすら可能としている点を明らかにしている。

なお，第Ⅰ部において分析，検証の対象とした訪問企業の概要は，以下に示

序章　本書の内容・構成と特徴

す通りである。この場を借りて，学生・大学院生たちへのご協力に改めてお礼を申し上げる。

- A社：1996年フィリピン華僑の出資により設立された広東省S市に立地する企業。日本の家電メーカーであるA社の，後に大手家電メーカーであるS社の音響機器製造を中心としたOEM生産を請け負う。当初，出資者の同郷人およびA社技術者，さらに出資者の縁故者により経営されたが，連年赤字を計上，2000年にはA社による再編によりS社が再建を果たしOEM生産を委託することとなった。
- B社：中国内陸部に位置する四川省S市に立地する日本国内有数の大手小売企業。1996年にS市に進出後，翌1997年にはP市にも進出を果たしている。S市には5店舗が展開され，総従業員数は3,000人を越える。またP市については，10店舗が展開され，総従業員数は2,800人あまりを数える。中国国内に進出を果たし好業績を達成した国内小売業のパイオニア的存在である。
- C社：国内大手家電メーカーで，江蘇省S市，P市，広東省K市に主としてリチウムイオン電池をはじめとする電子部品等を生産する工場として立地している。S市に立地するC1社は，1994年に設立され翌1995年に操業を開始した。その操業は早く，外資としては同市に設立された工業園区で4番目の進出とされる。当初は合弁形態であったが，2002年に完全な独資企業となった。主に中国国内向けに基盤材料，電子機材を製造している。P市に立地するC2社は，1997年に投資会社として設立され，上海，広州等中国国内9か所に分公司がある。同社は中国事業の販売会社機能の強化および傘下企業へのコーポレート支援の拡充を目的として設立された販売機能を主とした企業とされる。最後にK市に立地するC3社は，K市政府出資の現地企業との合弁企業として1993年に設立された。1995年に操業を開始し，メンズシェーバー，美容関連商品，ポケット歯ブラシ等を製造しており，2011年8月には売上高1億元を突破している。
- D社：広東省T市に立地し，自動車産業および電気通信産業向けにワイヤフォーム，金属および合成樹脂ファスナ，ユニット機構部品等の製品製造，販売に従事する国内有数の企業。同社は2003年に台湾企業2社との共同出資で設立された。翌2004年に操業を開始し，日本の自動車大手N社および系列部品会社，欧米系のGM社，中国国内自動車企業である奇瑞汽車および長城汽車等への

製品供給に従事している。
・E社：広東省H市に立地する日本の大手自動車メーカーN社と中国の国有大手自動車メーカーであるT社との合弁企業。2003年7月より工場の稼働を開始し，2012年にはH市に第2工場が竣工している。さらに，2014年には，中国自主ブランド車の販売も開始している。

このように第Ⅰ部では，在中日系企業の人事労務管理における「ハイブリッド化」傾向について，多面的な分析が行われた。その「ハイブリッド化」傾向を促す重要な要因として注目すべきは，在中日系企業が現地従業員の様々なニーズに対応するため，従業員の多元的な人事労務管理を模索してきた点である。そして，その模索は従来型方式の全面否定を意味するものではなく，むしろ従来型方式と現地側要素との結合を通じて「複線的管理」が追究され，結果として管理方式の「ハイブリッド化」が具現されたと見られる。

第Ⅱ部では，現地の事例調査をベースに検討されている点は第Ⅰ部と同様であるが，在中日系企業が現地で進めた「複線型人事労務管理」が何を契機に形成されたのかなど，政策・制度の形成・変化の因果関連に分析の焦点を当てた。

近年，在中日系企業は人事労務管理の面において，従来の「職能資格制度」の再編と現地適用を重視する一方，欧米企業などで採用されている成果主義を併用するケースが増えつつある。これまで日系企業の多くは「職能資格制度」をできる限り現地に適用させようとしてきた。日本製造業の国際競争力の源泉は生産システムのフレキシビリティと高品質にあるのであり，それらを担保する重要な制度的条件の一つは日本的労務管理の根幹である「職能資格制度」とされているからである。「職能資格制度」とは，従業員の職務遂行能力に応じて資格等級と基本給が決定される制度である。「職務遂行能力」とは同一企業内でOJTを通じて幅広いキャリアを重ねて，経験を積みながら養成される総合的な能力を指す。同制度の特徴は，仕事の成果や結果だけで評価するのではなく，仕事に対する努力や意欲，変化に対応する能力など，仕事のプロセスと関わる要素も評価の対象として重視される制度であった。

こうした「職能資格制度」は，総合能力とモラルを備えた従業員を育成し，また従業員全体の能力アップを促進する上で有効な制度であったため，「日本的経営」の人材育成面における柱として位置付けられた。しかし，「職能資格

制度」については，1980年代から日本企業の海外進出が増加するに伴い，日本の社会的背景のもとで生成された独特な制度が，海外でも適用できるのかという問題が生じた。多くの研究者の間で争点となったのは，「日本的経営」が海外でどこまで「適用」され，どのように「適応」されたか，いわば「日本的経営」の多様性の是非であった。第Ⅰ部で提示された「ハイブリッド化」分析の結論は，これまでの議論の一つの結実点とも言えるだろう。

　人事労務管理の「ハイブリッド化」傾向は近年日系企業の現場で推進されている「複線型人事労務管理」と大きく関係している。「複線型人事労務管理」は，総合能力の育成を重視する「職能資格制度」と並んで，専門能力の活用を重視する「専門職制度」を取り入れることで，一般人材と専門人材の育成を両立させようとする制度であり，また仕事のプロセスに管理の重点を据えた「職能資格制度」の中に，業績の評価を重要視する「成果主義分配」を組み入れる制度でもある。さらに勤続年数との相関が強い昇進システム（職能資格制度）と並んで，高業績者を対象とする跳躍的昇進のシステムも組み込んだ制度であった。背景としては，日系企業が中国で抱えている新製品の開発，新事業の開拓などの経営的課題によって，専門人材の需要が急速に高まっていることが挙げられる。また，労働契約法の施行（2008年1月1日）以来，従業員の権利意識が高まると同時に，従業員が企業に求める条件や要素も多様化し始めている。要するに，労使双方の多様なニーズに対応する人事制度の確立が急務とされたのである。

　それゆえ，第Ⅱ部における大阪市大グループの問題意識は，執筆者によって分析対象となる業種や職種は一様ではなく濃淡はあるものの，経営環境，ビジネスモデル，従業員の意識などの変化が，在中日系企業の人事労務管理にどのような変化をもたらしたのかという点にある。その変化の要因は業種や企業規模によって異なるが，概ね①低コスト・価格競争からの要請，②差別化からの要請，③現地化からの要請などに大別される。そして，第Ⅱ部の各論稿では，第1に業種や企業規模，ビジネスモデルとの関連を踏まえた類型論の視角，第2に時期区分（変化）を重視し，制度形成の因果関係を把握する上で，その意義と問題点を明らかにする動態的視角が用いられている。さらに，在中日系企業との比較分析の対象として，現地ローカル企業の事例も補章で取り上げられている。第Ⅱ部の概要は以下の通りである。

　第9章では，日系大企業の経営方式と従業員管理について，広州本田の事例

調査を通じて検討している。自動車は労働集約的な製品とは異なり，製造現場には一定の熟練が要求される。広州本田では生産拡大以上に品質重視の経営方針が掲げられており，年功的管理を通じて人材や熟練工を育成し，「能力主義管理」（職能給やOJT）などを通じて多能工の育成と確保を行っていた。だが，広州市へのライバルメーカーの相次ぐ進出，「労働契約法」の施行（2008年）といった経営環境の変化を受け，成果主義的分配を部分的に導入した。一般的に中国では成果給によって従業員の定着率を高めようとする傾向にあるが，「能力主義管理」と成果主義分配が並存する形で「複線化」が進んだ同社の労務管理は興味深いものとなっている。

第10章では，中国の日系大企業を分析対象に，熟練職場で働く女子労働者の雇用形態を考察している。調査対象は自動車電装関連製品を扱い，従業員の大半が出稼ぎ女子労働者という典型的な非熟練職場であった。しかし，中国国内での自動車生産が急増したことに伴い，生産・販売体制の見直しが図られることになり，生産効率を高めると同時に品質確保も重視された結果，セル生産が導入された。それによって女子従業員には日本で男子正社員のみに適用される「能力主義管理」と長期雇用制度が適用されることになった。中国が「世界の工場」から「世界の市場」へと変貌する過程で，新たな経営戦略で中国市場に挑む日系大企業の事例研究である。

第11章では，中国に進出した中小製造企業が技術強化を図る際，何が重要な選択基準となっているかを日中の企業事例から考察している。中国現地工場においても技術力を強化し，日本同様に技術面での優位性を持つ工場運営を実現するためには，日本と中国との間での様々な差異を克服する必要がある。中小規模の製造工場では，工場規模や設備体系で日中間に大きな差異は見られないものの，日本では技能形成を重視しているのに対し，中国では作業工程の単純化に重点が置かれている。このような違いは，日中の異なる経営環境，社会通念に帰結している。人件費が高騰する昨今の中国の現状に鑑みれば，安い労働力を梃子にした成長に限界があることは自明であり，今後の中国の製造業をみる上で興味深い調査となっている。

第12章では，日系大企業の現地統括会社および財務部門を統括する企業のホワイトカラー職場が分析対象となっている。このような職場は大卒・院卒の従業員で大半が構成されており，優秀な人材が集まる職場である。分析対象となっ

た職場には専門職である女子従業員が多数を占めており，近年の日本でも大卒・院卒の女性の社会進出は拡大傾向にある。ただ，日本では旧態依然の企業風土から，男性と女性との間に存在する種々の格差が問題視されている。それゆえ，本章では在中日系大企業のホワイトカラー職場で働く女子従業員は，男子と格差があるのかという点を分析視角として，中国の労働市場における女子従業員の定着化や育成などの問題を検討している。

第13章では，日系製造業の「開発＋製造」体制構築の特徴と課題を技術者人事管理との関連において事例調査を通じて検討している。近年の中国では「世界の工場」から「世界の市場」へと変貌する中，多国籍企業間では「開発＋製造」体制の強化がグローバル競争を勝ち抜く上で最重要課題となっており，中国国内では開発・設計の技術者や製造技術者の獲得競争が激化している。本来，日系企業では管理者や技術者，労働者といった階層的区別はなく，「職能資格制度」による画一的な管理・処遇が為されていた。しかし，労働市場が流動的かつ階層的な中国では，「日本的技術者人事管理」では対応できず，階層別に異なる労務管理が求められることになる。そのため，社内で部門別に統廃合を行い，階層別に異なる処遇，管理制度を適用することで，現地事業の再編を行った本章の日系製造業の事例は興味深いと言える。

そして，補章では，ローカル大企業の華為を調査対象とし，技術形成と人事制度の側面から分析することで，その特徴と問題点を検討している。華為は外部からの技術導入に依存せず，自主技術を醸成することで成功した。そうした自主技術の形成要因，さらに自主技術確立を可能とした人事制度の解明が，本研究の焦点となっている。同社では当初「成り行き管理」と奨励金方式による管理制度が施行されていた。しかし，プロジェクト・チーム方式を採用し，職能給による人材の内部育成，成果給によるモチベーションの向上，株式配当によるハイパフォーマーの確保など，大きく労務管理を改変した。そのため，華為では内部育成により形成される一般人材，多様な経路から形成されるハイパフォーマーに対して，職能給と成果給，そして株式配当を組み合わせた複線的な賃金制度が適用されることになった。本研究は中国のローカル企業の成功モデルを再考する上で格好の事例研究となっている。

なお，こうした一連の事例研究はどこまで一般化できるのかについて疑問が残る。確かに個別事例がどこまで全体状況を説明できるのかという事例調査固

有の限界はあるものの，全体状況が流動的で不明確であるため，事例研究は個別から全体へ到達するという認識プロセスの一環として有効かつ不可欠であるとも考えられる。

　既述の通り，本書の内容は，明大の郝研究室および大阪市立大の李研究室所属の学生諸君が執筆した成果を中心に構成されている。そもそも，両研究室に共通する分析視点としては，中国企業の経営現場に関心を持ち，その経営管理システムの形成が，日本的経営・生産システムの導入，移転という移転側の要素および現地の経営システムおよび文化，慣習の受容という現地側の要素，つまりこれら「外来」要素と「内的」固有要素を如何様に「結合」させ，新たなシステムとして「融合」させていくのかという点にある。この点について，郝研究室は「相乗ハイブリッド」，李研究室は「複線型」とそれぞれ表現している。いずれにせよ，現場を重視した現場主義的な研究手法を採用し，中国企業の現場に足を運び，現場で観察し，現場の生の声である実践の智慧およびアイディアを吸収することで本書の主要な内容が構成されている。

　一方，両研究室において決定的に異なる点は，その学識レベルにある。その点は，在籍課程の相違からも明らかである。その点で，既述の通り研究対象の要素項目構成の複雑さ，分析視点の複雑さにレベル差があり，その成果にも多元的・俯瞰的および動的・立体的相違が生まれている。しかしながら，その成果は，いずれかに価値があり，いずれかには価値がないという性格のものではなく，それぞれ相応の価値がある点をぜひ，読者諸氏にはご賢察頂きたい。

　さて，以上のような経緯を経て著された本書の特徴としては，以下の3点に集約することができる。

1. 中国国内の生きた現場を理解するための教科書

　本書の内容は，中国企業の活動現場で発生したまぎれもない事実に基づく調査であり，その意味では，徹底した実証研究である。マクロ分野に関するデータを駆使した中国経済・経営に関する著作が溢れる中，本書は中国企業が臨む現場，現実，真実を理解する上で大きな貢献を為し得るものと確信する。

2. 論文作成に資する参考書

　本書本論執筆者の多くは，大学生・大学院生（修士）・大学院生（博士）という3つの異なる学歴を持つ現役の学生であるため，中国企業の経営現場に関

心を持つ社会人読者のみならず，学部生，修士課程および博士課程在学の大学院生という幅広い読者諸君の調査研究，論文作成に際して大いに役立つとともに，強力な武器になるものと自負している。

3. 研究課題の発見および形成のための入門書

　李研究室および郝研究室は，いずれも「複線型」研究および「相乗ハイブリッド」研究と呼称こそ異なるものの，本質的には共通するスタンスに立ち，調査研究および徹底的した討論を経て，中国人の視点，日本人の視点をそれぞれ合理的かつ精緻に融合することにより，新たな視点およびアイディアを提供しており，社会人あるいは学生を問わず，研究課題の発見および形成に必ずや何らかの示唆を与えるものと確信している。

　ただし，このような現役の大学生および大学院生（修士・博士）の観察，研究に基づいた成果としての論文を一冊の著書にまとめることは我々にとっても初めての試みであり，大きなチャレンジでもあった。そして，何よりも中国における企業活動の現場で展開される人材育成の観察およびまとめを通じて，「教育現場主義」により李研究室，郝研究室の人材も育成され成長したことを実感できたのは，大学教員という教育者の1人として大きな喜びであった。

　読者諸氏にあっては，これから社会に巣立つ学生，また研究者の卵として大いに期待される大学院生たちが残した歩み，成果の一つとしての本書の内容について，将来を担う社会人として，研究者として，ぜひ厳格なる視点に基づくご指摘，ご批判等をお願いする次第である。

　そのようなお願いをする一方で，複数の学識レベルの異なる視点から見た，あるいはそれらを「融合」した視点で見た中国企業の現場を，ある意味"多元的"・"俯瞰的"に理解すると同時に，新たなステップとして"動的"・"重層的"・"立体的"に理解することで，本書が読者諸氏にとって一助となれば，筆者として望外の喜びである。

第Ⅰ部

人事・労務管理の諸相

中国企業の現場にみる
ハイブリッド型人材マネジメント
―日系企業の人材育成システムを中心に―

はじめに

 そもそも日本的経営システムとは，J.C.アベグレンによる記念碑的文献である『日本の経営』において指摘された終身雇用制・年功制・企業別組合という三種の神器論に象徴される日本の大手企業に普遍的に存在する固有の経営システムを指すものである。
 その後，1970年代には上記制度に集団主義・温情主義・会社福祉主義等の文化的側面に類する諸特質に関する優位性が強調され，個々の従業員の企業に対する高い忠誠心は日本企業の強みとして評価された。
 続く1980年代には，その諸特質として構造的要因，すなわち，カンバン方式・リーンプロダクション・カイゼン等の概念化が新たな項目として指摘，強調されるに至り，日本企業は世界を席巻，その全盛期を謳歌することとなる。
 さらに1990年代に至っては，その有する高い技術力，またそれを支える継続的なイノベーションシステムにおける優位性は世界的な評価を得，世界ブランドとして通用する多くの日本企業が誕生することとなる。
 このような日本企業にあって，最も重視されたのが人的資源とされる人材であり，当該企業が理想とする人材の育成こそが日本的経営システムを根幹から支える最重要な項目と言っても過言ではない。言うならば，様々な日本的経営システムを支えるその根幹的システムとして人材育成，すなわち教育制度が存在しているのである。
 以上に示した視点から，明大グループにおいては，先述の日本的経営システ

ムを代表する諸制度に加え，それら諸制度を根本から支える根幹的な制度としての人材育成制度，すなわち教育制度，さらには同制度に不可欠の有能かつ教育者的な経営管理者の存在，延いては，それらによって築き上げられた現地従業員と同経営管理者間の信頼関係をも敢えて，日本的経営システムの一部との認識に基づき議論を展開していくこととしたい。

1. 中国企業の発展と人材育成

　1978年12月に開催された中国共産党第11期三中全会において改革・開放政策の実施が決定される以前の中国においては，周知の通り国営企業および集団所有制企業を中心とする公有制企業が国内の主たるプレイヤーとして存在していた。ただし，それら"企業"は，我々のイメージする利益を追求する法人主体としてのそれではなく，"行政性公司"と表現される通り一行政組織としての存在に過ぎなかった。当然，そこには企業経営者という存在もなく，個々の従業員としての労働者についても，"大鍋飯"とよばれるいわゆる"親方日の丸"的な国家依存意識が根付いており，"悪平等"と形容される労働環境が厳然と形成されていた。その意味では，国家による手厚い保護のもとでのある種の"終身雇用"が約束されてはいたが，経営という発想に乏しく，まして人材育成という体系的制度も存在することなく，無いに等しい状況下にあった。とりわけ，毛沢東時代には，全体主義的，精神主義的な傾向が強く，経営学的な発想自体が存在していなかったと言っても過言ではない状況下にあったとされる。
　その後，先述の改革・開放政策実施以降は，企業の多形態化が急速に進展する中，とりわけ，外資企業の積極的な進出過程を経て，国内企業においても人材育成の発想が徐々に定着する傾向にあると言える。
　そもそも，中国における内国企業の構成は，社会主義体制下の計画経済という枠組みの中で，かつての国営「工場」，すなわち全人民所有制企業という単一的な所有形態構造であったが，改革・開放政策実施後，"改革"政策の結果として国営企業から国有企業，さらに傘下企業の株式会社化，上場に伴い，持ち株会社としての国有集団企業へと進化をとげ，新たに私営企業群の創出，合資・合作等，様々な合弁企業が登場し，多岐にわたる業態の発展が促進された。

第Ⅰ部　人事・労務管理の諸相

一方，"開放"政策の結果として，外資企業による中国国内への進出によって外資企業群が中国経済において「モノづくり」の一翼を担う不可欠の存在としての地位を獲得するに至っている。加えて，近年では，国有企業への積極的な民間資本の参入等，新たな試験的な取り組みが実施に移されている。

以上に示した各種の業態企業が中国経済の主たるプレイヤーとしてそれを支えているわけであるが，当然，それら各種業態は，日系・欧米系・韓国系等，外資企業の種類に応じて多岐にわたることとなるが，本稿においては，特に日本的経営システム下における人材育成システムの移転という観点に注目，議論を展開していくこととする。

2. 日本的経営システムにおける人材育成システムの移転と先行研究

先述のような様々なシステムから構成される日本企業も，1985年のプラザ合意以降における円高基調によってグローバル化の波に呑み込まれることとなる。その際，異文化経営という環境下にあって，日本的経営システムの根幹とも言える人材育成制度は如何なる要素によって規定されることとなったのであろうか。図表1-1は同規定要因を筆者なりに分類，整理したものである。以下，簡単に説明しておこう。

その項目としては，大きく二つの要素から構成されている。まずは，人材育成を根底から支える安定的雇用環境を含む当該国・地域固有の風土・慣行および勤労意識等に代表される個々の従業員の意識および精神という"土壌"としての要素である。

次にそれらいわば"先天的"要素としての"土壌"を基礎として，"後天的"に個々の従業員を当該企業の必要とする人材へと直接的，間接的に改変していく正に育成法としての要素である。

これらの要素を駆使することで日本的経営システムにおける人材育成が実践され，大きな成果を得ることとなるのである。

ところで，日本企業による中国への進出過程を振り返ると，その経営学的な変遷の影響もあり，日本企業によるグローバル化，対外進出とは，正に第1節に示した"日本的経営手法を如何にして対外移転するのか"と同義の認識の中

第1章　中国企業の現場にみるハイブリッド型人材マネジメント

図表1-1　人材確保のための日本的経営諸システム

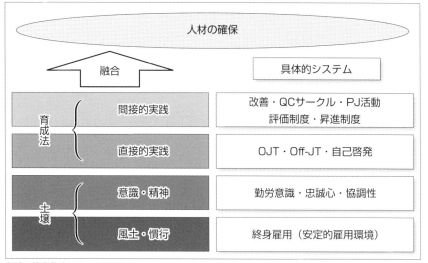

出所：筆者作成。

でその歴史を重ねてきた。その議論は，日本的経営システムの何が，移転可能あるいは不可能なのかといった観点が中心であったが，その流れは，大別して二つの視点に立脚したものである。

具体的には，日本的経営システムの"受容性"および"効率性"に注目した議論，すなわち，制度論的アプローチ，およびそれら機械論的議論を批判し，同システムの背景にある経営思想・理念を重視する立場からの議論である。以下，その主要な先行研究について検討しておこう。

まず，制度論的アプローチに基づく日本的経営の海外移転問題について注目される議論として，原口俊道氏による『経営管理と国際経営』[1999]における議論が挙げられる。原口氏は，同著書の中で，同問題を「海外移植問題」として議論を展開している。それによれば，諸見解を移植可能説および不可能説に大別した上で，同氏自身は，実証的研究成果を踏まえ，生産・品質管理技術・経営管理技術等の日本的な経営技術の移植が可能であるのに対して，日本の固有性を有する終身雇用制・家族主義・集団主義的文化に根ざした日本的経営の移植は不可能との議論を展開している。

同氏による議論は，日本的経営の海外移転問題について，体系的な議論を展開している点は大いに評価できるものであり，その先駆性は評価に値する。

続いて，村山元英氏による『新・経営海外移転論』[1997] における議論は，日本の企業が海外で定着し土着するための地域主義，多国籍主義に立脚する「経営文化資源仮説」を提唱している。加えて，同氏は経営の"超文化性"と"文化特殊性"，"多国籍性"と"地域性"，"集権型効率"と"分権型効率"といった基本的構図に基づく収斂論および現地化論の融合を試みた「土着型近代化過程」という新たな視点を提議している。

以上の2研究に共通する問題意識としては，日本的経営の海外移転問題とは，異文化という土壌に日本的経営システムを移植したことによって生じている現地適応化の問題，すなわちハイブリッド現象を問題視している点にある。

さらに，アジア諸国において事業展開している日系企業の研究・調査に基づいた研究として鈴木滋氏による『アジアにおける日系企業の経営』[2000] の議論も看過できない。同氏は，日本的経営の特質として"人間中心帰属意識管理"という概念を提示した上で，日本的経営管理を28項目に及ぶ管理項目に細分化し，調査を実施している。その結果，調査対象となったアジア9か国において，有効な上位5項目として"経営理念の強調"，"企業内教育"，"情報の共有"，"内部昇進"，"コンセンサス重視"が示され，逆に受容程度の低い5項目として"配置転換"，"多能工"，"平等主義"，"年金賃金"，"年功昇進"が示されており，重要な示唆を含む調査結果となっている。

最後に，日本的経営移転に関するハイブリッド現象の実証的研究として，多大な貢献を為す日本多国籍企業研究グループ（JMNESG）のそれが挙げられる。同グループが提唱するハイブリッド理論においては，日本的経営システムの要素項目が6グループ・23に細分化され，各項目の海外工場への持ち込み・移転（「適用」），現地経営環境条件への対応に伴う修正（「適応」）に関する5段階評価が行われる。それにより日本的経営システムの海外現地工場への適応程度，浸透度を評価，さらには同システムの現地社会への根付き具合を評価するのである。同グループによる精力的な研究成果の結果に照らし，安保哲夫氏は「日本型ハイブリッド経営の世界比較」[2004] において以下のように総括している[1]。

「日本型の経営生産システムの海外移転において，通用性の高い一般的な側面だけを移転していたのでは，その競争優位を十分に確保することができない。そこで，通用しない特殊的側面に関する諸要素をどのように修正しつつ現地持ち込みを図り，強みを実質的に保持しうるかが，現地経営の成果を大

きく左右する。—中略— その要請に対し、ハイブリッド研究の成果が一定の示唆を与え、指針となることが期待できる。」

一方、以上に示した制度論的アプローチ、ハイブリッド型モデルに対する分析批判の立場から、「日本的経営の海外移転成功の鍵とは、現地国労働力がその経営理念を共有化することにある」との立場に基づく理念共有化論を主張しているのが、大場裕之氏である。

同氏は、以下のように定義される"理念共有化"という概念を提示している。[2)]

「使命感もしくは志の必要性を共有化するのみならず、その使命感なり志を持って日々発生する仕事上の問題や将来につながる問題について対話を通じて共有化するプロセスを指す。別言すれば、職場に理念を具現化・共有化する公共空間が創出され、生産性およびQOLの高い活力ある職場が形成されることを意味する。つまり、そのような公共空間において、理念の共有化が促進されるほど働く者の能力が向上するだけではなく、同時に活力が生み出され、モチベーションを引き上げることが期待される。」

その上で、人間を資源と考える効率性という基準を絶対評価基準とは見做さず、むしろそれを相対化し、人間を生命体と考える厚生基準もしくは活力基準を導入する。そして、この二つの基準に立った"理念共有化"戦略とその実践こそが日本的経営とモチベーションとをつなぐカギであり、かつその具体的な場を創出することが働く者のモチベーションを高めるために効果的であるのではないかという作業仮説を提示している。

加えて、理念共有化が実現されることとは、人的資源の効率化と生命体活性化との関係をトレード・オフからトレード・オンの関係へとシフトさせ、活き活きとした意欲的労働力を形成することにつながる。すなわち、日本的経営の"理念共有化"によって、日本的な価値が異質の文化において吟味、普遍化されるとし、

　　理念共有化⇨活力と能力の相乗作用⇨モチベーション向上⇨真の意味での
　　生産性向上

という好循環的なメカニズムが機能することが期待されるとしている。

つまるところ、日本的な制度が現地の事情に合わせて文化的要素が徹底的に

排除，修正されハイブリッド化することで，日本的経営が制度的適応力を持つことは可能であろうが，そのことにより競争優位の維持が困難となる条件が付加される可能性は否定できない。

表現を変えるならば，ハイブリッドモデルにおけるその機械論的な側面は看過できず，大場氏の指摘するように，

「日本的要素と現地の要素を二者択一的に組み合わせ，日本的要素を薄めて適合化させる要素還元論の立場をとる。」

混合モデルであり，そこでは，日本的要素が大きく損なわれながらの，すなわち日本的価値が希薄化されながらの適合化が進展するという本質的な問題が完全に看過されていると言わざるを得ない。

大場氏もその点について，以下のように指摘している[3]。

「たとえ，細分化しそれを再びグルーピングして再統合しても，日本的経営の全体を把握することにはつながらない。なぜなら，日本的経営の全体像とは，日本的経営システムだけでなく，そのシステムを創生している日本的な経営思想なり経営理念と一体となったものであり，両者を切り離してしまえば，その全体を把握できなくなるからである。」

正に「普遍性のある日本的価値の共有化」という視点が欠落しているとの指摘は的を射たものである。

一方の"理念共有化"論については，大場氏の指摘する機械論的アプローチから脱して，日本的経営をシステムとその背景に厳然と存在する思想および理念を分離することなく，有機的な結合体として捉える試みが為されている。そのこと自体は評価すべき点ではあるが，逆に，理論的な側面を重視しすぎる傾向は否めず，現状との乖離を感じざるを得ない。

以上，日本的経営システムの移転に関する議論の流れは二つに大別されるが，第1節で示した我々の分析視点を加味するならば，その人材育成システムの移転に関する立場は，以下の図表1-2～1-4に示す通り大きく三種に分類可能であろう。以下，簡単に説明しておこう。

まず，図表1-2に示す文化・風土・慣行等の相違，すなわち，その改編，アレンジが容易ではない要素項目が当該システム定着の阻害要因となっている場合には，基本的に同システムの移転は不可能であるとする議論，すなわち不可能論が挙げられる。この場合に重要なのは，移転不可となったシステムをカバー

図表1-2　日本的人材育成システム移転の立場①

図表1-3　日本的人材育成システム移転の立場②

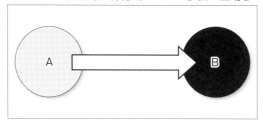

図表1-4　日本的人材育成システム移転の立場③

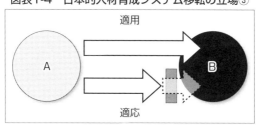

出所：いずれも筆者作成。

する代替システムが一切考慮されない点にある。

　つまり，同システムは不完全な状態での運用を余儀なくされ，その本来有する機能が十分に発揮されない危険性を伴う可能性がある。

　次に，図表1-3に示す文化・風土・慣行等の改変，アレンジが容易ではない要素項目を超越した，すなわち，民族的な差異に基づく異文化コンフリクトを問題視する必要のないある種の普遍性を有するシステムの移転という観点からの可能論である。ただし，移転を必要とするすべてのシステムに普遍性を求めること自体，現実的な議論とは言い難い。

　最後に，図表1-4に示したのが，上記不可能論および可能論の両視点を併せ

持つ折衷論である。具体的には、移転すべきシステムについて、それぞれ移転可能なのかあるいは不可能なのかを峻別した上で、不可能な要素項目については、現地仕様に改編することでシステム全体としての不完全性を克服し移転を実現しようとする立場である。

　以上の諸議論については、いずれも移転する側の論理が先行し、あくまでも日本的経営システムがその核を構成している点では本来の意味でのハイブリッド型となっているとは言い難い。いわば、移転される当該国の諸事情に関する議論、すなわち移転先国の優位性を積極的に利用しようという発想すら存在しない不完全な議論にとどまっていると言わざるを得ない。あくまでも、グローバリゼーションとローカライゼーションの折り合いをどこに付けるかという折衷論の域を出るものではないのである。

　そもそも、先に図示したように"土壌"の異なる環境下で生成したシステムは、いわば源流の異なる制度であり、そこに齟齬が生じ得ることは自明の理である。

　加えて、中国における改革・開放政策の実施後35年余りの歴史の過程で、中国企業も多くの経験を積む中で、中国固有の"土壌"にマッチした優れた制度構築を果たす企業も多く見られるようになっている。

　以上の諸点に鑑み、次節において日本的経営システムの移転に際して本稿で提唱したい新たな視点について詳述して本章を締めくくることとする。

3. 新たな視点としての"相乗ハイブリッド型"システム

　以上に示したような諸視点から議論が展開されている日本的経営システムの移転問題について、本章では、新たな視点として図表1-5に示した「融合論」の発展型としての、いわば"ハイブリッド"という言葉が本来有する意味内容をしっかり汲み取った"真正"ハイブリッド型システムとでも表現すべき立場から「相乗ハイブリッド型」という概念を提唱したい。具体的には、先述の折衷論を継承しつつも、既存のシステムの内、現地の風土・慣行にそぐわず受容に困難を伴う場合は、躊躇することなく大胆かつ果敢に捨象、排除する方向で調整する。ただし、単に不適合なシステムを捨象するのではなく、その段階で発生するであろう不備を、固定的な観念を排除し、大胆な発想の転換を図り、

第1章　中国企業の現場にみるハイブリッド型人材マネジメント

図表1-5　"相乗ハイブリッド型"システム

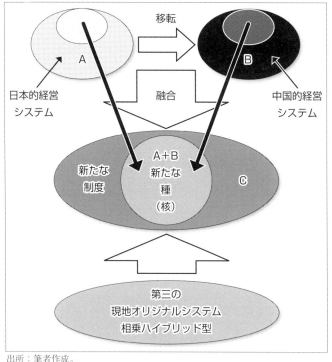

出所：筆者作成。

現地の優れたシステムを含む様々な要素を積極的に吸収，受容し得る現地発祥の，すなわちローカルの諸事情を源流とする有用な既存のシステムが適宜組み込まれた新たなシステム構築を図り，移転をより現実的かつ理想的な形で実現するというものである。正に日中の諸要素を結合することで相乗的な効果が期待できる第三のシステムこそが，この"相乗ハイブリッド"型システムである（図表1-5参照）。ここで使用する「結合」とは，「融合」および「接合」の二形態に区分される。まず「融合」とは，移転側要素と現地側要素が正に溶け合い一つのものになる，すなわち，異なる要素間の同質化を指すものである。それに対して「接合」とは，移転側要素と現地側要素が単に繋ぎ合わされる，すなわち，諸要素が連結されるにとどまった関係性である。いずれにせよ，これまでの日系企業による日本的経営システムの移転に際して決定的に欠落していたのは，たとえ異質な要素であっても，それを大きく包み込む多元的管理こそが求めら

れているのである。ただし，移転側要素と現地側要素の「融合」あるいは「接合」の程度，要素項目等については，当然のことがなら多様なパターンが想定可能であり，一様に分類することは極めて難しく，現実的ではない。

　例えば，現地側要素に十分配慮し，現地の優れた点を最大限に生かす，現地発祥のシステム構築を目指すことも可能である。正に，移転側要素および現地側要素という二つの要素について，両者の優れた点を取り入れ融合することで"品種改良"を行い，これまでの単なる"状態変化"に過ぎない移転によるシステム構築を"化学変化"へと導くことも可能である。それにより，より効果的な相乗効果が期待できる新たな第三のシステム構築が誕生すれば，これぞ正に正真正銘のハイブリッド型システムと称するに相応しいシステムと言えるであろう（第三型）。

　また，まったく別ものとまではいかないまでも，移転側要素と現地側要素をバランスよく組み込んだ，あるいは制度運用を現地仕様にアレンジすることで機能する相乗ハイブリッド型システムもあり得るであろう（折衷型あるいは受容型）。

　逆に，移転側要素を最小限に，例えば運命共同体的な発想のみを適用し，現地側要素を全面的に駆使することでこれまでに日本的経営システムには誕生し得なかった新たな制度構築も可能性としてあり得るであろう（偏重型）。

　さらには，移転側要素と現地側要素をそれぞれ独立させた形で，すなわち並存させることでの運用も視野に入れる必要があろう（並存型）。

　加えて，その抱える問題点により日本においては十分な展開を示すことのなかったシステムが，移転先においてその問題点を克服し，日本における以上に効果的に機能する場合も想定可能であろう（逆転型）。

　いずれにせよ，繰り返しになるが，移転側要素と現地側要素の組み合わせ方法は，極めて多様であり，重要なのは，移転側要素の適用に固執することなく，現地側要素を汲み取り何らかの形で，すなわち，「融合」ないしは「接合」の努力ができるかどうかである点を強調しておきたい。なぜなら，その点こそがこれまでの視点に決定的に欠落していた要素だからである。たとえ，異質な要素であってもそれを包み込む多元的管理こそがその本質に横たわっているからである。

第1章　中国企業の現場にみるハイブリッド型人材マネジメント

おわりに

　以上の諸点に鑑みた場合，移転側要素および現地側要素の「結合」パターンについて，「相乗ハイブリッド」型という概念は，より広範囲なパターンを網羅することが可能であり，本稿の仮説として極めて有用であると確信している。

　そこで，これまでの議論に基づき，日本的経営システム（人材育成システム）の移転という課題について，本書第Ⅰ部では相乗ハイブリッド型システム構築，とりわけ人材育成制度構築に成功している事例企業を紹介し，同事例企業において実際に運用されている有用な人材育成システムについての分析を試みる。

　なお，Ⅰ部においては敢えて議論の対象とはしなかったより複雑で重層的な人的資源管理システムを不可欠とする業種，業界の分析および検証については，第Ⅱ部に委ねることとする。

　最後に，第Ⅰ部における本論の内容は，郝・多田研究室メンバーによる数年間に及ぶ共同研究の成果を修正・統合・再編したものである。各章の内容について，ベースとした同成果の初出一覧は以下の通りである。

　第2章：許磊 [2011]『中国における日系企業の離職問題について一考察 ―D社，C社，E社の事例を中心に―』（明治大学大学院経営学研究科修士論文文庫所収）

　第3章：「新しいチャンスを掴む雇用調整制度～A社のSTEP UP HOLIDAY～」（郝ゼミナールEチーム：白井・宮内・清水 共同論文2006年度　学部10期生『2006年　現地調査実習報告』所収）

　第4章：王斌 [2007]『中国珠江デルタ地域における企業内教育に関する一考察 ―A社を事例に―』（明治大学大学院経営学研究科修士論文文庫所収）
「中国における日系小売業の企業内教育に関する一考察―B社の事例を中心に―」（郝ゼミナールCチーム：劉・鈴木・石橋・鬼頭 共同論文2012年度　学部16期生『2012年　現地調査実習報告』所収，明治大学経営学部懸賞論文入賞論文『経営論集』39号2012年）

　第5章：「中国における多能工育成の現状と分析」（郝ゼミナールBチーム：帰来・中北・土口・楊 共同論文2011年度　学部15期生『2011年　現地調査実習報告』所収，明治大学経営学部懸賞論文入賞論文『経営論集』38号2011年）

　第6章：「中国における日系企業の現場力―B社の「改善」を中心に―」（郝ゼミナールBチーム：高橋・柴野・鄒・伏見・山口共同論文2012年度　学部

25

16期生『2012年　現地調査実習報告』所収）

　第7章：郎翔［2012］『中国における日系企業内部昇進制度に関する一考察―事例研究を中心に―』（明治大学大学院経営学研究科修士論文文庫所収）
楊鎧寧［2007］『社内公募制度が中国華南地域の出稼ぎ労働者に対する効果の一考察 ―A社を事例として―』（明治大学大学院経営学研究科修士論文文庫所収）
　第8章：胡淼［2012］『中国に進出した日系企業の人事評価制度に関する一考察 ―事例研究を中心に―』（明治大学大学院経営学研究科修士論文文庫所収）
「日本型査定に変わる現地に適した評価制度―A社の「人民裁判」を中心に」（郝ゼミナールBチーム：浪越・末広・隋 共同論文2006年度　学部10期生『2006年　現地調査実習報告』所収）

●注
1）安保［2004］：14頁を参照されたい。
2）大場［2008］：16頁を参照されたい。
3）大場［2008］：6頁を参照されたい。

第2章

日系企業の離職問題

はじめに

　先述の通り，日本的経営システムの基本的なスタンスは，長期的視野，スタンスに立ち，安定的な労働市場環境のもとで十二分な教育システムによって"人的資源"としての人材を育成していく点にある。このような特徴を有する日本的経営システムを海外に移転していくには，自ずと移転と実施，完了までの期間に大きなタイムラグが存在せざるを得ない。日本的経営システム実現に向けての教育制度に基づく現地従業員に対する教育には相応の時間と労力を要するからである。その際，中国社会に特徴的な"転職社会"という国情が，日系企業における離職問題を深刻化させる主要な要因となることで，そのことをさらにクローズ・アップさせることとなる。

　中国における労働市場は短期的，流動的であり，転職社会である点がよく強調される。このことは，日本的経営システムの移転，定着という観点から見ると日本における労働市場の性格とは対極に位置する状況であるが，果たしてその実態はどうなのか。

　そこで，本書の主要テーマである中国での日系企業による人事労務管理システムを紹介するに先立ち，本章においては，同国における人材に関する諸特質，とりわけ，日系企業において問題視される離職問題についての現状を分析しておくこととする。その主たる対象は，中国の三大経済圏の一つであり，巨大産業集積地を形成している広東省Ｔ市，Ｋ市およびＳ市，江蘇省Ｓ市にある日系企業4社で，同4社はいずれも製造業である。同業種においては，ホワイト

カラー¹⁾のみならず多くのブルーカラー²⁾を労働力として必要とするため,離職問題をより多面的に分析することが可能との判断から同業種を選択することとした。

なお,具体的な調査,インタビュー対象の職位は,同社トップマネージャー,ミドル管理者層,現場作業員らであり,日本人および中国人従業員双方から選抜した。また,調査方法はインタビューを主としながらも,アンケート調査も併せて実施した。

1. 在中国外資系企業における離職率の現状

実際のところ,日系企業における離職率は高く,欧米系企業と比較した場合,2倍以上にも達している。またその理由について,自己都合による離職とリストラの比率は,欧米系企業の1.06:1に対して日系企業のそれは2.70:1と欧米系企業の2.5倍という結果となっている。さらに,日系企業が多く集中する上海地区では,平均離職率が24.3%(2005年,うち1/3の日系企業における離職率が10%〜20%,1/4の日系企業におけるそれは40%),役職別に見ると,中級以上の管理職が7.1%,初級管理職・専門職が20%,一般従業員が36.2%,ワーカー層に至っては49.3%にも達しており,上海地区の日系企業における離職率は異常に高いものとなっている。³⁾

そもそも毎年,ワーカーの半数が入れ替わる現状について,常時,人員の補充ができれば,人件費を抑制できるというメリットもあろうが,3割近い初・中級管理職の離職は,円滑な企業運営に何らかの影響を及ぼすのは必至であり,憂慮すべき事態と言わざるを得ない。現に,日本能率協会によると,日系企業が現在,抱えている人材マネジメント上の課題として上位に位置付けられる項目は,①優秀な人材の採用・定着(80%),②現地幹部の登用・育成(70%),③能力開発を目的とした研修の実施・充実(40%)となっている。⁴⁾

言うまでもなく,離職率の高さは,当然のことながら企業にマイナスの影響を与える。その理由としては以下の3点が挙げられる。

・転職に伴う代替人材の再採用と再訓練にさらなる費用が必要となる。
・優秀な社員の転職は他の社員の士気低下につながる。
・転職する社員が関わるプロジェクトに多少なりとも影響を与える。

図表2-1　中国と日本の離職率の比較（2010年）

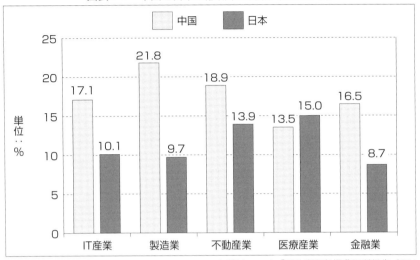

出所：51JOB HR Research Center, http://research.51job.com/,『2011离职与调薪调研报告（2011離職と賃金調整調査報告書）』；厚生労働省, http://www.mhlw.go.jp/toukei/itiran/roudou/koyou/doukou/11-1/index.html,『平成22年雇用動向調査』により筆者作成。

　周知の通り，日本においては，長期雇用に基づく安定的労働市場が一般的であり，いったん，当該企業に入社すると，可能な限り長く当該企業に勤め続けることが一般的な習慣となっている。がしかし，上述の中国における現状は，その状況とはほぼ対局の状況と言っても過言ではない。

　そこで，次節以降においては，中国における日系企業にあって離職率が高いという現状は未だに継続しているのか。また，その主たる原因はどのようなものか等について，事例企業の現状を踏まえて分析していく。

2．在中国日系企業における離職率の現状

(1)　事例研究①：D社

　D社では，現場の作業員（ブルーカラー）が年間30％～40％の比率で離職しており，3年というサイクルで作業員のほぼすべてが入れ替わるという現状下にある。それに対して，間接員（ホワイトカラー）の離職率は年間3％，管理

職)の離職率は年間1％程度であり，その離職率は企業設立以来，ほぼ横ばい状態にある。

図表2-2および図表2-3に示すように，D社設立3年目の2006年度における売上額は29.5百万元，従業員数は75人であった。その後，売上額は年率50％以上のスピードで急増し，2010年には191.0百万元に達し，5年間で約6.5倍に増加している。従業員数も2010年には500人に達し，当初の約6.5倍となっている。売上額と従業員数の増加率から見ると，同社の売上額に対する従業員数の比率は，ほぼ同水準を維持している。つまり，離職率および在籍従業員数から見ると，同社においては，珠江デルタ地域の民工荒問題の影響はほとんど無かったと言えるであろう。

では，その離職の原因としてはどのような要因が挙げられるのだろうか。D社では離職予定者と事前に面談し，離職の原因を具体的に情報として得る努力をしていた。そこで得られた情報から明らかになった現場作業員の離職理由としては，主として以下の3項目となっている。

・故郷に帰って家を建てたい。
・故郷にいる子どもと一緒に生活したい。
・故郷にいる両親の面倒をみたい。

図表2-2　D社の従業員数推移表

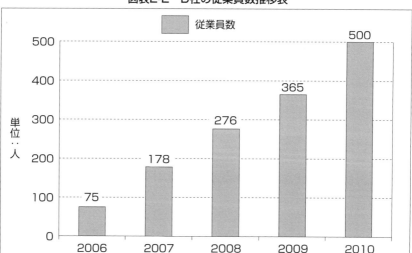

出所：D社社内資料より筆者作成。

図表2-3　D社の売上高推移表

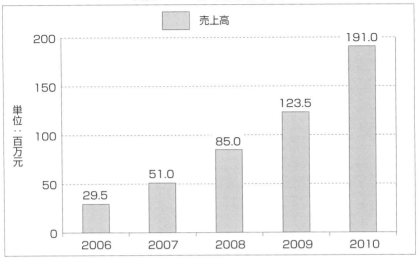

出所：D社社内資料より筆者作成。

　D社の場合，現場作業員の98％がいわゆる出稼ぎ労働者であり，彼らの大半は2，3年間出稼ぎ労働で懸命に働いた後，故郷に帰るのが一般的である。同社従業員に対する意識調査結果によると，現場作業員は最低でも20％，最高で90％の給与を故郷に仕送りしていた。また約30％の作業員が管理職に昇進し，都市での生活を継続している。ただし，現場従業員の離職率は極めて高い比率となっている。

　中国においては，企業に対する忠誠心が極めて低いと言われているが，そのことが離職率の高さに直接的な影響を及ぼしているのかとの問いに対して，同社社長であるT氏は

　「現地従業員には自身が勉強できる，給料を貰える，成長できるような環境のもとで働きたいという思いがある。日本であっても低い給与が原因で辞職する従業員は多くいる。中国人は，自分に正直であり，彼らの忠誠心が特段低いということでは決してない。」

との回答であった。

　一方，間接員やスタッフ，管理職等については現場作業員とは異なり，離職率が非常に低いという事実が明らかとなった。社長の許可を得て，在職従業員

5人（管理職）に対して，なぜ転職をしないのかとの質問に対する彼らの回答は，この会社でもっと勉強をしたいというものであった。今後，他の会社に転職したいかとの質問に対しては，さらに勉強し経験を積んだ後，独立したいとの回答が多かった。

1％以下の離職率についての社長自身の所感を尋ねたところ，今後，高くなることが予想されるとの回答であった。なぜなら，組織が大きくなる過程で，従業員間の競争はさらに激しいものとなり，その競争に負けた人間の多くが辞職するからとのことであった。

中国では，40歳以降に起業する人が多い。この現状から察するに，今後，ホワイトカラーあるいは管理職の離職が多くなることは容易に予想されるが，D社の場合，少なくとも現状においては，ホワイトカラーおよび管理職の離職は大きな問題とはなっていないことが明らかとなった。

(2) 事例研究②：C社
C1社

C1社全体の離職率は，毎月平均9.3％となっている。そのうち，ワーカー層（ブルーカラー）の離職率は11.3％となっているが，最も離職率が高い時期は，中国の春節期であり，同時期の離職率は15％を超える。中国では，春節前にボーナスが支給されることとなっており，年末ボーナス支給後，離職するケースが多い。2012年3月におけるワーカー層の離職率は16％で，前年3月は20％という離職率であった。年間の平均離職率から見ると本年が昨年を上回る結果となっている。離職理由として最も比率が高かった項目は，給料が安い，仕事がきつい等であった。

一方，管理職の離職者数は非常に少ない結果となっている。2012年は課長が1人離職したが，その理由は体調不良であり，実家に戻って治療に専念するというものであった。正社員の内，ホワイトカラーであるスタッフの離職率は年間3.6％であり，その定着率は極めて高いと言える。

設計者，金型メンバー等の特殊技能を有する従業員の場合，高額給与企業へと転職していくケースが多い。一般のワーカーとは異なり，設計者，金型メンバー等は専門学校で専門的な知識習得に努めた期間があり，途中入社も多く存在する。スタッフおよび特殊技能保有者に関しては，高額な給与および学習の機会を求

めるといった項目が人員流出の主たる原因となる。より具体的には，設計者の場合，入社3年が経過すると離職するケースが多く見られる。その原因は，C1社で3年の実務経験を経ると個人ブランドとしてそのキャリアが認められ，転職によりさらに高額な給与を手にすることが可能となるからである。同社社長が「卒業生」と称するこれらの従業員は，中国の民間企業に転職するケースが多いとされる。近年，広東地域では，多くの民間企業が設立されているが，設立時に必要となる熟練工獲得のために高額の給与を支給している。ある企業の場合は，設計者に年間30万元を出しているとのことであった。その採用率は時期によって異なるが，9月～1月の採用率が高く，春節後は求職者数が多いため採用率が低くなる。

また，同社社長によれば，近年，中国に進出する外資企業数が増え，C1社への応募者数は減少傾向にあるとのことであった。その原因としては，内陸部での就業機会が大幅に増加する傾向にあることが考えられる。沿海地域の賃金上昇により多くのメーカーが内陸部に移転するケースが急増しており，給料が多少低くても地元で働けるという魅力があるためである。

そもそも離職することそれ自体は問題ではないが，離職者に代わって入社した新人によって企業自体の生産効率が一気に低下することこそが最大の懸念事項であると同社社長は呟いている。

C2社

C2社全体の離職率は平均3％～5％／月で，毎月20人～40人規模の従業員が離職する。年間離職率に換算すると36％～60％の離職率である。その内訳は，95％がワーカー層であり，ホワイトカラー従業員の比率は5％にすぎない。また，離職する従業員の多くは，入社半年以内の新人ワーカー層であり，工程班長等の責任者およびスタッフの離職はほとんどない状況である。

同社の人事部による調査結果によれば，従業員の離職原因としては，①給与が少ない，②自分に合ってない，③作業環境が悪いという3項目が上位を占めている。勤続年数5年に及ぶ班長に対するインタビューにより，さらに以下に示す2項目の要因が明らかとなった。

・かつては就職先が少なかったが，現在は様々な就職先がある。
・一人っ子世代のため我慢強さに乏しく，楽な職務を求めがちである。

C3社

C3社では，年間20％程度の離職率が続いている。しかし，C3社では，定着率をアップさせることが課題なのではなく，スキルの高い人材に対する需要が極めて高いことが認識されている。

C3社の採用活動は，日本と同様に3回にわたる面接試験が実施されており，中国にあっては，少々，採用までに要する時間が長過ぎる感は否めない。その結果，説明会から一次面接までの期間においては盛況であるが，それ以降は閑散とした状況となってしまっている。

おわりに

以上，D社およびC社（3社）の事例を示したが，そこから明らかな通り，在中日系企業においては，ホワイトカラーの高い離職率という現象は見られなかった。しかし，以前はほとんど問題視されていなかったブルーカラー層の高い離職率という問題が顕在化しており，日系企業，とりわけ製造業に大きな影響を与えている。

一方，豊富な労働力を持つとされてきた中国では，ブルーカラー層の離職率はこれまでほとんど問題視されることはなかったが，近年，日系企業のみならず，多くの製造業において大きな問題となっている。その要因としては，内陸部経済の発展によりこれまで出稼ぎ労働者として東部沿海地域に職を求めていたブルーカラー層が，わざわざ出稼ぎに出るまでもなく，地元での就業機会が増加していると同時に，出稼ぎ労働者の意識自体が大きく変化しつつある等の事情がある。

ここで先述の4社に関して比較を行い，中国の改革・開放政策実施以来の政策等を加味し，企業側，政府側，さらには従業員側という3つの側面から在中日系企業における離職問題を検討しておこう。

図表2-4に示すように，ホワイトカラーの離職率が一番高い企業はC3社である。D社およびC1社は年間3％程度の離職率であり，C2社が月間 0.15％～0.25％と一番低い。つまり，生産活動を行っている企業におけるホワイトカラーの離職率は，生産活動を行っていない企業のそれよりはるかに低いことがわかる。

図表2-4 4社の比較

企業名	D社	C1社	C2社	C3社
設立時期	2003年8月	1993年12月	1994年1月	1997年9月
WC離職率	3%/年	3.6%/年	0.15〜0.25%/月	20%/年
BC離職率	30〜40%/年	11.3%/月	2.85〜4.75%/月	―
過去WC離職率	現在とあまり変わらない	現在とあまり変わらない	現在とあまり変わらないが、2000年前後に高い時期あり	20%/年
過去BC離職率	現在とあまり変わらない	5%程度(2000年前後)		―
生産品目	車部品	美容製品	電子基板	投資会社
BC養成期間	2週間〜1年	2週間〜1か月	半月〜1年	―
出資形態	日本本社97% 台湾パートナー3%	パナソニック電工80% 万宝電器20%	パナソニック電工100%	パナソニック電工100%
日本人の比率	社長を含む6人	社長を含む6人	社長を含む10人	社長,本部長の多くが日本人
中国人従業員最高職位	工場長,部長	副総経理(出向),部長(内部昇進)	部長	部長
昇進スピード	中途採用者が多い	新卒から係長まで6年	新卒から係長まで6年	新卒から課長まで5年
輸出の比率	70%が中国市場,30%が輸出	26.4%が中国市場,73.6%が輸出	100%中国市場	―

出所:各社資料より筆者作成。

　ここで注目すべきは,各社のブルーカラーが新人から一人前へと成長するのに要する時間[10]の相違とブルーカラー層の離職率との関連性である。C2社およびD社の離職率は同レベルであり,新人から一人前になるまでに要する時間も同程度であるのに対して,離職率が一番高いC1社では,新人から一人前になるまでに要する時間が最も短い。

　以上の事実から,技術を習得する難易度と離職率との間に一定程度の相関関係が存在することがわかる。技術を習得する難易度が高ければ高いほど,離職率は低くなる。逆に,技術を習得する難易度が低ければ低いほど,離職率が高

くなるということである。上述のように，技術を習得する難易度と離職率の間には負の相関性を確認することができるのである。

また，管理者層の構成を見てみると，最終意思決定者である社長はすべて日本人であり，上記4社における中国人従業員の最高職位は部長職となっている。各社詳細については，D社では，社長一人と技術部副部長以外の管理者層の多くは中国人従業員が占めている。他にも4人の日本人駐在員がいるが，補助的な役割を担うにとどまり，あくまでもアドバイザーという立場での活動に終始している。C1社では，社長を含む6人の日本人駐在員がいる。副総経理は中国出資会社からの出向者であり，その他の中国人幹部は社内から昇進した者である。また，C1社では，設立当初から社長を含む日本人駐在員が10人存在していたが，事業規模の拡大にも関わらず人員の増加は行われていない。加えて，社長以外の管理職はその多くが中国人従業員である。さらに，C3社では，管理者層の日本人比率が高く，とりわけ，本部における部長職については，中国人副部長が1人いる以外，他はすべて日本人駐在員となっている。一方，本部以下の各事業部および課等の部署では，中国人の比率が高くなっている。

以上の各社現状から，在中日系企業における管理者層の現地化は以前に比べれば大きく変化しているものの，最高経営責任者を含む経営トップ層の現地化は未だ十分ではない現状にあると言える。加えて，合弁会社における最上位に位置する管理者層については，出資会社の出向者が多いこともあり，社内からの昇進によるケースに乏しい。

いずれにせよ，上記4社の内，C3社を除く他の3社については，中国人管理職，とりわけ，経営上層部の管理職に中国人従業員が就任しており，中国人管理者層が，日本人駐在員にとって代わる趨勢下にあると言えるであろう。

次に，各社の昇進スピードについて比較してみよう。D社ではこれまで，部長職に就任するまでに平均5年ほどの時間を要している。また，C1社およびC2社では，新卒から係長職に至るまでに同じく5〜6年を要している。さらに，C3社では，新卒から課長職に至るまでに7年を要している。各社における昇進スピードについて，多少の差異はあるものの日本における昇進スピードと比較してよりスピーディーな昇進が実現している。

以上，各社の離職率を中心に内部昇進のスパン等の諸特徴をまとめたが，さらに，過去からの離職率，および内部組織，諸制度に関して各社が取り組んで

きた改革の歴史を振り返ることで時系列的な把握が可能となり，新たな視点が確保できる。すなわち，2000年以後に設立された企業の離職率は，これまでさほど大きな変化を示していないことがわかる。また，C3社は2000年以前に設立されているが，生産機能を有する組織とはなっておらず，離職率の変化も少ない。一方，大きな変化が見られるのは，2000年以前に設立され，かつ生産機能を有するC1社およびC2社の両社となっている。

加えて，以下に示すような様々な事実が確認できた。

まず，在中日系企業におけるホワイトカラーの離職率は決して高くないという実態が明らかとなった。とりわけ，生産活動を主たる業務とする企業におけるホワイトカラーの離職率はかなり低いものとなっている。したがって，筆者が調査対象とした企業においては，ホワイトカラーの離職が企業経営に直接的影響を及ぼすには至ってはいなかったと言えるであろう。

次に，離職率を下げることではなく，優秀な人材の流出を引き止めることこそが重要であるという点である。

これまでの分析の中で，中国人従業員の離職については，賃金および人事制度等をその要因とするのみならず，社会的な要因も影響している点を明らかにした。つまり，離職率の引き下げは，極めて難しい課題であることは言うまでもない。とりわけ，出稼ぎ労働者の場合，その最終的な目的が，故郷に帰ることにあるからである。その意味では，効率的な企業経営を行うためには，離職率を引き下げることではなく，優秀な人材の流出を引き止めることこそが，また，従業員の意欲を向上させ，その効率性をアップさせることが重要なのである。

最後に，これまでは問題視されなかったブルーカラー層の離職こそが企業経営に大きく影響しているという点である。

中国は莫大な人口を抱えているため，労働力は豊富に存在しているとされてきた。また，日系企業は，ブルーカラーに相応の人気を有していたため，その離職は大きな問題とはならなかった。しかし，ブルーカラー層の離職問題は，現在，日系企業を悩ませる大きな課題となっている。今後，この問題はよりいっそう深刻化する可能性があるものと思われる。

以上の諸点を踏まえ，次章以降においては，現地従業員の意欲を向上させ，モチベーション維持，向上に効果が期待される日系企業における諸制度について日本的経営システムの移転問題という観点に基づいて人事労務管理関連のシ

ステムを中心に検討していくこととする。

●注
1) 本書では，ホワイトカラーを直接製造工程に関わらない従業員，いわゆる間接員と定義する。
2) 本書では，ブルーカラーを直接製造工程に関わる従業員と定義する。インタビュー対象者の言葉を忠実に表現しているため，本稿中において作業員，ワーカー，直接員等，多種の用語を使用しているが，いずれもブルーカラーを指している。
3) PHP研究所［2006］：15頁，27頁を参照されたい。
4) 日本能率協会［2008］：41頁を参照されたい。
5) 間接員の係長以上も含まれている。
6) 筆者によるインタビュー（2011年7月11日実施）結果より。
7) 1元＝約13円換算で29.5百万元は約3億8,350万円，191百万元は約24億8,300万円である。
8) 2000年代半ばから中国内陸部の経済開発および沿岸地域におけるインフレに伴い，沿海地域において発生した出稼ぎ労働者不足の問題を指す。
9) 中国の正月は2月であり，退職届けを提出後，正式に離職が決定するのは3月になる。
10) 最初に示した数字は，従業員が自身で一工程の作業ができるようになるまでに要する時間を指し，最大の数字は，多工程の作業ができるようになるまでに要する時間を指している。

余剰人員対策制度

はじめに

　世界市場を対象として電機製品を製造し，輸出を主たる業務としているA社のような企業においては，国際市場の需要変化によって年間の受注量が大きく変動する。これにより同社においては，企業における生産計画の策定，人員調整が大きな課題である。A社では5月～10月が業繁期，11月～4月が業閑期となっているが，同社はこれらの課題をクリアすると同時に，逆に積極的に利用することにより人材育成制度を見事に確立しているのである。その制度こそが本章のテーマであるSTEP UP HOLIDAY制度（以下SUH制度と記す）である。同制度は，人員の必要のない時期に人員を整理し，必要な時期に再雇用するという制度であるが，その素晴らしい点は，人員整理された労働者が「解雇」されたことによって成長している点である。なおかつ，「解雇」される従業員は自ら望んで「解雇」されている。つまり，「解雇」される側にとっても嬉しい制度なのである。以下，SUH制度の詳細である。

1．SUH制度の概要

(1) SUH制度の定義および諸規則概要

　SUH制度の定義について，A社のH社長は次のように語っている。

　「SUH制度は，A社が2004年度に創設した労務管理制度であり，業閑期に

おける人員調整と社員教育制度を兼ねたユニークな休暇制度である。具体的には，国際市場における受注量変化という特性を利用した制度であり，注文量が減少する業閑期の一定期間（3か月以上6か月未満），社員に対して休暇終了後の給与および職位の完全復職を保証した長期自由休暇を与え，学習・修身・休養のほか，同業他社への就職や他業種への挑戦を促進し，若い社員の自己啓発や自己レビューによる成長をねらった制度である。」

つまり，文字通り従業員のステップ・アップを目的とした休暇という意味で，業閑期の11月〜翌年4月までの期間，全社従業員を対象にした最短3か月，最長6か月間の休暇制度である。一見すると，レイオフないしはリストラのように理解されがちであるが，企業規模が拡大している際には採用し，縮小している際にはレイオフするという発想とは明らかに異なるものである。なぜなら，当該労働者の休暇後における職場復帰が約束されており，十分な復帰支援策が整備されているからである。したがって，同制度は企業および労働者双方のニーズを充足し，労働需要の繁閑に応じた労働サービスの提供を弾力的に調整するとともに，社員教育制度を兼ねたユニークな休暇制度であると言える。

そもそもＡ社では，従業員は職位により以下に示すＡ，Ｂ，Ｃ，Ｄの4種に分類されているが，同制度は全社員を対象にした制度であり，Ａ・Ｂ・Ｃ・Ｄ各類従業員の20％を超えない範囲で行われることとなっている。

　Ａ類：現場作業員
　Ｂ類：初級管理者（班長，組長等）および初級技術者（電気工，組立工，溶接工等）
　Ｃ類：準正社員
　Ｄ類：正社員

なお，具体的実施案の骨子は，Ｈ社長によって起草されたが，原案に人事部関連の保険，勤続年数，ボーナス，復帰手続き等の詳細な内容が加えられ制度化の運びとなった。以下，図表3-1に2005年度におけるSTEP UP HOLIDAY制度の概要をまとめたＡ社の同制度紹介案内を示しておく。

図表3-1　SUH制度の概要

「STUP UP HOLIDAY制度（試行）」紹介

目的：個人と会社が生産閑期（2005.11～2006.03）を利用し修養，学習，および新しい体験をするため

範囲：全社員

職務責任：全社が制度を実行し，人事課が監督実行責任を負う

【実施目的】：
- 1.0　個人能力の上昇を目指す
- 1.1　同業他社に就職することによって，A社と違う体験をする
- 1.2　異業他社の就職に挑戦する
- 1.3　個人の足りない知識や能力を学習して補う
- 1.4　長期就業による疲労，体力不足を静養する
- 1.5　家事や家庭業務を手伝う
- 2.0　会社の能力上昇を目指す
- 2.1　他社での体験を通じて，A社の企業文化の優れた点を理解する
- 2.2　従業員の能力，知識の向上を期待できる
- 2.3　従業員の反省意識が強まる可能性がある
- 2.4　生産繁期（5月～10月）における従業員の離職を防ぐ
- 2.5　生産閑期に人員調整が容易にできる

【3.0制度＆条件】
- 3.1　実施対象：入社1年以上の社員
- 3.2　人数限定：A.B.C.D各類社員の20%を超えない範囲
- 3.3　STEP UP HOLIDAY期間中の身分及び待遇
- 3.3.1　身分：A社の正規社員には属さない，給料は支払われない，離職手続きが必要
- 3.3.2　養老，医療保険は会社が月ごとに社会保険局に納付，個人が納付すべき分は本人が受け持つ
  方法：離職決算時に個人の納付分を一括で会社に支払う
- 3.3.3　勤続年数：離職期間中も勤続年数に加算される，復帰後は年間休暇の計算を影響しない
- 3.3.4　新春礼金：当年の実際出勤月数に応じて，復帰3か月後に会社より一括で支払われる
- 3.3.5　会社が操業休止した場合，実施期間前は操業休止待遇を受ける
  実施期間内は協議によって処理される
- 4.0　STEP UP HOLIDAY期間は3か月以上6か月以内，個人による事前申請が必要で，課長，部長，副総経理，総経理による順次の審査で決定される

> 4.1 実施期間内に労働契約の期限が切れる場合，人事課がリストを提示し，部長会議の討論によって決める
> 5.0 審査によって許可された離職者は，離職時に会社と復帰日程を約束して「STEP UP HOLIDAY協議」と「復帰証明」に署名する
> 6.0 「復帰証明」を持参して復帰すること
> 　　 復帰後，会社が離職前と同様の職務，待遇を保証する
> 6.1 制度の認可および協議の期間内，離職者はいかなる理由でも早期復帰を要求できない
> 6.2 契約復帰日3日以内は休暇として計算し，3日間を過ぎても復帰してないものは，契約の自発的放棄として処理をし，復帰条件を取り消す
> 6.3 期間中，人身事故があった場合「STEP UP HOLIDAY協議」によって処理する
> 7.0 申請の提出期限及び実施期間
> 　　 A，B類従業員：1か月前に申請，実施期間は本人と上司で合議して「STEP UP HOLIDAY契約」で協定する
> 　　 C，D類従業員：2か月前に申請，実施期間は本人と上司で合議して「STEP UP HOLIDAY契約」で協定する
>
> 実施期間：2005年11月15日〜2006年04月15日
>
> 実行日：2005年09月15日

出所：A社社内資料より筆者翻訳。

(2) 導入プロセス

　SUH制度は，2004年11月から3月までの期間に試行的に実施され，2005年11月から翌2006年3月までの期間から本格的な導入となった。同制度の具体的な導入の推進主体はPJチームである[1]。SUH PJチームは，2005年9月20日に同制度のスムーズな推進支援を目的として設立された。同チームの構成員はそれぞれ異なる部門から集まり，その多くがPJ活動初参加の従業員であった。図表3-2はその組織図を示したものである。

　以上のような組織構成のもと，明確な目標設定が実施されると同時に，PJチームの運営における各ステップでの活動については分業体制が敷かれており，そこには綿密な計画性が見て取れる。

　また，制度としての完成度の高さ，とりわけ，万全の保障システムは，従業員の賛同を得ると同時に，同チームによる制度実施前からの十分な宣伝および

第3章　余剰人員対策制度

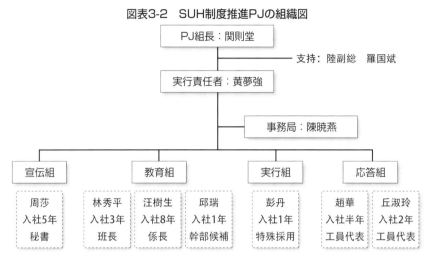

図表3-2　SUH制度推進PJの組織図

出所：A社社内資料より筆者作成。

教育活動が，個々の従業員のSUH制度に対する理解を深めることで有効な参加者数を確保し得た。その意味では，SUH制度の導入成功にあっては，「SUH PJ」チームの十分な企画，宣伝が奏功していると言える。

以下，その徹底した宣伝活動，保障体制，教育制度等，同PJチームの活動内容を紹介しておこう。

①徹底した宣伝

図表3-3はSUH宣伝ポスターの一部である。同ポスターには，制度の目的および特色，申請の条件および方法，実施期限等，同制度の肝要な項目が整然と盛り込まれており，大変わかりやすく，参照する側への配慮に富んだ仕上がりとなっている。

PJチームの宣伝活動は，以下の4つのステップを経て同制度の社内への浸透が目指された。

　ステップ1：制度の宣伝＝ポスターおよび宣伝カードの作成
　ステップ2：全社的学習＝現場教育会の開催
　ステップ3：質疑応答＝疑問点への対応
　ステップ4：制度の実行＝ホワイト・ボードへの掲示

43

第Ⅰ部　人事・労務管理の諸相

図表3-3　SUH制度PRポスター

STEP UP. HOLIDAY PJ	海报宣传	———宣传与教育

STEP UP HOLIDAY制度

世界首次试行!

SOLID

公司独特企业文化与
人性化管理的又一巨大杰作
《STEP UP HOLIDAY 制度》

【制度特色】
❖ 期满复归时，按原职位/待遇就职
❖ 制度的参与者与目前的工作状况无关
❖ 不复归时，不受任何处罚
　　　　　（详细内容请参照HOLIDAY制度）

【制度目的】

♥ 对其他工作的尝试……
　　通过其他工作的体验，
　　理解SOLID文化优点

♥ 专业知识的学习……
　　期待社员能力，知识水平的提高

♥ 休息，旅游……
　　长期工作疲劳，体力不足的调养

【申请条件】SOLID入职1年以上所有人员

【实施期限】05年11月15日～06年4月15日

【申请方法】本人申请 ——→ 上司批准

【申请期限】05年9月20日
　　　　　　～05年9月30日（第一批）

SO LID 人事课宣
张贴截止日期：05年9月30日

出所：A社社内資料より。

　各ステップにおける具体的な作業内容について，まずポスターの貼り出しは9月30日（第1次募集の締め切り日）までで，「世界初の制度！」，「独特の企業文化と人間的管理という新制度の傑作！」というインパクトのあるスローガンが記載されており，各従業員の高い興味を引く工夫が為されていると同時に，簡潔に同制度の特色，目的，申請条件，期限等が掲載されている。

　また，宣伝カードは宿舎管理所に設置されており，設置する期限も決められている。それによって，個々の参加者における参加意欲を盛り上げるのみならず，期限および人数制限の設定に伴い，自ずと緊張感を増幅させる効果が期待されている。

　さらに，「世界初の制度！」，「独特の企業文化と人間的管理という新制度の傑作！」等の力強いスローガンが記されており，従業員に対して同制度への参加意欲を掻き立てる内容も盛り込まれている。

②**保障体制**

　しかし，SUH制度で様々な経験ができるとはいえ，従業員側としては再びA社に戻ってきた際の賃金，職位，職務等はどうなるのか，という保証の面での不安は不可避であるが，復職者に対する対策もしっかり整備されている。上述のSTEP UP HOLIDAY制度（試行案）に示される通り，復職証明さえ持っていればSUH制度利用以前に勤めていた職務，賃金に戻ることが保証されている。

③**教育制度**

　最後に，従業員全員を対象としたSUH教育訓練用のテキストが作成され，それに基づく教育訓練が実施される。加えて，その過程で毎週月曜日および金曜日の18時〜20時には質疑応答テーブルが設置され，個別の問題に対応するのみならず，そこで従業員側から提示された疑問点を集計，整理した上でルールを作成し，発生する可能性の大きな問題を整理，予測して同制度の標準化が目指されている。

　続いて，実施された教育訓練の具体的内容は，
a. 実施目的，b. 対象範囲，c. 制度の条件，d. 注意事項，e. 申し込みの書類，f. 申請および許可，g. 契約の実施
という7項目から構成されている。同教材を使用した全社的な教育が，図表3-4に示すように計画的に実施に移されるのである。また同時に，質疑応答の担当者が，従業員から出された問題を集計，整理して模範回答一覧を作成する。以上に示した一連の作業を経ることで，厳密な新制度の推進段階が終了し，従業員がSUH制度の内容を的確に理解した後，具体的申し込みを受け付けるのである。

第Ⅰ部　人事・労務管理の諸相

図表3-4　2005年SUH制度の全社教育日程

	教育対象	場所	日程	時間	教育担当	現場協力
1	班長	―	9月21日	16:00～17:00	―	―
2	係長	第一会議室	9月21日	17:00～17:30	黄夢強	陳暁燕
3	秘書/組立工/事務員	―	9月21日	17:30～18:00		
4	組立工/技術/CKD課	組立課ライン	9月23日	7:40～8:00	犰斌	陳暁燕
5	組立工（早番）	―	9月23日	8:00～8:20		
6	組立工（遅番）	―	9月22日	19:40～20:00		
7	基盤課工員（遅番）	音響切削加工課外	9月22日	20:00～20:20	汪樹生	本課係長
8	塗装課成型課（遅番）	―	9月22日	20:00～20:20		
9	塗装課成型課（早番）	音響切削加工課外	9月22日	8:10～8:30	汪樹生	本課係長
10	基盤課工員（早番）	―	9月22日	8:10～8:30		
11	間接部門	組立課ライン	9月26日	7:40～8:00	邱瑞	黄夢強

出所：A社社内資料より。

④申請手続き

　また，実際に個々の従業員がSUH制度を利用するまでの基本的な流れは，以下に示す通りである。

・第1ステップ　申請書受付
　　本人提出→班/組長→事務員→申請書受付
・第2ステップ　申請書審査
　　本人記入→班/組長→事務員→本部門課/部長→行政部→副総経理→総経理
・第3ステップ　手続き
　　許可を得た後→事務員活動予定書類作成→SUH契約の締結→人事が復職証明を作成

↓

SUH実施

↓

本人が復職証明（図表3-5）とSUH契約書を持参し復帰手続きの実施

第3章　余剰人員対策制度

図表 3-5　復職証明

```
                STEP UP HOLIDAY 复职证明
                                              编号：

    _____先生 / 小姐：
    你申请的___年___月___日至___年___月___日 STEP UP HOLIDAY 假期已满。请于
    ___年___月___日上午 8：00，携此证明和《STEP UP HOLIDAY 协办》到公司人事课协
    理复职证手续。
    特此证明。
                                            新利実亜《深圳》有限公司
                                              年　月　日
```

出所：A社社内資料より。

　SUH休暇を得た従業員は，期限通りの休暇を享受することができる。復職時は，本人が「復職証明書」と「SUH協議契約書」を会社へ提出し，所定期間内に復職手続きをする。同社は，休暇中の従業員に対して追跡調査を行い，彼らの具体的な休暇の過ごし方を分析することでSUH制度の改善を図っている。このような厳密なプロセスと正式な手順で行うSUH制度は，従業員の新制度に対する不安と戸惑いを解消し，安心して休暇を取ることにつながっている。

　さらに，いま一つ重要な点は，申請段階での階層的な許可が，もう一つの選別という意味を持つということである。すなわち，それは有用な労働力確保という意味での選別である。実際に，冬の業閑期に入ると自ずと人員の離職が発生するが，企業にとってこのような離職は不可避な事象である。なぜなら，不必要なまたは「問題児」の自然流出は，当該企業における労働力の質の向上につながるからである。

2. SUH制度の実態

　本節では，SUH制度の実態として同制度への参加者数および参加終了後の復帰者数について，2005年度および2006年度の数字を示しておくこととする。

(1) 2005年度

2005年度におけるSUH制度参加の申請期間は2005年9月20日から12月31日まで，また，その実施期間は2005年11月15日から2006年4月15日までであった。同期間における休暇対象者数は1,270名であったが，実施者数がA，B，C，D各類従業員総数の20％を超えないという規定から，その20％に当たる254名が今回の実施限度者数であった。実際には，その95％を超える242名の従業員がこのSUH制度を利用した。

2005年度における同制度の満了日は4月18日で，242名中189人が復職しており，復職率は78％となっている。復職しなかった理由としては，「新しい仕事にチャレンジする」とした者が41名で最も多く，以下「学習のため」6名，「起業するため」2名，「その他」が4名という結果であった。

(2) 2006年度

2006年度におけるSUHの休暇対象人数は，1,520名であった。実施限度者数は1,520名の20％にあたる304名であったが，内274名の従業員が同制度を利用した。前年の95％に比べるとやや低下したものの，90％以上という高い利用率を示している。

次に，復職率については，2006年度は274名中171名が復職しており，復職率は62％となっている。前年に比べ15％近く低下している。2006年度において復職しなかったのは53名という結果であった。

以上が2005年および2006年におけるSUH制度の参加者数および復職者数に関する数字であるが，その80％はA類従業員が圧倒的大多数を占める製造部および組立部からの参加者となっていることから，同制度の主な対象者が現場作業員であることがわかる。もちろん，全社的な制度の実施によって，それぞれ異なる部門および階層の従業員が参加可能なシステムになってはいるものの，余剰人員の抱え込みとなる可能性の高い従業員層に集中しているのが現実のようである。逆にその意味では，SUH制度が，人材の流出を促進する一つの施策であると同時に，一方で，SUH制度参加者の復帰は，ある意味では人材確保を可能にしているとも言える。復職率が高ければ高い程，その意義は大きなものとなる。

3. SUH制度による成果

最後に，同制度による具体的な成果について検討しておこう。

図表3-6は，2005年以降における人員流出率を月ごとにまとめたものである。A社においては，既述の通り5～10月が業繁期であり，9月が1年の中で最も忙しい月である。2005年度においては，同図表に示す通り，その業繁期の中でしかも9月を控えた7月の流出率が最も高くなっており，これは大きな問題

図表3-6　人員流出率

年	項目	1月	2月	3月	4月	5月	6月	7月
2005	全体人数	2,015	1,959	2,154	2,405	2,529	2,597	2,927
	流出人数	25	56	160	194	177	155	264
	流出率	1.2%	2.9%	7.4%	8.1%	7.0%	6.0%	9.0%
2006	全体人数	2,023	2,007	2,239	2,379	2,739	2,747	2,947
	流出人数	105	40	130	152	132	170	182
	流出率	5.2%	2.0%	5.8%	6.4%	4.8%	6.2%	6.2%
2007	全体人数	2,048	1937	2,733	2,920	2,991	2,938	2,926
	流出人数	135	111	200	259	183	203	218
	流出率	6.6%	5.7%	7.3%	8.9%	6.1%	6.9%	7.5%

年	項目	8月	9月	10月	11月	12月	月平均
2005	全体人数	3,027	2,985	2,804	2,403	2,142	2,496
	流出人数	189	214	207	247	175	172
	流出率	6.2%	7.2%	7.4%	10.3%	8.2%	6.9%
2006	全体人数	2,946	2,944	2,824	2,506	2,195	2,546
	流出人数	194	190	124	197	196	151
	流出率	6.6%	6.5%	4.4%	7.9%	8.9%	5.9%
2007	全体人数						2,642
	流出人数						187
	流出率						7.0%

出所：A社社内資料より筆者作成。

である。

　また，2006年および2007年の7月における人員流出率については，従業員総数は2005年とほぼ同様であるにも関わらず，流出総数は大幅に減少している。そのため流出率は2005年の9.0％から2006年は6.2％，2007年は7.5％へと下降傾向となっている。正にSUH制度の実施が，人材を最も必要とする業繁期における従業員の定着実現に大きく寄与している証左と言えるであろう。

　さらに，7月に退職する理由としては二つのパターンがあると考えられる。一つは，7月に入りあまりの忙しさに辞めてしまうパターンであり，いま一つは，休みを利用した短期的な職場として考えていた者が辞めるパターンである。このため，7月には退職者が多いと考えられていたのだが，SUH制度を開始した翌年からは，退職者が大幅に減少している。その最大の要因としては，4月までにSUH制度を終えてB社に戻ってきた社員の意識の高さにある。1年以上同社で働いていることが，SUH制度を利用できる条件とされている点からも，復職を果たした者達は，業繁期の大変さを経験した従業員であり，かつ再び同社で働こうと決意した従業員である，といった観点から同社を短期的な職場と考えている者はいないと判断して問題はないであろう。その意味では，より意識の高い従業員が4月の段階で集められ，そのことが業繁期の退職者減につながっているということである。加えて，詳細は後述するが，A社は新人教育も企業の果たすべき重要な役割と考え，新人研修にも多くの時間を割いている。しかし，SUH制度を経て復職した従業員に対しては，そのような研修期間は当然必要なく，その点においても質の高い従業員が，必要な時期に適量，集められていると言える。

　このように，SUH制度は業閑期において従業員に日頃から考えていることをやらせるための休暇を与え，必要な時期にリフレッシュされたより能力のある人材を集めることができる，企業にとっては極めて画期的な制度なのである。

　具体的なメリットとしては，業閑期に長期自由休暇を与えることで人員を調整することができる点である。その結果，人件費を節約することが可能となり経費削減につながる。また，学習・修身・休養のほか，同業他社への就職や他業種への挑戦を促進することで，業閑期においても人材を育成することができるのである。

　その他，SUH制度参加者の復帰によって，A社には以下に示すような大き

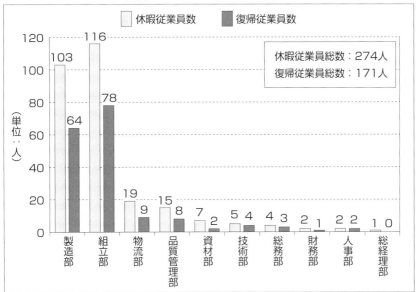

図表3-7　2006年SUH復帰状況

注：2006年4月17日までの復帰者数。
出所：A社社内資料より筆者作成。

なメリットがもたらされることになる。
・華南地域では毎年4月から6月が若い女性労働力の求人倍率が最も高い時期であるが，募集が難しい同時期に休暇中の従業員が復職することは，企業にとって多大なリスク削減が可能となる。
・休暇を得た従業員はすべてA社での職歴1年以上を持つ熟練労働者であるため，就業教育等の手間が大幅に省かれる。
・新規採用のコストが削減できる。
・復職者は皆，生産繁忙期の重労働を経験したことがあるため，生産ピーク時の重労働による離職を回避できる。
・SUH制度利用者の多くが何らかの経験を積むことでスキルアップを果たしていることから，社内の優秀な従業員がこの休暇制度を利用し個人の能力をアップすることで企業の発展にも貢献し得る。
・このようなプラス志向の人員流失は，企業に残った従業員の福利厚生面での悪化を回避すると同時に，良質な労働力の選別および確保が可能となる。

次に，個人にとってのメリットとして，長期自由休暇は異なる職業を経験するという点では従業員にとって絶好のチャンスであり，それを経験する過程が人間としての成長を可能とするのみならず，現状において不足している能力ないしは知識の習得のチャンスともなり得るのである。

　加えて，賃金面でのメリットも看過できない。そもそも，A社におけるA類，B類，C類個々の従業員の2005年次における平均月収は1,200元であった[2]。また，個々の月における1人当たりの平均賃金の差額は，7月，8月等，特に忙しくも暇でもない時期にあっては約900元〜1,000元であるが，業繁期である9月になると1,600元〜1,700元と大幅に増額することとなる。逆に，業閑期である12月，1月には600元〜700元とその額は大幅に減少する。これらの数字を見る限り，業閑期であっても人員整理は行われていないと推測できる。つまり，賃金が月によってここまで変化するということは，従業員数を分母，従業員全体の給与を分子とすれば，単純に会社の売上が多ければ分子が増えるが，売上が少なく分子が小さいときにも分母の数に大きな変動がないため，そのことがこのような給与の変動を導く最大の要因となっていると考えられる。

　では，業閑期にSUH制度を実施した場合，1人当たりの賃金はどうなるのであろうか。当然のことながら，SUH制度を利用する従業員が増えることで先述の分子，分母の関係が大きく変わることとなる。すなわち，分子が小さくても分母も減ることとなるので，この時期にA社に残った従業員個々の賃金は上昇するということである。

　ここで，具体的な数字に置き換えた例を挙げておきたい。100人の従業員が働いていると仮定し，SUH期間中にSUH制度を利用してA社を離れた人が仮に50人いたとして，業繁期，業閑期，SUH期間中，それぞれの1人当たりの賃金を比較してみたい（図表3-8参照）。

　つまり，この制度は自らSUH制度に参加した従業員だけでなく，参加していない従業員にもメリットを与える制度であると言える。また当然のことながら，業閑期および業繁期の時期は業種によって大きく異なる。SUH制度利用者にとっては，A社が業閑期で低賃金の時期に賃金が高い業種に働きに行くことで，同社で働くよりも多くの賃金を得ることが可能である。また，多くの賃金を望まないので同時期に休養をとるという考え方もできるであろう。

　最後に，SUH制度利用者が選択した相手企業にも発展効果をもたらすこと

第3章 余剰人員対策制度

図表3-8 賃金の比較

繁期	閑期	SUH
全従業員：100人	全従業員：100人	全従業員：100−50＝50人
会社全体の給料：10万元	会社全体の給料：5万元	会社全体の給料：5万元
↓1人当たりの賃金は…	↓1人当たりの賃金は…	↓1人当たりの賃金は…
10万元÷100人＝1,000元	5万元÷100人＝500元	5万元÷50人＝1,000元

出所：A社でのインタビュー結果により筆者作成。

になる。この点について，K元部長の体験報告をもとに考察しておこう[3]。

K元部長は上級管理者としてSUH制度を利用し，期間中にA社の取引先企業であるT社で社長補佐として同社の問題点を検討し改革案を作成，同社の管理者教育を実施した。また，同社においてPJ制度を創建し，在庫混乱の問題解決に着手し，現場での5Sの推進等により生産効率を上げ，コストダウンに取り組んだ。さらには，改善ミーティング体制を確立し，コミュニケーションの強化および組織改革を推進した。

T社へのインタビュー調査によると，K部長がいなくなった現在でも，コストダウンや5S，品質改善のPJが行われており，かつて在庫が多くゴミ置場のような倉庫と言われていたが，現在では，整然とした倉庫へと大きく改善されている。また，部門ごとに専属の担当者が就くようになり，生産から販売に至るまでのすべての過程に目が行き届くようになったとのことである。ミーティングにおいても，以前は参加者が7，8人と少なかったが，すべての部門の課長および科長が参加するようになり，上からの指示が隅々にまで伝わるようになった。その結果，T社は顧客サービスが向上し，顧客満足度が高くなったとされる。K元部長は，技術のみならず様々な経営管理の手法を他社へ伝播する立派な伝承者の役割を果たしたのである。

今後もSUH制度が維持されれば，A社の素晴らしい技術や経営管理の手法が，次々と他社へ伝播されていく。このように，職場を「能力を伸ばし発揮する場」とする考え方が広く普及するようになれば，そこは働く若者にとって自己実現の場となり，高品質，低コスト，好業績の実現が可能となる。その結果，高報酬さえも可能となり，競争力の高い強力な企業へとさらなる発展をとげること

になるであろう。

おわりに

　以上，A社におけるSUH制度について検討してきたが，その最も注目すべき特徴としては，人材確保および人員整理という相反する要素を両立させた画期的な制度である点に尽きるであろう。つまり，「定着」および「流動」の併存を可能にした制度，すなわち，人材が必要な業繁期においては優秀な人材を確保し，さほど必要としない業閑期においては，SUH制度を実施することで社内において余剰人員を抱え込むことなく，合理的な人材数に調整する調節弁の役割を担う制度こそがSUH制度なのである。そこには，人材の「定着」すなわち人材確保と人材の「流動」すなわち人員整理の両立が見事に実現している。

　また，従業員にとっては，SUH制度を利用することで自身を成長させることができる。企業にとっての利益だけではなく，従業員にとっても自身の成長という利益をもたらしている。その意味では，SUHは人員調整制度ではなく，人材育成制度の一環という性格，機能を併せ持つ制度と言えるであろう。

　いずれにせよ，SUH制度を実施しながらも，人材が流出することなくむしろ自身の不足点を感じさせ，それを克服しようという高いモチベーションを持った従業員を再雇用することに見事に成功している点は注目に値する。

　ただし，復職しない従業員も厳然と存在する。が，A社ではそれを人材の「流出」と捉えるのではなく，人材の「送出」との発想で捉えている。先述の宣伝ポスターにも記載されていたように，復職しない者は将来，成功する者であり，職場を共にした仲間が将来，成功する人材へと成長したことをむしろ誇らしくさえ感じる社風がそこには根付いているのである。

　最後に，人材の「送出」により昇進のチャンスが増加し，社内の活性化につながるとの発想も存在する。つまり，人材の「送出」は社内におけるマンネリ化を防止し，社内の活性化を高める効果があるとの考えである。一般的には，人材の「送出」は自社における人的損失であり，ある種のジレンマと受け取られるのが通常であるが，A社の捉え方はまったく異なる斬新な発想，考え方と言えるであろう。

まさしく，A社においては，SUH制度を実施することで「人材の送出→昇進チャンスの増加→人材の募集→人材の活性化→人材の送出」という人材輩出のための好循環システムが形成され，見事に機能しているのである。

● 注

1) PJ制度とは，A社内の改善・改革活動を指し，「プロジェクト」から命名された制度である。同活動はA社内において以下のように定義されている。
「PJは社内に存在する様々な問題点を取り上げ，それらの解決を目指して結成された専門チームである。具体的には，現在，会社に必要だと思われる課題に対し，起案者が組織を超えた協調者を経験・年齢・性別・職位とは無関係に社内から自由に募り，その目的および目標・役割・責任・日程を記した「PJ発足設立書」なるものをまとめた上で，同設立書を総経理に提出し，最終承諾を得た後に一定期間の活動を行うものである。」
2) A，B，C類従業員の給与は時給制となっている。
3) K元部長は半年後に民営企業の社長に転身し，現在も同企業で社長を務めている。

第4章
企業内教育制度

はじめに

　内需型と言われる小売業界は，日本国内の景気低迷に伴う市場の閉塞感に苛まれる中，国内市場から高い経済成長率に導かれたアジア市場，特に13億人という巨大な人口を抱える魅力的マーケットである中国への投資へとシフトしつつある。中国は，かつて低コスト生産に優位性を有する製造拠点，いわゆる「世界の工場」としての地位を確保する一方，2000年代に入って以降，販売拠点，すなわち「世界の市場」としての要素を加味しつつある。

　中国国務院発展研究センターによると，2003年度の都市部住民の年間平均消費支出は6,332元と対前年比で14.6％増，農村部では1,991元で対前年比23.7％増とさらに大きな伸びを示している[1]。急速な経済成長をとげる中国では，豊かになった国内消費者をターゲットとしたビジネスが広く展開されており，この機を絶好のチャンスと見る日系小売業による中国進出は，今まさにその成長過程にあり，今後も中国市場は販売拠点としての継続した成長が期待される。

　しかし，中国に進出した小売業がすべて成功しているわけではない。当該企業の組織管理，特に現地従業員に対する人材マネジメントに関しては，文化・社会環境の違いによって生じる，いわゆる"異文化コンフリクト"に関わる問題を多く抱え，撤退する企業も後を絶たない。具体的には，1988年から2011年までの期間に中国進出を果たした日系小売業17社の内7社はすでに中国から撤退している[2]。

　以上のような状況に対して，磯辺［2006］は「小売業というのは接客業」で

第4章　企業内教育制度

あるとし、「接客しなければ売れない商品も多い。従業員に対して高度な接客スキルが求められる」と述べている。[3] その意味では，小売業においては有能な人材こそがその成功に不可欠な資源であり，企業における優秀な人材の育成，そのための教育制度は最重要の課題だと言える。その点に関して瀬沼［2001］は，企業内教育についてほぼ100％の日本企業で企業内教育が実施されている現状から，日本では企業内教育は勤労者の「教育機関」の一つとして定着し，企業を「教育の提供者」と認めた上で，「企業内教育は世界に冠たる日本型生涯学習の一つ」であり「生涯学習の教育機関として位置づけられる」と主張する。[4] また，佐々木［2009］も，「わが国には，学校形態の教育方式とは別の体系として，働く人の教育方式としての企業内教育という優れたキャリア開発の歴史と実績が存在する」と述べ，日本の教育体系の一つとしての企業内教育の重要性を指摘している。[5]

以上に示したように，企業内教育とは日本の誇るべき学習システムであり，日本における独自の文化や日本的経営の根幹的システムと言っても過言ではない。しかし，中国の国情を考えた場合，様々な側面で日本とは異なり，日系小売業における日本型の優れた企業内教育はスムーズに機能せず，成功は難しいのではないかという問題意識が生まれた。この問題意識の回答を見出すことこそが本章の最終的な目的である。

1. 企業内教育の主たる内容

(1) 企業内教育の定義

企業の教育には定型があるわけではなく，百社百様である。企業における人材教育を研究するにあたり，まずは先行研究についてサーベイしておこう。

日本で企業の人材教育が積極的に行われるようになったのは，戦後復興期の1949年以降である。GHQの管理下にあってアメリカ経営学の広範な導入とともに，日本的経営システムの根幹となる終身雇用制度を前提に企業において人材育成が積極的に行われた。その意味では，経済大国であるアメリカ経営学と日本的経営システムが結び付いたことが，現在に至る日本の優れた人材育成制度が形成される端緒となったのである。

具体的な先行研究としては，まず教育について森［2008］は「個々人の可能性を見出し，それを可能な限り伸ばし，個々の未来を切り拓く意図的営みである」と定義づける。企業内教育については，今溝［2006］が「企業内教育とは，企業が労働者に対して行う教育の事である」と定義づけ，今溝とは異なる視点で小山［2011］が「人材教育とは，社長と社員の価値観を共有させる作業」と定義づけている。また，日系企業の企業内教育制度について西川［2010］は，企業の人材教育を勤務年数による階層別教育・職務による職能別教育・OJT・Off-JT・自己啓発と5つに分けている。このように日本的教育制度は多角的視点からの教育であり，その点にこそ大きな効果が期待できる。

(2) 企業内教育の目的

さて，そもそも「人材は育てるべきなのか，採用を工夫すべきなのか」という命題がある。日本企業の多くが，なぜ多くの費用および時間をかけて人材教育を重視するのかを明らかにしておこう。

人材の確保には，企業外部から当該能力を有する人材を調達する方法と，新規社員に対する教育，すなわち人材育成による内部育成という二つの方法がある。外部調達は，人材育成にかかるコストを抑えることができるのみならず，同人材は特定分野において即戦力となり，新規事業展開の際など短期的には極めて有用である。しかし，企業はいわゆる"going concern"として半永久的に存在し，成長していくことをその最終的目標とする存在である。その際，当然のことながら，短期的のみならず長期的な目標を掲げる必要があり，当該企業の経営理念，企業目標等に対する深い理解，また組織を構成する従業員によって築き上げられた信頼関係，共有すべき価値観等が必要となる。これら諸項目を各従業員に浸透，吸収させるには，人材育成という教育制度を中心とする内部の人材育成制度が格段に有利となる場合が多い。だからこそ，日本企業の多くが人材教育を実施するのである。

(3) 日本における企業内教育

以上が日本における企業の人材育成に関する定義および特徴であるが，本章の研究対象である中国四川省に事業を展開するB社での企業内教育に関する分析および検討に先立って，まずは，日本国内のB社における教育内容を明らか

にしておこう。

①日本B社M店の事例

　訪問先はB社の東京都内にある店舗M店である[11]。まず，採用の段階では将来の幹部候補生となる社員と一般社員などの区分はしていない。全員，現場での職務からスタートし，能力に応じて平等に昇進等のチャンスが付与されている。なお，同社においては，新入社員を約3年で売り場レベルの職務を十分にこなせる従業員に成長させることがその目標であり，新人とは入社3年目までの社員を指すことが多いとのことである。

　そもそもB社では，「人を最大の資源」とするという信念のもと，OJT中心の教育制度を実施している。入社時の集団研修後，各店舗に配属され，1週間はレジなどの基礎教育が行われ，実際に現場で働くようになる。現場への権利委譲は大きく，各店舗はそれぞれ独立採算にて経営しているといった感覚である。そのため，教育のマニュアルもその店舗の状況に応じて異なるものとなっている。マニュアルは完全整備されており，各職務・動作の目標時間に至るまでも設定され，新人教育の段階では社員の動作をストップウォッチで計測するほどの徹底ぶりである。

　また，新たな職務に就いた社員に対しては，部門別・職種別の集団研修を実施している。同研修では，新しい職務に必要な知識や基本姿勢などを伝えるとともに，それを日々の業務に活かせるよう実践的なカリキュラムを組み，社員の負担軽減を図っている。加えて，社員間および店舗間での教育格差是正のため，定期的に集団研修等のOff-JT教育も実施されており，徹底した教育体制が完備されている。

　さらに，新入社員だけでなく管理者層に対する教育の充実を目指し，2007年度から社外講師による研修が開始されている。具体的には，店長・副店長に対しては，リーダーシップやマネジメントに関する研修のほか，経営幹部として必要な財務会計に関する知識，マーケティング戦略等のビジネスセミナー講座も開催している。

　最後に，B社における教育の一環として自己啓発の支援も行われている。会社が費用を負担し，約100種類に及ぶ通信教育や語学講座が準備されており，業界誌の年間購読斡旋等も用意されている。

図表4-1　日本B社教育制度一覧

	社内研修	社外研修	トレーナー部	現場OJT	商品部・スタッフ
店長	新任店長研修	経営数値講座／ビジネスセミナー（・経営数値 ・マーケティング ・交渉 ・マーケティング応用 ・創造的問題解決）／リーダーシップ研修	新任店長研修（食品）	仲間の先生（店長サポート）　・部門ごとのマネジメントポイント ・マーケット，数字状況を踏まえた計画立案 ・部下のマネジメントと育成	・経営数値 ・マーケティング ・交渉 ・マーケティング応用 ・創造的問題解決　↑ビジネスセミナー
副店長	新任副店長研修	キャリアUPフォロー研修／副店長キャリアUP研修／現場力強化フォロー研修／現場力強化研修	新任副店長研修（食品）	・店舗マネジメント ・危機管理など ・衛生管理者研修（副店長必須）	新任本部マネジャー・チーフ研修
担当マネージャー	担当マネージャーフォロー研修／新任役職者研修	マネジメント力強化研修／コーチング研修	ローテーションマネージャー研修／新任役職者研修（サービス部門）／新任担当マネージャー研修	仲間の先生（リーダーマネージャー）　・商品部情報を元にした売り場づくり ・個店マーケティングや数字状況を踏まえての売り場修正 ・作業計画，作業割当 ・接客教育，VMD教育など	バイヤー・ディストリビューター講座／新任本部バイヤー・ディストリビューター研修
担当者	ステップアップ研修		フレンズメイト研修（衣住）	＜基本4原則＞ ・フレンドリーサービス ・クリンリネス ・鮮度管理 ・品揃え	本部新規勤務者研修
新入社員	10か月フォロー研修／6か月フォロー研修／正社員登用時研修／2か月フォロー研修／入社時合宿研修		生鮮技術研修（3か月）／登用時研修	OJT支援ツール（動画・テキスト配信）　＜技術＞ ・商品知識，接客技術 ・生鮮技能　＜売場マネジメント＞ ・企業行動指針 ・表示管理	

自己啓発支援（通信教育など）

出所：B社社内資料およびHP資料より筆者作成。

以上のように，B社の教育制度にあっては，体系的な研修体制を整え，社員の成長を継続的にサポートしていることがわかる。具体的には，日本的な優れた教育制度である階層別教育・職能別教育・OJT・Off-JT・自己啓発等を同時並行的に実施しており，社員教育を非常に重視している実態を認識することが可能であろう（図表4-1参照）。

2．日系企業における企業内教育制度の事例研究

(1) 中国B社の事例

我々は，中国における日系小売業の企業内教育の現状を調査するため中国に進出を果たしているB社の2店舗を訪問調査する機会を得た。その際，一般従業員，各部門長，店長および会長といった様々な職位の従業員に積極的にインタビューおよびアンケート調査を実施した。以下，その教育内容についての検証である。[12]

①教育制度

まず，B社においては，採用時に新規採用者は現場で働く一般従業員と将来，幹部を目指す予備幹部に分けられる。予備幹部としての採用条件は4年制大学の卒業である。しかし，一般従業員であっても，業務態度・成績が優秀であれば将来，幹部への昇進は可能である。逆に，予備幹部採用であっても，業務態度・成績が悪ければ幹部になることはできない。またB社では，現地従業員を多く採用している。その最大の理由としては，同社の立地場所である四川省においては中国内陸部特有の方言があるため，その方言を用いることで地域に根付いた店舗を目指しているからとのことであった。

また，中国の場合，日本の場合とは異なり新入社員の定義は，入社後約1年目までの社員を指すとのことであった。つまり，約1年で社員は一人前となり，後輩従業員の指導に当たることもあるため，むしろ新人と思わることに抵抗があるとのことであった。

なお，現地B社の教育マニュアルは，そのほとんどが日本国内での創業時に用いられたものと変わらないとのことであった。

続いて，その具体的教育内容を日本の5つの教育制度と比較しながら検証しておこう。

a.階層別教育

・新入社員教育

新入社員に対しては，入社後すぐに集団教育が実施される。企業理念や経営方針，会社のシステム等に関する教育が実施された後，職場での実践教育が実施される。その教育形態はほとんどが集団教育であり，基本業務，専門知識，チームワーク，情報共有といった日常業務を行う際の適応能力を養うことをその目的とする。実際の教育に関する技法としては，講義，復唱，討論，寸劇等である。知識と技能が正しく身に付いているかどうか，職務遂行上の問題点や課題は何か，解決へと自らを導くための理解が為されているか等が入社後，定期的な階層別教育において実施される。[13] 一般従業員は新入社員教育について，

　「まず服装や化粧など身だしなみを改善するよう教育を受けた。経営理念の理解や挨拶の意義を繰り返し教育された。B社は人を大事にする会社で，入社してからたくさん教育を受けた。」

と回答している。接客文化のない中国にあっては，新入社員にまず「お客様」という存在を理解させることが重要である。指導する立場として副部長は，

　「企業理念やサービス精神を教えることは簡単だが，それらを理解させ，実行させることは難しい。そしてさらに，それらを習慣化させることはさらに難易度が高い。」

と述べている。

・経営幹部教育

経営幹部は意志決定のための情報収集や，経営に対する提言・提案力が強く求められる当該企業の司令塔である。経営に関する戦略策定のための会議や討論の機会が多く，それに伴って教育も随時実施される。[14] B社会長は，

　「幹部の考え方や行動がチームのあり方を決め，成果を決める。問題意識無くして，危機意識はない。危機意識がないと当事者意識がない。当事者意識がないとメンバーの心を動かすことができない。この3つの意識を身に付け，自らが変わることを目指して教育する。」

と述べている。

また，企業の更なる成長を目指し，経営幹部は日々，知識の向上に努める必

要がある。また，CIY教育学院[15]という経営幹部対象の教育制度も存在している。外部からその分野の専門講師を招き指導を受けることで，さらなる成長を果たすのがその目的である。例えば，航空会社の接客指導者から高いレベルの接客技術を学んだ場合，そこで得られた内容は，各店舗にて一般社員にまで情報共有を行い実践される。CIY教育学院を受講したある店長は，

> 「経営幹部の職務の目的や内容，展開方法を学んだ。ここでも企業の経営理念や経営方針などは反復的に学習を繰り返す。外部から講師を招き，正しい礼儀作法や人とのコミュニケーション法等に関する指導を受けた。また，売り場の作り方は，VMD[16]の講師を招き，基礎知識は言うに及ばず，専門知識に至るまで学ぶことができ，とても役立った。そして，CIY教育学院で学んだ内容がしっかり実践されているか，現場に問題点はないか，会長および幹部が週に一度のペースで現場を回り，改善方法を指導する機会さえあった。」

と答えており，新入社員のみならず経営幹部に対しても，徹底した教育が実施されていることがわかる。

b. 職能別教育

併せて，業務内容に準じて分けられた業務部門ごとに，それぞれの職務遂行に際して求められる知識および技能，技術などの修得が目指される。部門内で上下関係を越えて互いに学びあうことが可能であり，コミュニケーション能力を培う機会や相乗効果が見込まれる場が提供されることとなる。その意味では，職務の進め方を共有し合う等の意識を持たせることが，この職能別教育の目的と言えるであろう[17]。

c. OJT

現場では，「お客様第一主義」に基づく行動が最も求められる。先のB社会長は，週に一度は必ず店舗に来て現場で社員の教育に当たる。問題点を見出し，指導をするのみならず，良い接客やセンスある装飾等があれば徹底的に現場でその従業員を褒める。ある社員はOJTについて

> 「現場では，お客様に対応する方法を学んだ。お客様と直接対話できるから現場を担当するのはとても楽しい。お客様に両手でものを差し出した時に褒められた。他人に認められることには大きな達成感があり，向上心も生まれた。」

と述べている。

d. Off-JT

Off-JTについては,新人教育に際しての実施が多く,企業理念や企業目標に関する教育が徹底して行われ,企業にとって理想的従業員になるための第一歩と位置付けられる。他には,集団研修においてチームワークの育成を目的としたグループによる寸劇や討論等が行われる。なお,先述のCIY教育制度もOff-JTに分類される。[18]

e.自己啓発

自主的な参加はもちろん,上司からの指示でセミナー等に通い,さらなる知識や技能を向上させる教育活動も実施されており,[19] 以下のような自己啓発に積極的に取り組んでいる。[20]

・「成果発表会(年4回)」,「業務技能発表会(月1回)」,「業務改善提案発表会」

従業員にアピールの機会を設けて昇進のチャンスを与えるもので,落ちた場合でも降格がないため,向上心の醸成に大きな成果が期待できる。中でも特徴的なのが「業務改善提案発表会」である。毎月,各店舗あるいは従業員から約3,000件の提案を受け,その中から3つの提案が選抜され,即,現場に採用される。提案が採用された場合,上司から高評価を得られ昇進につながる等の褒賞があるため,特に盛んに活用されている。

・「社内立候補制度」

役職の募集がある場合,自ら立候補して試験に合格すれば,その役職に就くことができる制度である。B社4店舗から約100人の立候補者が集められ,試験に合格した社員が採用される。採用された場合,新しい役職に応じた訓練を受けるため,キャリア・アップにつながる。何度でも挑戦が可能であるため,自己成長を目指す従業員は積極的に参加,活用している。

②教育の特徴

以上,中国B社における教育制度の概要を紹介したが,同制度の具体的内容はいずれも日本国内のB社で実施されている5つの教育制度に合致するものとなっていた。しかし,その内容それ自体は同様であるものの,重視される点については大きく異なっている。以下,その点について3つの観点から言及しておこう。

a.理念教育

中国にはそもそも接客文化が存在しない。実際,ある店舗の従業員は,

「特に礼儀を理解し，実行することが難しかった。」
と答えている。B社では，「意識が変わると行動が変わる，行動が変わると習慣が変わる，習慣が変わると人格が変わる。」という信念のもと，企業理念を理解させる大前提として，個々の現地従業員の意識改革に重点を置き，顧客を大切にする理由および顧客満足度を高めるための行動を本来の意義から説き起こしながら，上司が熱意を持って教え込む体制が採られていた。

b.反復教育

また，その教育方法としては，反復教育が実施されていた。一度は理解したとしても，継続して行動するのは容易なことではない。そのため，中国B社では，朝夕礼や日中の会議等においても，必ず企業理念を復唱し，挨拶やお辞儀の練習をする時間を設けている。指導する側であるS店の人事部長も

「新人社員の育成方法については，現場の教育を重視している。特に，挨拶や接客用語は絶対に必要な要素であり，反復して教育している。」

と述べている。つまり，日本人にとっては当たり前の行動であったとしても，まったく異なる文化を持つ中国の現地従業員にとっては，理解し難く，反復して教育することが必要なのである。

c.チームワーク教育

小売業にあっては，情報共有が大切であり，そのためにはチームワークが必要とされる。しかし，自我の強い中国人従業員は，組織行動が本来，得意ではない。そこで中国B社では，チームワークの大切さを現地従業員に理解させることを重視している。その点について，K店衣料部副部長は

「中国人の国民性として，個性が強いということが挙げられるが，やはり1人が100歩よりも100人が1歩ずつということを目指している。個性をチームワークに活かすことは課題でもある。まずは，コミュニケーションを取ることが大切で，単に命令を伝えるだけではダメである。」

と述べている。同社では，同僚とともに職務に当たる研修を設定し，個人レベルでは不可能な項目についても，従業員が共に協力し合うことで可能になるということを実体験させることで，協調性の大切さを教育する機会としている。その代表的な事例が寸劇であり，同社独自の教育制度である。具体的な内容は，新人社員をいくつかの班に分け，挨拶や接客に関する寸劇を各班で考えさせ，発表させるというものである。また，優秀な班を表彰することによって，個々

の従業員の創作劇に対するモチベーションアップを図っている。発表会前には，多くの従業員が懸命に練習する光景が見られ，仲間同士のコミュニケーション能力も向上し，最終的には一つの達成感を味わうことでチームワークの大切さを実感させる制度となっているのである。

③教育への意識

さて，教育を行うにはその制度，システムそのものの内容および質が問題となることは言うまでもないが，それとともに忘れてはならない重要な要素として，指導する側の意識の問題がある。教育に携わる立場にある側にしっかりとした意思や目標があってはじめて，企業にとっての理想的な従業員の育成が可能となるのである。そこで以下では，経営トップ，管理者層，従業員という各レベルで指導する立場にある個々人の意識について検証しておこう。

a. 指導者の意識

中国B社のトップリーダーであるS会長は，日本人である。「お客様第一主義」という信念のもと，取引先，株主，地域社会等にも信頼されるような企業作りを目指している。会長自身，これらの実現のためには，「まず指導者側が熱意を持って仕事に取り組むべき」と主張しており，会長自身も常にこのことを意識しつつ職務に従事している。具体的には，現地従業員のモチベーションを引き出し，かれらの信頼を得るために会長自ら各店舗を回って現場の接客や商品管理等の指導を行い，従業員の目の前でお客様への挨拶や店舗の掃除といった従業員と同様の職務を会長自らが実践し，やって見せている。また，地域社会に対する感謝，取引先・株主に対する責任等についても常に意識しており，朝礼の際にも現地従業員とともに地域社会に対する感謝の言葉を述べている。

b. 管理者の意識

続いて，管理職層における意識を調査するため，3店舗の店長を含む6名の管理者層社員に対してインタビューを行った。以下，その具体的内容である。

まず，S会長を尊敬しているかという質問に対し，全員が尊敬し，その取り組みを自らも積極的に実践しているとの回答が得られた。

「お客様の立場で何事も考え，そして新しい発想を持つSさんの考え方は素晴らしい。」「会社の基本に従い，お客様はもちろん，従業員のことも大切にしてくれる。会長自らお客様を入り口で出迎えることもある。」

とのことで，会長自らが「お客様第一主義」を実践することで範となり，管理職層が目指すべき理想的な人物像となっていることがわかる。

また，会社に対する満足度も高く，転職社会という中国労働市場の特徴に反して十数年間という長期にわたる勤務が実現している。教育に対しても，全員が積極的であり，

「正面から向かい合って教育する。優秀な人を採るというよりは，むしろ教え育てる。従業員一人ひとりの意識を変え習慣を変えることが大切だ。」

という熱意ある回答が得られた。現場を回って，従業員の良いところを探したり，「お客様満足度」をより高めるための改善点を考えたり，会長を模範とし，常に従業員の見本になるよう業務に従事しているとのことであった。

以上のように，管理職層は会長の考えを理解し，何よりもその人間性に惚れ込み，尊敬していることがわかる。さらに，部下への教育にも非常に積極的で，努力を惜しまないという気持ちを十二分に感じとることができる。

c.従業員の意識

最後に，個々の従業員における意識調査のため，2名の従業員を選抜，インタビューし，従業員102名に対してアンケート調査を実施した。

まず，インタビューの結果，上司への印象については，

「仕事に熱心で，一生懸命働く姿を非常に尊敬している。」

という回答を得た。

また，アンケートにおいても，上司や企業文化に不満，不安はあるかという

図表4-2　従業員へのアンケート結果①

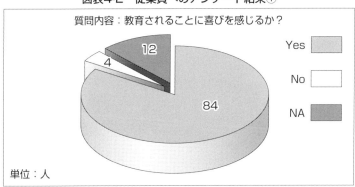

出所：いずれもアンケート結果より筆者作成。

第Ⅰ部　人事・労務管理の諸相

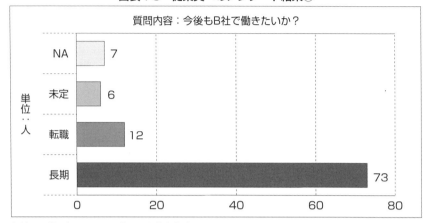

図表4-3　従業員へのアンケート結果②

出所：いずれもアンケート結果より筆者作成。

質問に対して「ある」と答えた従業員はわずか2％に過ぎなかった。

さらに，教育されることに喜びを感じるかという質問に対しては，

「社会で役立つことを数多く学ぶことができ，非常に従業員を大事にする会社であると感じる。」

との回答が得られ，アンケートでは102名中84名が「はい（喜びを感じる）」と答えている（図表4-2）。

最後に，今後もこの会社で働きたいかという質問に対し，

「前の2年は3回も転職したが，中国B社ではすでに2年間働いており，今後も働き続けたい。」「同僚と働くことが楽しいので働き続けたい。」

との回答が得られ，アンケートでは，102名中73名が「長く働きたい」と答えている（図表4-3）。

以上のように，従業員の多くが同社の企業文化を受け入れ，教育されることに前向きであり，満足度も高いことがわかった。

(2) A社の事例

A社における社内教育制度は，OJTおよびOff-JTから構成されるが，Off-JTに関しては図表4-4に示す「原田経営塾」，「新人教育」制度，「Sunshine教育」制度という大きく3つの柱から構成されている。

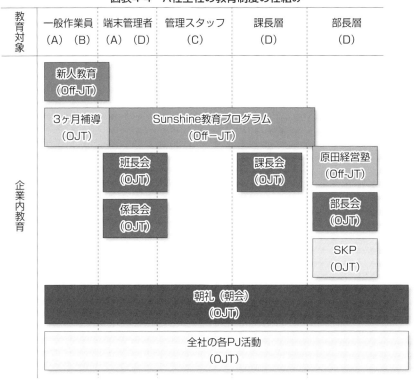

図表4-4　A社全社の教育制度の仕組み

出所：A社社内資料より筆者作成。

　そもそもA社における教育制度は，図表4-5に示す通り垂直的に展開される制度となっている。まず，総経理が担当する部長職に対する「原田経営塾」に対して，本項で扱う「Sunshine教育」制度（プログラム）は，課長職を中心とする中間管理職層に対する教育プログラムである。また，係長および班長という末端の管理職に対して，中間管理職ないしは管理職に就くのに必要な最低限の管理上の知識および職務遂行の方法等を教育することを目的とする企業内教育プログラムの一つが「新人教育」制度である。

　2005年に開始された「Sunshine教育」プログラムの実施は，2008年時点ですでに4期に及んだが，その推進は，A社独自のプロジェクト推進システムたるPJ活動の一環として実施されている。具体的には，「Sunshine教育」PJチー

第Ⅰ部　人事・労務管理の諸相

図表4-5　A社の企業内教育の仕組み

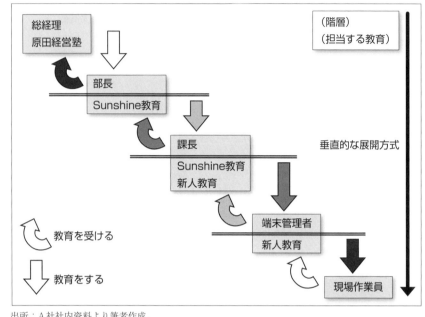

出所：A社社内資料より筆者作成。

ムがその任に当たるが，第二期（2006年）における同PJ組織を参考までに図表4-6に示しておく。

その結果，これまでに400人近くの管理者を育成した実績を持つ同教育プログラムは，A社の今日までの発展に極めて大きな役割を果たしてきた。

① 「Sunshine教育」制度の概要

ここでは，「Sunshine教育」制度の目的，組織メンバー，受講者等その具体的内容について詳述しておこう。

a. 目的

A社においては，特殊な技術者に関しては中途採用を実施しているが，それ以外の管理職および管理スタッフついては，そのほとんどが内部昇進者であるため，それら従業員の知識および経験不足を克服し，管理技能を高めることが本教育制度プログラム最大の目的である。その具体的な内容としては，以下の諸点が設定されている。

第4章　企業内教育制度

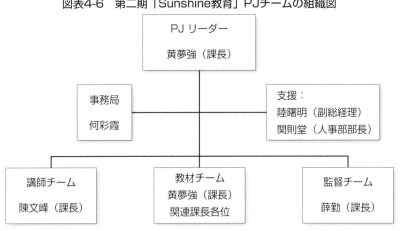

図表4-6　第二期「Sunshine教育」PJチームの組織図

出所：A社社内資料より筆者作成。

・管理職および管理スタッフの管理に関する基礎知識の定着および活用。
・新たなポジション就任の前段階における予備的管理知識の習得。

また，その目標としては，以下の諸点が設定されている。

・3か月間に及ぶ教育訓練を通じて，すべての管理職および管理スタッフが管理知識を習得し，その応用が可能となる。
・教育研修にOJTを組み合わせることで，学習および実践が同時に可能な企業内教育体制を構築する。

また，同社の総経理は，別の視点から同教育プログラムの必要性を次のように説明している。

「この教育プログラムは，退職者数の減少に伴う当社管理職クラスのマンネリ化を防止すると同時に，新規管理者の能力レベルの維持，アップを図るという意味で設置した制度である。」[21]

b. 受講者数

A社では，既述の通りすべての従業員が職務によってA, B, C, Dの4類に分けられている。A類は生産現場の作業員であり，B類は電気工，大工，修理工および運転手等の特殊技能を有する生産現場の作業員である。C類はオフィスの事務系職員であり，D類は正社員および部長職を含む管理職である。

Sunshine教育プログラムの受講対象となるのは，上記各等級の内，C類の事務系職員およびD類の管理職に就く正社員であるが，第一期（2005年）の受講者数は，班長75名，係長60名，事務系職員38名（各部署の秘書全員）の計173名であった。続く第二期（2006年）の受講者数は，班長9名，係長4名，事務系職員283名の計296名であった。第二期受講者の内，班長および係長は新規昇進者であり，「Sunshine教育」プログラムに関しては未経験者である。

　この第二期における事務系職員受講者数の大幅増加により，この「Sunshine教育」プログラムが制度化され，定着することとなる。

　さらに第三期（2007年）における受講者数は，図表4-7に示す通り，D類従業員の内，部長および課長を除く，班長，組長，係長および管理スタッフ全員に当たる計395名となっている。

図表4-7　「Sunshine教育プログラム」受講者数

職位	班長/組長	係長	管理スタッフ	秘書	合計
第一期	75	60	30	8	173
第二期	9	4	283	0	296
第三期	146	52	186	11	395
合計	230	116	499	19	864

出所：A社社内資料より筆者作成。

　最後に，第四期においては，図表4-8に示すように班長60名，組長110名，一般職員235名の計405名が研修に参加した。[22]

　なお，第一期では，全受講者を3グループに分けて研修が実施された。内，グループ1は係長を対象に主として管理者教育および管理職の職務遂行のための研修が，グループ2は班長を対象に管理者教育のプログラムが50％，生産管理に関するプログラムが50％という割合での研修が実施された。また，秘書クラスにおいては，管理者教育および生産管理教育を除いた職務遂行方法および総合的教養科目を中心とした研修が実施された。

　続く第二期においては，受講者の編成が大きく変更された。具体的には，職位の近い従業員によるグループ分けではなく，より広範囲に及ぶコミュニケーションを図るため，班長，組長，係長および管理スタッフを意図的に混在させ，5つのクラスを編成することとした。日常業務の中で他人の職務内容を知るこ

第4章　企業内教育制度

図表4-8　「Sunshine教育プログラム」受講者数

部門	班长总人数	组长总人数	职员总人数	合計
总经理室	0	0	2	2
财务部	0	0	18	18
技术部	0	0	86	86
品管部	6	0	17	23
人事部	0	0	8	8
物流部	1	3	14	18
制造部	35	77	7	119
资材部	2	4	29	35
总务部	0	0	23	23
组件部	16	26	31	73
TOTAL				405

出所：A社社内資料より。

とで相手の立場に立って物事を考え，行動できる人材を育成するというねらいである。

c. 担当講師

　第一期では，効率的に研修を進めるために，グループ1および2の中にそれぞれさらに2クラスを設定した。1クラス30～35人の体制で，それぞれのクラスには当該研修内容の指導に最適な部長ないしは課長がクラス担任に任命された。2人の部長職は係長グループの指導を担当するのに対して，2人の課長は班長グループの指導に当たった。なお，秘書クラスの担任は副総経理が直接担当した。

　続く第二期では，班長および係長，事務職員が平均的に混合されたクラス構成となり，また各クラスの研修内容が同様という事情もあり，第一期では部長職が講師を勤めることがあったが，第二期以降においては，すべて24名の課長職がその任に当たることとなり，各自担当する研修を事前に決定し，各クラスに対して順次，講義を実施した。

d. 研修スケジュール

　5か月間にわたる同教育プログラムは，準備期，訓練期，総括期の大きく3期に区分されるスケジュールに基づいて実施された（図表4-9）。まず，当初

の2か月間は教育プログラムの準備期間であり，その具体的内容としてはクラス設定，各クラス担当講師の選抜，新しい研修教材の作成および既存教材の編集等である。続く約2か月間をかけて研修が実施される。研修の半ばには学習効果確認のための中間テストが実施され，研修終了後1週間以内に最終テストが実施される。当然のことながら，同テストでの点数は，研修の合否に大きく影響する。

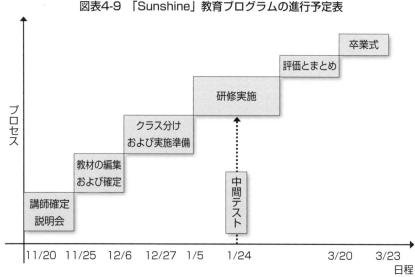

図表4-9 「Sunshine」教育プログラムの進行予定表

出所：A社社内資料より筆者作成。

さらに，研修終了後には，合格者に合格証書を授与する「卒業式」が挙行される。

以上のように，研修における一連の流れはまるで学校教育のような体制となっており，受講者間における評判は極めて良好なものであった。

なお，研修の具体的な時間割については，第一期においては，勤務時間外の[23] 18:00から19:00までの1時間，第二期においては勤務時間外の18:00から19:30までの1時間半に設定された。この変更により，第一期では1日につき1コースの研修のみとなっていたものが，第二期では1日につき2コースの研修実施が可能となった。

e.研修内容

・第一期

　第一期「Sunshine教育」における具体的な研修内容は，会社知識，管理者養成，現場管理，職務の遂行方法，総合教育といった5つの領域，計19項目から構成されている。教材については，既存のものの他に，それぞれの担当部長によって作成された。5つの領域の具体的な内容については，会社知識および総合教育が人格教育に，管理者養成が管理者教育に，現場管理および職務の遂行方法が専業教育にそれぞれ属するものである。従業員に必要な教育という観点から各教育領域の比率は，2（専業教育）：2（人格教育）：1（管理者教育）に配分され，受講者の大半が末端の管理職層である係長，班長，組長に相応しい内容構成となっている。

　なお，1科目の研修内容が1コースとなり，すべて電子文書で作成されている。1時間という研修時間に合わせて，1科目につき約25～30頁のPPT[24]が教材として準備されている。同教材は，わかり易い説明を目的として大量の写真および挿絵が使用されており，従業員の教育レベル，年齢等に十分に配慮したものとなっている。

・第二期

　第二期「Sunshine教育」における研修内容は，全28項目から構成され，「全社的な学習の雰囲気作り」という点に重点が置かれ，受講者自身が如何なる部署あるいは分野での職務に就きたいかを自ら決定することが求められた。その結果，全受講者を対象に全28項目を受講できる体制が整備されることとなった。28項目は，大きく基礎編および上級編に分かれてはいるものの，それはあくまでも研修内容の分類を示すものであり，対象となる受講者を区別するものではない。

　以上，第一期・二期それぞれの研修内容に関する概要を示したが，第一期から第二期にかけての最も大きな変更点は，実務および職務に関する専業教育の部分が大幅に強化された点であろう。その目的は以下の3点に集約される。

　まず，すでに触れた通り部署の区分を超え，他の職場を知った上で自身の職務を遂行する過程において，個々の従業員が，他の従業員，他部門の立場に立って物事を考え，行動することが可能となることが求められているということである。

図表4-10　A社の各課の教育資料の一覧表（22種）

1. 人事課員教育	12. 品質保証課員教育
2. システム課員教育	13. 基板課員教育
3. 改善課員教育	14. ASSY課員教育
4. 総務課員教育	15. 成型課員教育
5. 報関課員教育	16. 塗装課員教育
6. 財務課員教育	17. スピカー課員教育
7. EMC課員教育	18. 試作購買課員教育
8. 生産技術課員教育	19. 量産購買課員教育
9. 製造技術課員教育	20. 資材課員教育
10. 部品保証課員教育	21. 生産管理課員教育
11. 監査課員教育	22. 物流課員教育

出所：A社社内資料より筆者作成。

　また，プロジェクト（PJ）チームの活動を円滑に推し進めるため部門を横断し，予め他の部署の職務を知りたいという要望があったため，第二期において早速，各課の業務内容に関する教育が実施に移されたのである。

　さらに，基本業務に関する教育活動を実施することにより，各課の教育用資料，訓練用資料の整理および製作を促進することもその目的の一つである。その結果，第二期「Sunshine教育」実施後，図表4-10に示すように全社各課22種に及ぶ教育資料が完備されることとなった。

・第四期

　第四期においては，課題別の形式による実施方法が採用された。課題の設定は，全社各部門が現在抱えている問題点をヒントに行われ，それを解決する方案が「タスク」とされた。2007年11月28日までに図表4-11示すような課題が各部門から集められ，同課題は，その内容により班長・組長向けおよび一般従業員向けの大きく二つに分けられた。その中から，1グループにつき最低二つの課題を選択し，3か月にわたり議論，調査，実験等が繰り返され，その解決案たる「タスク」を作成するというものである。

第4章　企業内教育制度

図表4-11　SUNSHINE HOLIDAY教育の課題リスト（中国語）

対象	培训课题	具体内容	参与部门
班组长	劳务	1，沟通和观察：收集07年劳务案例，提前发现和讨论最佳处理方法； 2，说服力：正反方辩论（以劳务问题为辩论主题）	人事/生产…
	物料	配料/发料程序，收尾物料，如何节省人力？	资材/采购…
	效率	1. 节拍测量，瓶颈工位；2. 熟悉度	制造/音箱…
	现场5S	部品/设备整理，夹具安装……	总务/品管…
	外观不良	从生产全过程分析外观原因	品管/制造…
	设备	常用设备夹具仪表的设定，检修方法	技术/塑胶…
	QC不良	07年QC不良总结，如何用于08年对策	品管/制造…
	数据管理	生产线常用报表的目的，如何应用或精减？	经管/生管…
	生产安定化	确保每周一天休息；消除临时转产	生管/采购…
职员	内销	消除借料现象	CKD/采购…
	报关/商检	政府要求与公司状况一致	报关/财务…
	PRM 和经费预算	提高文员的预测精度，控制能力	经管/生管…
	日常应用程序	车辆管理，访客预约，登记，通知	总务/IT…
	采购工程分析	部品知识　商务知识：合同，商业常识，供应商转换方法	采购/IQC…
	系统数据管理	及时准确地提供数据	生管/物流…
	部品上线效率	分析资材仓→齐套→线体的过程，如何提高效率	制造/技术…
	基板工程不良	如何降低后漏不良	基板/技术…
	技术报告作成	如何作成一份有说服力/明确的技术报告	技术/品管…
	低耗品管理	合同，报价对比，供应商认证　两组：生产用/总务用	采购/制造…

出所：A社社内資料より筆者作成。

f.成績評価

最後に，「Sunshine教育」プログラムにおける成績評価に関しては，以下の諸点に即して行われることとなっている。

・出席率，積極性等に対して点数評価が実施される。
・指導時においては，すべての受講者に対して質問が為されるが，個々の回答すべてに対して点数評価が実施される。

・2週間ごとに期間テストが実施され，点数評価が実施される。

個々の点数評価に関しては，審査グループによるポイント制となっており，グループ全員に対する団体ポイントおよび個人に対する個人ポイントの2種による成績評価が為され，総括会および表彰式が開催されることとなっている。その判断の基準としては，問題認識，現状把握のレベル，解決案の数，実行可能性，持続可能性，完成度等が挙げられる。

なお，「淘汰制度」なるものが実施され，上位および下位間における成績の差が大きい場合，係長1名，班長2名，管理スタッフ1名が降格されることとなっている。

以上の方法により，優秀グループに選ばれた場合，500元の報奨金が，個人の場合は，1位300元，2位200元，3位100元の報奨金がそれぞれ授与されることとなっている。報奨金額は決して高額とは言えないが，集団内での協同作業という点を強調しながらも，個人による貢献も確実に評価する方法が採用されており，受講生による積極的な参加効果が期待できるシステムとなっている。

さらに，同プログラムの実施状況および評価結果は全社的に公開されることとなっている。公開情報としては，活動の成果，参加者の感想，報奨金受賞グループおよび個人の発表等が含まれる。これら情報公開，宣伝により全社的な注目を浴びることで問題解決案のスムーズな実施が促進され，より大きな活動の成果がもたらされるのみならず，個々の参加者が職務の達成感を感じることで，モチベーションアップの効果が期待できる。加えて，未参加者に対してはある種の刺激をもたらし，全社的な学習の雰囲気が醸成され，各従業員の向上心を高めることにもつながるのである。

おわりに

以上，中国A社およびB社における教育制度について検証してきた。

まず，B社については，同社従業員が職位を超越して，過半の従業員が同じ方向を向いている，同様の思考を行っていることがわかる。すなわち，組織が一体化する傾向にあることが明らかとなった。同じ方向，同様の思考を形成する源泉となっているのは，言うまでもなく，企業理念に沿った信念に他ならず，

長くここで働きたいという意識の源泉も，同様にまさにこの点にあると言えるであろう。このことは，「企業文化」が浸透している証しであり，また，そこには多くの従業員たちの中国B社に対する「愛社心」を強く感じさせる結果となった。愛社心の存在は，離職を防ぎ，長期間に及ぶより高いレベルでの教育の実践を可能とする。言うまでもなく，当該企業への貢献に向け努力を惜しまず懸命に働く。これが結果として，企業の成功に大きく影響するという好循環を生み出しているのである。

　本章は，既述の通り，日本型教育制度が中国固有の多様性，「転職社会」といった諸条件の存在により，中国では機能し得ないのではとの疑問からスタートした。

　しかしながら，これまでの検証から，日本と同様の教育マニュアルを使用しながらも，見事に中国現地での企業内教育に成功している現状が明らかとなった。その成功には，「反復教育」，「チームワーク教育」が大きく関わり，それら二つの教育を含む，精神面の教育強化こそが決定的な成功要因となっていると言えるであろう。その意味では，この成功要因はその多様性，「転職社会」を克服し，十二分に対応可能であることの証左に他ならない。

　具体的には，中国人は，情報やノウハウを共有しようとしない「個人主義」であり，自分の考えを主張する傾向が強いとされる。ところが実際には，中国B社でもチームワーク教育が実践され，多くの従業員に受け入れられていた。つまり，中国人は個人主義的ではあるが，だからと言って組織を好まない訳ではない。日本人の場合とは異なり，中国人の場合は，まず個人間の契りを重視し，仲間として認められることから始まるのである。中島［2011］は，

　「中国人における仲間の絆は事業機会を探索し，協働して勝機を生み出していくための家族的共同体コードに近いもの。仲間とは具体的な出来事を通して，結果として得られる関係であり，自分なりの考えや目的を表に出すことが，仲間作りの基本である。」

と述べている。[25] つまり，個人主義的であっても，組織において個性を発揮できれば，質の高い組織の形成は十分に可能なのである。現に，中国B社のチームワーク教育は従業員同士の仲間意識を高めることにつながり，個人主義的であってもチームワークの形成は可能となっているのである。

　また，中国B社では「中国一の笑顔の接客」を目指し，接客本来の意義からスタートして徹底的な接客教育を行い，かつての中国には無かった接客術を繰

り返し，繰り返し反復教育している。国民性の違いだからと諦めることなく，人類にとって普遍的に価値ある技術は必ず受け容れられるという信念に基づき，このように反復教育を行うことによって個々の現地従業員に接客文化を根付かせ，日々の業務に顕在化させることが可能となっているのである。

　さらに，中国人であっても，企業理念が自分の利益に適うと理解すれば，自主的に仕事のノウハウなどを吸収しようとする態度に変わるのである。[26] 萬［2011］は

　「中国人は，自分に必要とされることは懸命に勉強する。」

と述べている。[27] つまり，中国人は，好きなこと，個人的利益に必要なことに対しては，日本人以上に成果が期待できるのである。もちろん，中国人は昇進意欲が強く，自己の成長を職場に求める傾向にあることは，紛れもない事実である。しかしながら，中国B社は，管理職層を中心とする指導者も熱意と高い意識を持って徹底した社員教育を実施し，何よりも，社員の要求に見合う様々な制度を補完的に社内に整備することで，つまり，現地的要素を十分に汲み取ることでその点をむしろ逆手にとり，最大限に活かすことが可能となっているのである。

　加えて，熱意を持って現場での職務に当たる個々の従業員たちは上司の真摯な姿を目の当たりにすることで，上司に対する信頼を募らせ，尊敬の念を抱くようになり，そのようにして着実に愛社心の醸成に成功しているのである。

　労働市場の諸特質，多様性等は，あくまでも総論に過ぎない。やって見せ，言って聞かせて，させてみて，褒めてやれば，その総論を覆す人材を生み出すことが可能になるのである。もちろん，そこには人材を育てるという使命感に燃え，相応の高い意識を持った育成者の存在も不可欠である。なにを隠そう，そこには指導する側と指導される側の間に無類の信頼関係がすでに構築されているのである。

　続いて，A社の社内教育をみると，社内において教育活動を実施するためには，相応の資金を投入する必要があることは言うまでもないが，加えて，その資金の規模は相当額に上ることが予想される。当然のことながら，A社のような低付加価値企業において，人材の教育に多くの資金を投入することは到底，不可能である。

　さらに，中国における労働市場は極めて流動的であり，時を待たずして退職

していくであろう従業員への教育コストの投資動機は大きく減殺されることとなる。しかしながら，A社における従業員に対する基本的スタンスに立ち返る時，人材育成制度は最重要な制度として機能しているので，そのための低コスト・高効率の人材育成制度の確立は不可欠の項目となる。

以上の諸点を考慮した際，これまで述べてきたように，A社の場合，企業内教育の実施に使用されているのはすべて同社における内部資源である。とりわけOff-JTの場合，教材から講師，実施場所，事務局のメンバーまでそのほとんどすべてが同社内部から調達されたものである。

加えて，外部労働市場に対応すべく短期的スパンで実施されており，同社における人材育成システムは，低コスト・高効率を特徴とする典型とも言える制度が確立されているのである。

その他，第一期から四期に至る教育制度の実施状況を総括すると，以下の諸点をその特徴として指摘することができるであろう。

- プロジェクト体制としてのPJ活動は，各部門の協調を得ながら自主的にその活動を行うことが可能となっている。また参加者に対する評価は，集団性を重視するグループ評価および個人性を重視する個人評価があり，参加者の積極性を高める要素を多分に含むものと言える。
- 四期にわたる教育内容はそれぞれ異なり，それに伴い受講生の構成および実施の形式も自ずと異なるものとなったが，その点は見方を変えれば，同システムが非常に柔軟性に富むシステムである点を象徴するものとなっている。
- 準備期，実施期，総括期に分けられるA社における教育活動は，高い計画性と反復性を有しているのみならず，その進行状況を逐一追跡する体制が採られており，活動のfollow-upが重視されている。
- 透明性，公開性の高い情報公開体制下での活動が保障されている。

●注

1) 馬・王［2005］：301頁を参照されたい。
2) 川端［2011］：7頁を参照されたい。
3) 磯辺［2006］：27頁を参照されたい。
4) 瀬沼［2001］：252頁を参照されたい。

5) 佐々木［2009］：13～22頁を参照されたい。
6) 森［2008］：15頁を参照されたい。
7) 今溝［2006］：3頁，小山［2011］：58頁を参照されたい。
8) 西川［2010］：30～34頁を参照されたい。
9) 森［2008］：10～11頁を参照されたい。
10) 人材育成.COM，http：//www.jinzaiikusei.com/index.html（2012年9月23日アクセス）。
11) 「M店の事例」に関する企業データは，同店へのインタビュー結果による。
12) これ以降の企業に関する内容は，同社へのインタビュー結果に基づく。
13) 岩田［2009］：250頁を参照されたい。
14) 岩田［2009］：252頁を参照されたい。
15) CIYとは店長および副店長向けの最も重要な社内教育プログラムの一つを指す。
16) VMDとは売り場の作り方および品出しの方法を指す。
17) 岩田［2009］：252頁を参照されたい。
18) 岩田［2009］：253頁を参照されたい。
19) 岩田［2009］：255頁を参照されたい。
20) 以下，B社社内資料を引用。
21) 郝燕書［2007］：128～177頁を参照されたい。
22) 「職員」には，係長，管理スタッフ，秘書が含まれる。
23) A社の場合，平日の勤務時間は07：45から17：15までとなっている。
24) Microsoft社製プレゼンテーション用ソフトであるPower Pointのスライド枚数を指す。
25) 中島［2011］：53頁を参照されたい。
26) 周藤［2012］：39頁を参照されたい。
27) 萬里紅［2011］：33頁を参照されたい。

第5章

日系企業における多能工制度

はじめに

　第Ⅰ部の主たるテーマである日本的経営システムにあって，とりわけ，製造業における日本的生産方式の特徴の一つとして忘れてはならないのが多能工の存在である。そもそも多能工は，日本的経営システムを特徴付ける長期雇用，そして終身雇用によって成り立つものであり，日本発祥の生産システムとされている。なぜなら，その育成には長期的なローテーションが必要であり，長期雇用，終身雇用を前提とする日本的経営システムこそがその育成を可能としてきたからに他ならない。それに対して，中国における労働市場は短期的，流動的であり，人材の定着が容易ではない。そのような中国においては，多能工を育成することそれ自体が，日本的生産方式，延いては日本的経営システムが異文化において適応できるかどうかを計るメルクマールともなり得る。そこで本章では，日本と中国における多能工の現状を調査し，今後の中国における多能工育成について検討する。

1. 多能工とは

(1) 多能工の定義

　まずは，多能工に関するこれまでの議論をまとめておこう。
　多能工とは，トヨタ生産システムにおいて概念化されたと言われ，文字通り

複数の工程に従事できる作業員を示す。今日では，多能工育成は日本企業において必要不可欠とされているため，その定義と目的にはいくつかの見解がある。

まず高橋［2009］は，多能工の定義を「多工程持ちとは，作業者に一つの工程の作業を割り当てるのではなく，複数の工程を割り当てること，また多能工とはそのように複数の工程の作業が担当可能な作業者のことを意味する。」と定義しているが[1]，これが多能工に対する一般的な考えと言える。

次に阿部［1999］は，多能工について「作業組織や職務構造を生産の変化に応じて再編成するために，労働者が一定範囲の多様な職務をこなす幅広い技能を労働者に身に付けさせること」を目的として，多能工を「低位・中位の熟練の技能の組み合わせ」とより具体的に定義づけている[2]。また，「多能工化は，汎用的な熟練を身に付けることをめざしているわけではない。」と述べていることからも，阿部は複数の工程を一般的な熟練度で作業できる作業員を多能工と捉え，少数の高熟練度の作業ができることよりも多数の中低熟練度の作業ができることに重点を置いていることがわかる。それは多能工育成によって，需要の変化への対応をより容易かつ迅速に行うことがその目的だからである。

最後に大野［2003］は，多能工化の目的を「少人化」（＝需要変動に際し，迅速に工程・人員配置を見直すこと）とし，そのためには，「あらかじめ隣接する複数の職務に習熟させておくこと（＝ローテーションを通じた多能工化）が不可欠」であると述べている。つまり「ローテーションにより複数の職務を担当できるようになること」が大野による定義である[3]。

以上の諸定義をまとめると，「複数の工程に関する作業ができる」という点で三者は共通しているものの，その工程が低・中レベルまでであったり，ローテーションによって育成をしたりと各々の見解が分かれている。一方，目的について阿部［1999］は，需要の変動への対応，大野［2003］は少人化であるとの主張から，両者とも生産効率性の向上，無駄の削減を目的としていることがうかがえる。これにはもちろん利益率を上げるという理由もあるが，背景として「現代的市場条件」も深く関係していると考えられる。現代的市場条件とは，鈴木［2009］が提唱する現代市場の特徴を示したものであり，①多品種化，②需要変動幅の拡大，③製品ライフサイクルの短縮という3点である[4]。このような現代的市場条件に対する一つの対応策として，企業は多能工の育成を行っていると言える。

以上から多能工の定義をまとめると，「ローテーションにより複数の工程を担当できる作業員であり，その工程は低，中位の熟練度である」。また，その目的は「多品種化と需要変動幅の拡大に対して，フレキシブルな生産，生産性の向上を可能にすること」にある。正に"ジェネラリスト"の育成，さらには，内部労働市場からの人材補給という日本的経営システムを根幹から支える要素の一つと言えるであろう。

(2) 多能工がもたらす効果

ただし，多能工はフレキシブルな生産を可能にする点にとどまるものではない。多能工の存在がもたらす効果には，以下に示すような点も含まれる。

①人的側面

多能工がもたらす効果の人的側面については，以下の3点が挙げられる。まず，多能工は「製品構造，工程編成に対する知識と技量の習得」を可能にする。それだけでなく，「作業間のつながりを理解することで製品構造あるいは工程編成に対する高い知識・技能（改善能力）を獲得することさえ可能」なのである。そして3点目として「教えることは学ぶことであり，多能工化推進の過程において先輩や職制は，部下や後輩等を指導する機会が多くなり，自らも学ぶ」という効果がある。教育の機会が増加することで，トレーニングコストの発生，生産性の低下等一時的なデメリットも考えられるが，教育により自らも学ぶことで社内全体の技術・知識レベルの向上につながるのである。

②組織的側面

多能工がもたらす効果の組織的側面としては，第1に生産性の向上が挙げられる。宮野［2001］は，多能工の人数が全体の20％を超えると生産性が向上し始め，仮に全員が多能工化できれば，倍近い生産性も不可能ではなく，実現している業種もあると述べている。

次に阿部［1999］が，トヨタ生産システムにおいて「それぞれの労働者が『多能工』になることによってチームワーク（集団労働）が可能になり，お互いに協力し合ったり助け合ったりすることができる。」と述べている通り，個人労働から集団労働への変化という組織的側面の効果が2点目として挙げられる。

このチームワークによって作業員間で助け合いの心が芽生え，人間関係が良好となり，業務を通じた仲間意識が醸成される。これが品質管理活動や小集団活動などにつながるのである[9]。つまり組織全体のモチベーションの向上ととらえることが可能であり，作業効率等にも影響を及ぼすことになるのである。

しかしながら，多能工育成には「職務範囲の拡大は，人員を削減し高い生産性を実現するが，同時に労働者の負担を大きくする」という問題も内包されている[10]。加えて，近年はコスト面から派遣労働者に依存した生産活動を行う傾向が強まっており，その結果として，正社員比率が低下することで多能工育成が困難な状況となっている。なぜなら，社外員ではどうしても長期的な人材育成の展望が開けず，多能工化が難しくなってしまうからである[11]。したがって，単に多能工の育成を推進するだけではなく，現状を分析し，多能工が育成できる環境下にあるのかどうかを見極める必要がある。

(3) 中国における多能工研究の概要

苑［2001］は，中国における多能工導入の難しさを，企業調査の結果を踏まえ次のように述べている。

まず，「中国の場合，アメリカ型生産体制にかなり近い『単能工的専門化』の体制が現状である」と述べた上で，ローテーションや他の多能工策がない環境で生まれた現地人従業員にとって，多能工化を完全に理解するまでには多少時間がかかる，としている[12]。中国の場合，自身が習得した技能・知識を同僚に教えることは自分にとってデメリットであり，現場における自身の地位を下げるのではないかという危機感から，教育がうまく進まず，多能工化が困難になっているという背景がある。さらに，「現場作業員は，意識的かつ協力的にジョブローテーションを行おうとするわけではなく，上司（作業長）の強制的な命令に従わざるを得ないという受容的な態度をとっている」という現場の状況からも，多能工育成の難しさがうかがえる。

しかしながら苑は，日系企業の多能工育成への意欲に触れ，「多能工化が徐々に推進されると確信できる」と多能工化の拡大，普及を予想している。ただし，このような状況は2001年時点における状況であり，現状，多能工化が現実に推進されているかどうかに関する文献は残念ながら存在しない。そこで，現状の中国に多能工が存在するのかどうかを把握する必要があるが，その際，中国

の諸事情，とりわけ経済・経営環境について，日本とは異なる点が大きく影響し得る。そこでまずは，次節において，中国における経済・経営環境の諸特質について言及しておこう。

(4) 中国における経営環境の諸特徴

まず，中国は発展途上国であり，生活水準や労働者の賃金は先進国と比較するとまだ低く，日系企業が中国に進出した一番大きな理由としてその安価な労働力が挙げられる。莫［2005］によると，1990年代前半までは，日系企業は国有企業より収入が良いというのが大方の印象であった。しかし，欧米企業の進出が目立つようになって以降，次第に日系企業は賃金が低く，福利厚生もさほど厚くないという印象へと変化していった。また，労働者の権利意識向上や対日感情の悪化等もあり，待遇改善を求めるために労働者が職場放棄やストライキなどの抗議活動に走る事件も増えている[13]。そうした労働問題や物価上昇等もあり，現在，中国では急激な賃金上昇が発生している。北京市を例に挙げると，2009年の最低賃金が月800元であったのに対し，2011年には月1,160元と2年間で45％も上昇している[14]。しかしながら，1,160元は日本円で約15,000円と，日本に比べれば依然，低賃金であることに変わりはない。

続いて，高い離職率が挙げられる。上海地区には多くの日系企業が拠点を構えているが，同地区の2005年における平均離職率は24.3％と非常に高い。また，役職別で見ると，中級以上の管理職は7.1％，初級管理職・専門職は20.0％，一般従業員は36.2％，作業員は49.3％と，上層部の社員ほど離職率が低くなっている[15]。つまり，工場内で働く作業員は，年間で約半分が入れ替わる計算となる。言うまでもなく，業種，企業規模，業態によってその率は大きく変化するが，このような離職率の高さは，内部昇進やローテーションを必要とする多能工育成等，人材育成に大きな影響を与えることとなる。

最後に，中国における賃金の分配基準として「按労取酬」という概念がある。これは，「労働の質と量により報酬を受け取る」との概念であるが[16]，同概念を多能工化の条件と照らし合わせてみよう。

多能工は先述の通り，長期的ローテーションによる多工程の習得が条件となる。この条件を満たそうとすると，労働の質と量の増加が賃金の増加につながる。日系企業は低賃金によるコスト優位に基づく生産を求めて中国への進出を

果たしているわけであり，この概念が存在する限り，中国における作業員の多能工化は難しいということになるだろう。

以上に示した諸特質の内，「高い離職率」および「按労取酬」という概念の存在は，多能工の育成に多くの困難をもたらすことが予想される。より詳細には，まず「高い離職率」により中国では人材の定着が難しく，ローテーションが容易ではないことが複数の工程を習得させること自体を難しくするということである。加えて，育成した人材が流出してしまうという時間とコストのロスという問題も生じるという点でも，離職率の高さは多能工育成の妨げとなる可能性が極めて高い。また，「按労取酬」概念の存在は，「労働の質と量に応じて賃金を上げる必要がある」ということを意味するわけだが，多能工化は必然的に労働の量や質が向上することにつながるため，賃金の額によっては，必ずしも「多能工を望まない」可能性も否定できない。次節では，これらの諸点を踏まえた上で，実証的検証を行うこととする。

2. 中国での実証研究

我々は，中国における多能工の現状を調査するため，C社の中国拠点であるS工場，K工場，E社の中国拠点であるH工場およびD社という在中日系企業4社を訪問した。本節では，この4工場を生産方式別にセル生産とライン生産に分類し，それぞれにおけるインタビューおよびアンケート結果を中心として多能工の現状を考察する。

(1) ライン生産における多能工
①多能工の現状

C社S工場とE社H工場では，ライン生産方式を取り入れており，ここではライン生産方式における多能工の現状を調査した。まず，図表5-1は両社における多能工の基本的な情報をまとめたものである。

C社S工場，E社H工場ともに多能工に対する定義は，日本におけるそれと同様であり，その割合もほぼ日本と同様である。C社S工場がライン生産に関わらず，ほとんどが多能工化されている背景として重要なのは，多能工になる

図表5-1　C社S工場およびD社H工場の多能工

	C社S工場	E社H工場
調査日時	2011年9月22日	2011年7月12日
多能工の定義	1人2工程	1人3工程
多能工となるまでの期間	6か月	3～5年
多能工率	全作業員（新入社員を除く）	約70％
離職率	毎月10％	年間6％

出所：C社S工場，E社H工場へのインタビュー結果により筆者作成。

までの期間が比較的短い，つまり工程の習得が容易であることが挙げられる。また離職率に関しては，C社S工場が毎月10％と高いのに対して，E社H工場では年間で6％と非常に低い数字となっていることから，中国の離職率が高いとは一概には言えないという点も看過できない。

②賃金

賃金については，こなせる工程の増加によって即座に賃金が上がることは無い，と両社とも回答している。しかし，年度末等，一定の時期に個々の作業員に対する評価を実施しており，その際，工程数に応じて基本給が定められている。

③企業独自の人材育成

人材育成については，両社とも独自の制度を実施していたが，共通する点は，作業員の日本への派遣が制度化されている点である。E社は研修施設が神奈川県にあり，そこでは日本のエキスパートが，中国のみならず世界各国から厳選された人材に対して3週間ほどかけて知識および技能に関する研修を実施している。C社S工場でも，内部講師を人選し勉強会を開いたり，製造のキーマンとなるような人材には，年に1, 2回日本の工場に派遣してスピーディーな技術習得を目指す取り組みが行われていた。

(2) セル生産における多能工
①多能工の現状

C社K工場とD社ではセル生産方式が採用され，同2社については，セル生産方式における多能工の現状をライン生産の場合と同様に調査した。図表5-2は両社の多能工の現状をまとめたものである。

同表に示す通り，C社K工場とD社では定義，多能工になるまでの期間はほぼ同じで，どちらも高い多能工率を示していた。C社K工場がセル生産方式を採用しているにも関わらず，多能工率が100％に達していないのは，一部部品がライン生産によって生産されている点が影響していることが考えられる。C社K工場では，現地従業員に対して多能工に関するアンケートを実施した。これによると，単数の工程と複数の工程のどちらを好むかという問いに対して，前者は約55％，後者は約45％と，単数の工程を好む従業員が意外と多いという結果となった。ただし，アンケート対象者数が少ないことから，この結果のみから，中国現地従業員が単数の工程を好むとは断言できない。また，現在の職務の質と量が適切かという問いに対して，適切だと答えた作業員の割合は約91％に上ったことから，多能工化に対する集団的な不満はないと言えるであろう。しかしながら，両社とも離職率が非常に高く，軽視できない数字であり，このことが確実に多能工育成の阻害要因となっていると考えられる。

図表5-2　C社K工場とE社の多能工

	C社K工場	D社
調査日時	2011年7月12日	2011年7月10日
多能工の定義	1人2工程	複数の工程をこなせる
多能工となるまでの期間	作業内容により異なる（簡単な作業なら3日）	作業内容により異なる（数週間～半年以上）
多能工率	80％	全作業員
離職率	半年間約50％	2～3年で作業員全てが入れ替わる程度　作業員以外は年1％以下

出所：C社K工場，D社のインタビュー結果により筆者作成。

②賃金

　D社では，資格認定制度の導入により多能工化を推進していた。具体的な内容としては，各作業の技量評価（力量評価）を実施することで，複数作業が可能か否かの認定をしている。同制度によって，自身の努力が給料アップに直結するシステムの構築に取り組んでいた。

　C社K工場でも，現地作業員が指導者レベルに達した段階で，即，賃金アップを実施するシステム構築への取り組みが実施されていた。

③企業独自の人材育成

　人材育成の方法に関して，D社では設計担当者を半年間，人材育成会社に就学させて教育を委託したり，あるいは製造作業員を日本の本社に半年から1年間派遣して研修させたりしていた。また，寮内にトレーニングルームを設置する等，現地従業員がいつでもトレーニングに取り組める環境の提供に尽力していた。また，C社K工場では，工場内にトレーニング専用のセルを設置していた。

(3) 実証結果に関する分析

　以上に示したように，中国においても多能工の導入はかなり進んでいることが判明した。また，実証研究ではセル生産とライン生産に分けて考えたが，生産方式によって，多能工の数や離職率に影響を及ぼすという結果は得られなかった。その点に関しては，生産方式よりも作業の難易度や現場作業員の出身，構成（地元の出身者か出稼ぎ労働者か），賃金等が深く関係していることが考えられる。

　企業におけるモノづくりは，市場の変化と密接不可分の関係にあり，激しい受注変動への対応を余儀なくされる。受注変動の発生に伴い，当然，工程による仕事量のバラツキが生じる。その際，「需要変動のバランスを社内全体で吸収する，保つ」という点に，企業が多能工を導入する重要な意義が存在するのである。

　では，なぜ多能工が中国においても導入できたのであろうか。「従業員の意識」と「企業の取り組み」という二つの観点から分析してみよう。

　まず「従業員の意識」について，C社S工場の場合，具体的な数字はないが，「多能工となることに対して積極的な現地作業員のほうが多い」とのことであっ

た。つまり，工場全体としては，多能工化に対して前向きなのである。しかしながら，既述の通りC社K工場のアンケートでは，単数工程と複数工程のどちらを好むかという質問に対して，単数は55％，複数は45％とおよそ半分が単数工程を好む結果となっている。つまり，中には多能工を望まない現場作業員が存在することも確かである。それにも関わらず，多能工が多く存在するということは，企業の多能工化への取り組みがうまく機能している明らかな証左と言えるであろう。

また，同アンケートのセル生産を経験したことのある作業員に対して，「ライン生産とセル生産のどちらを好むか」という問いに対しては，回答者すべてがセル生産を好むと答えている。セル生産では，すべての現場作業員が多能工である必要があるため，この結果からも，多能工になることに積極的な考えを持っている現場作業員が多くいることがわかる。

そして，訪問先である全4社に，「作業員が多能工となることのメリット」について確認したところ，全4社から「多くの工程をこなせることで配置転換が可能となり，モチベーションを高めることができる」という回答を得た。これらの調査結果から，多能工になることはモチベーションの向上につながると言える。

しかしながらその一方で，現場従業員の多能工化に消極的な現場作業員が，本人の意思に反して多能工になっているという可能性も考えられる。その場合，離職率アップにつながる大きな問題となる。セル生産を行っているC社K工場，D社では高い離職率が見られたが，C社K工場へのアンケートで，作業の質に対して給与が「やや少ない」と答えた現場作業員の比率は82％，「少ない」と答えたのは18％で，アンケートの全対象者が給与に対して不満を持っていた。その意味では，一度に多工程をこなしすべての現場作業員が多能工となるセル生産そのものが，離職につながっている可能性も十分に考えられる。

続いて，既述の通り，多能工化に消極的な作業員も確実に存在する。そのような現場作業員に対する企業側の取り組み，そしてその取り組みの効果について検討しておこう。

企業の多能工化推進の取り組みとしては，「モチベーション管理」，「環境作り」，「工程習得の簡易化」，「日本への研修」の4つが挙げられる。この4つの異なる面からのアプローチが，多能工化を推進させているのである。以下，それぞれ

の詳細である。

　まず「モチベーション管理」として，C社では，資格認定制度の導入や月ごとの技能評価制度を取り入れている。複数の工程をこなせるようになることと賃金をリンクさせることで，現場作業員の多能工化に対するモチベーションアップに努めている。また，どの企業も，習得度一覧表を用いて個々人の技能管理を行っており，C社S工場の場合これを掲示していた。これにより自身の習得度の把握や周囲との比較が可能になり，モチベーションの向上につながるのである。

　また，多能工化が容易に進むような「環境作り」も非常に重要である。C社では寮内に技術向上のためのトレーニングルームを設置しており，加えて，C社K工場では工場内にトレーニング専用のセルを設置したりする等，現場作業員が技術を習得しやすい環境作りが行われており，これらは多能工化の推進に大いに役立っている。

　さらに，C社では「工程習得の簡易化」として作業工程をモニターで流したり，部品箱に工程の順番を示す番号を振ったりすることによって，作業の可視化，簡易化が進められていた。

　最後に，日系企業ならではのモチベーション向上への取り組みとして「日本への研修」が挙げられる。今回，実証研究を行った多くの企業が，有能な現場作業員を日本に派遣し研修を行う取り組みを実施していた。日本への派遣は，将来を有望視されている一つの証しであり，日本に足を運べるということは，中国人にとって憧れともなっているという声もあった。しかし，同派遣は，有能な現場作業員に限られた施策であるため，多能工であることは言うに及ばず，さらに高い熟練度が要求される。

　以上に示したように，多能工化に対するモチベーションが高いのは，アンケートに数多くの現場作業員が，仕事の質と量が適切だと答えていることからもわかるように，企業がこれらの取り組みを行っているからこその結果であり，中国における多能工化推進の一助となっていることは確実であろう。

おわりに

　これまでの検証から，担当外の多能工が必要とされる中，現地従業員の離職率の高さはこれまでの多能工育成以上に問題となる。

　ただし，多能工の存在により，需要変動のバランスを社内全体で取ることが可能となり，欠員の穴埋めを目的とすることで職域が広がり，自身の適所を見つけることにつながる，というように，その存在には様々な役割や効果が見られる。そのような本質的な意義を現場作業員一人ひとりが理解することによって，自身が多能工になることの重要性を認識させ，多能工化に積極的な考えを持つように誘導することは重要である。

　また，現地従業員の諸特質から，多能工化に伴う昇進や賃金とのつながりを明確にし，モチベーションの向上を図ることが効果的である。現に，多くの企業で評価制度の導入が実施されている。その際，注意を要するのは，評価制度の実施には，短いスパンでの定期的な評価が絶対条件となる。日本企業の定期的な評価は，半年ごとあるいは1年ごと等，長期的なスパンでの実施が多いが，今回の実証研究で実際にC社が行っていたのは，評価スパンを短くし，毎月，現場作業員に対する評価を行い，その際，習得度が規定に達していれば賃金に反映させるという評価方法であった。

　さらに同社には，作業員として入社したにも関わらず，製造課の副課長に昇進した従業員が存在する。これは中国においては異例なことであり，当初は批判の声があった。がしかし，作業員に対して多能工化が昇進に関係することを認識させる取り組みだとされている。

　このように，短いスパンで賃金に即座に反映される評価方法や管理者への昇進制度実施への取り組みには，賃金および昇進と多能工化とのつながりを明確にし，現場作業員のモチベーションを向上させることが肝要であろう。

　しかし，出稼ぎ労働者を中心に防ぎようのない離職が存在するということも事実である。このように離職率が高い中で多能工を育成するには，「一工程のトレーニング期間を短縮する」，そして「トレーニングコストを下げる」ことが有効である。実際に若者の離職率を問題視しているC社S工場も，多能工育成までのトレーニング期間を短くする必要があると述べている。トレーニング期間の短縮，コストの削減の方法としては，「一工程の短縮」，「マニュアル化，

可視化」等が挙げられる。離職率の高さは，ローテーションによる多能工育成を困難にするが，一工程を短縮することで習得までの期間が短縮され，短期間での多能工育成を可能にする。また，工程のマニュアル化や様々な情報を可視化することによって，トレーニングの手間が省け，つきっきりでの教育が不要となる。実際に，E社では作業工程の可視化を実施していた。具体的には，現場に生産工程マニュアルの動画を流したり，部品箱に作業手順を示す番号札を貼ったり，と徹底した可視化で教育期間の短縮化が目指されていた。こうした取り組みによって，離職率が高い中でも効率的な多能工育成を可能にしていたのである。

日系企業のみならず，各国企業が世界各地で効率的に事業を展開していくためには，現地の経済的・政治的・社会的・文化的背景と向き合わなくてはならない。企業は，その根本となる企業理念を持ちつつも，現地で様々な異文化およびそこから生じるコンフリクトと向き合いながら企業経営に当たるという意識を持ち，互いに歩み寄る姿勢をみせる必要がある。具体的なシステム構築に際しては，日本的経営手法を導入しながらも，現地仕様にアレンジすることで，現地における経営環境，労働市場の多様性等，様々な相違から生ずるシステム上の齟齬を見事に克服し，適応可能としているということではないだろうか。

● 注
1) 高橋・大場・藤川［2009］：249頁を参照されたい。
2) 阿部・三井［1999］：40〜41頁を参照されたい。
3) 大野［2003］：36頁を参照されたい。
4) 鈴木・那須野［2009］：125頁を参照されたい。
5) 大野［2003］：36頁を参照されたい。
6) 門田［1983］：230頁を参照されたい。
7) 宮野［2001］：35頁を参照されたい。
8) 阿部・三井［1999］：90頁を参照されたい。
9) 宮野［2001］：29頁を参照されたい。
10) 阿部・三井［1999］：40〜42頁を参照されたい。
11) 宮野［2001］：23頁を参照されたい。
12) 苑［2001］：114, 124, 125, 135頁を参照されたい。
13) 莫［2005］：「中国ビジネス指南　日系企業よ，安い労働力追求主義から脱却せよ」http：//www.nikkeibp.co.jp/jp/china/column01.html　（2011年9月21日アクセス）。
14) ジェトロ「2010 北京市 概況と投資環境」，「北京市の2011年の最低賃金基準の調整に関

する通知」,http：//www.jetro.go.jp/world/asia/cn/north_west/ （2011年9月12日アクセス)。
15) PHP研究所［2006］：15頁を参照されたい。
16) 横山［1967］：167頁を参照されたい。

第6章

現場力(「カイゼン」活動)

はじめに

　2010年,中国のGDPは日本を上回り米国に次ぐ世界第2位となった。中国は改革・開放政策を開始して以降,30年間にわたる高成長を経て「世界の工場」へ,さらには,巨大かつ成長率の高い「世界の市場」へと大きくその姿を変容させつつあり,世界経済における中国の存在感の高まりには目を見張るものがある[1]。

　同時に,中国の産業構造も大きく変化をとげている。中国では近年,第1次産業の割合が徐々に減少する一方,第2次,第3次産業が増加する傾向が続いている。中国国家統計局によると,2011年における第1次産業の上昇率は4.5%,第2次産業の上昇率は10.6%,第3次産業の上昇率は8.9%となっている[2]。2011年では第3次産業の上昇率は第2次産業にわずかに及ばないものの,第3次産業のシェアは着実に上昇傾向にある。特に交通運輸,卸売・小売,飲食など従来のサービス業の発展は著しい。

　しかしその一方で,中国では未だに「サービス」という観念が日本ほどには浸透しているとは言えず,そのサービスの悪さに関する情報は枚挙にいとまがない。日本のサービス業における「おもてなし精神」はその対極に位置するものであり,同業界は,世界的にみてもトップクラスのノウハウを有する。

　さて,ここで日本的経営システムを構成する重要な項目であるカイゼン活動について,小売業にあっては,日々顧客と直接,接している現場従業員からの生の声を取り入れることが可能となるため,その中国小売業への導入は,顧客

97

満足度の高い現場づくりに大きく貢献できるとの発想から，本章ではその中国での実践を主たる研究テーマとした。

そもそもカイゼン活動という手法は，トヨタ自動車株式会社によって創出された経営の一手法であり，大量生産による作り過ぎ低減を図る徹底したムダの排除がその主たる目的であった。このトヨタ生産方式は，世界に誇る生産システムであり，多くの企業で導入され，近年では，製造業のみならず多くの小売業でもカイゼン活動が導入され，現場強化に役立っているとされる。ただし，カイゼン活動とは，日々の観察や話し合いを地道に積み上げていくことで成り立つものである。その意味では，勤勉な努力型の日本人には向いているものの，自己実現欲や自己主張の強い対照的な国民性を有する中国人にとっては，不向きな活動である可能性が高い。

また，小売・外食・サービス業の業界団体である中国商業連合会らがこのほどまとめた「2011-2012年中国小売業ヒューマン・リソース・マネジメント青書」によれば，小売業の離職率は2011年の年平均で23～35％にのぼり，末端の店員レベルとなると60～70％に達するとされる。[3]中国の労働市場は流動的とされるが，中でも小売業界は最も流動性が高い業界であり，キャリア・アップ志向が強く，その流動性に拍車をかけている。その点からもやはり，中国の小売業界におけるカイゼン活動の定着は難しいことが予想される。が，果たしてその実態はどうなのか。本章は，中国は四川省に拠点を有する日系小売業のB社を主たる研究対象として，訪問調査，インタビュー結果等をもとにカイゼン活動の実態を考察しようとするものである。

1. カイゼン活動に関する定義

(1)「カイゼン」の定義

まずは，カイゼンがこれまでの研究においてどのように論じられてきたのかを明らかにしておこう。

カイゼンにはいくつかの見解があるが，まず，遠藤［2004］はカイゼンの定義を「自主的に業務のあり方を考え，課題を発見し，解決を導き出す活動」と定義している。[4]また，遠藤［2004］の主張は，カイゼンは決して目先の業務だ

けにとどまることなく，部門横断的，全社的な課題に対する取り組みをも含む奥の深い活動であるとしている。

さらに，濱川［1996］は，カイゼンについて次のように述べている。
解決すべき問題は目的別で見ると
・現状を維持するもの：設定された標準等を守る本来の機能の回復
・現状を打破するもの：よりよい機能を発揮できるようにすること

という二つに分けられる。[5] 後者には改善と革新の意味が込められている。日本のカイゼンは多くの資金を投ずることなく，知恵を出して職務の方法を変えることが前提にあり，潤沢な資金を投じて良くしようという意味合いの強いimprovement（改良）とは大きく異なる概念である。

さらに続けて，現場の第一線で作業にあたる従業員については，現状維持に関する任務の割合が高く，上級職層になるに従って現状打破に関する任務の割合が高くなると分析している。

最後に，日本HR協会のホームページでは，カイゼンについて以下に示す3つの定義を設けている。[6]
・方法変更：やり方を変えて，作業に必要のないところは手を抜く。
・小変：小さく，小刻みに変えること。大変は続かない。
・制約対応：時間がない，人手がない，お金がない等現実の制約の中で実施する。

上述の3項目をそろえて「テーマをかけず，お金かけず，知恵を出して工夫する」ことがカイゼンであると主張する。[7]

以上に示した先行研究の内容に鑑み，我々はカイゼンを
「現状の延長線上で，できるだけお金をかけずに，小さなことからコツコツ
と努力して，優良な状態にしていくこと」
と定義づけした上で，議論を進めていくこととする。

(2) 日本におけるカイゼン活動の現状

一般的に長期的組織能力構築や継続的なカイゼン活動は，日本の優良企業が有する特徴の一つと言われ，その典型が生みの親であるトヨタ自動車である。しかし，非製造業においても独自のカイゼン方式が発見され，世界的に注目されている。多くの企業のカイゼン活動の手本となっているトヨタ自動車では，ジャスト・イン・タイムと自働化が二本の柱となっている。この二本の柱の基本思

想は「徹底したムダの排除」である。つまりトヨタ方式とは，ムダをなくすカイゼン活動であると言える。多くの研究者が漸進的イノベーションと主張するように，多様な業種への適用可能性を示唆するものである[8]。トヨタ式カイゼン活動は，単に製造業の現場に適用されるだけでなく，小売業においても着実に定着しており，重要な役割を果たしている。その典型例こそが，本章の研究対象たるB社に他ならない[9]。

そもそもB社は，カイゼン活動を進めるにあたりトヨタ系の現場指導コンサルタントを招聘し，トヨタ式カイゼン活動を採用した。その結果，カイゼン活動を行うことで現場をより良くしようという意識が現場全体に浸透し，その成果は目に見える業績となって現れていった。当たり前のような小さなカイゼン活動を地道に積み上げていくという極めて単純な作業に過ぎないが，現場従業員の意識をも着実に改善したことがわかる。一方，裏方としての現場従業員のみならず，顧客と接する従業員についても，そのサービス改善が現実のものとなった。具体的には，売り場従業員は，顧客に対する様々なサービスを，顧客の立場に立って考え，顧客が望む素晴らしい接客で提供することで，サービスの質が大きく高められることとなった[10]。

以上のように，個々の従業員が当たり前の小さなカイゼン活動を地道に積み上げていくことで着実に成果につながると感得したB社では，トヨタ式カイゼン活動をB社用にアレンジすることで確実に定着させることに成功しているのである。

(3) 中国におけるカイゼン活動の問題点

一方，日本のカイゼン活動は中国の製造現場において少しずつではあるが採用されている。初歩的な5S活動（整理・整頓・掃除・清潔・躾）に加え，トヨタ式のジャスト・イン・タイムやかんばん式等のムダを排除する様々な手法が導入されつつある。しかしながら，中国人が自ら進んでカイゼン活動をすることはなく，集団意識を定着させられずに組織化に失敗した[11]等，様々な課題も残っている。これら課題の背景には，日本人と中国人の気質の違いが一因としてある。以下，その点について言及しておこう。

まず，改革・開放政策実施以前の中国は，周知の通り，計画経済を柱とする社会主義体制下にあり，徹底した平等主義のもとで同体制が維持されていた。

つまり，働いても働かなくても給与は一定であり，悪平等とも呼べる状況下にあって，労働者の勤労意欲は減退する一方であった。この過去の遺制を現在でも中国人は気質として引きずっており，自らの評価や報酬に直接つながらない仕事に対しては，勤労意欲が極端に低いと言われている[12]。

さらに，一般的に中国人は個人主義の傾向が強く，キャリア・アップや自己実現欲が高いとされる。そのため，企業と自身はある種の契約関係にあるとの発想から，当該企業に対して利益をもたらすことになれば，それが自身の待遇に即時に反映されて当たり前と考える。つまり，雇用と言っても，所詮は企業と自身の間に結ばれた取引関係だと考えているために，自身にメリットがないと判断した場合，あるいは他の企業にキャリア・アップの機会を得た場合は，躊躇なく退職することが多いということになるのである。そのため企業への貢献という発想自体に乏しいのである。

一方，日本人は組織の一員として機能することを意識しており，日本人の構成する組織には一つの団体としての向上心や勤勉さが存在する。また個人主義の中国人とは対照的に，日本人は集団主義的傾向が強く，集団での活動や組織プレーを得意とする[13]。既述の通り，カイゼン活動とは日々の地道な観察や話し合いから生まれるものであり，即座の評価や報酬にはつながりにくい。その意味では，中国人気質に沿う活動とは考えにくい。さらに，組織の一員であるという意識に乏しい中国人には，当該企業のための改善という観点からもその実践は難しいことが予想される。

2. 日系小売業におけるカイゼン活動の事例研究

我々は中国におけるカイゼン活動の実態を明らかにするために，中国四川省S市にあるB社2店舗（K店およびS店）に企業訪問を行いインタビューおよびアンケート調査を実施した。

実際に従業員および経営者にインタビューの機会を得る中，我々は国内のB社では実施されていない「業務改善提案発表会」制度に注目した。

(1) **発表会の概要**

　まずは,「業務改善提案発表会」という制度の概要を紹介しておこう。同発表会はＢ社の経営理念・戦略方針を従業員に共有させ,「お客さまにとってどうあるべきか」という行動基準を従業員個々人が自覚し, 現場で, 着実かつ具体的に実践できるような仕組みにしていく, という目標を掲げている。そこで, お客様の立場に立った販売を実践する力を磨くために, 全社員からの改善提案を募集し, 毎月１回この「業務改善提案発表会」という場で改善案を発表するのである。

　また, 発表会は経営者から各部門の現場従業員までが参加する制度となっているため, 情報共有の場ともなっており, 各店舗および各部門の従業員たちは, 危機意識, 問題意識, 責任者意識という「３つの意識」を共有することが可能となる。

　さらに, 業務改善提案発表会での受賞案の多くが社内で実施されており, 従業員たちも成長の機会を与えられている。具体的には, 2011年度下半期, Ｓ市Ｂ社には195,172件の提案があった。また, 業務改善提案発表会は５回実施されている。その内, 選考された提案は75案である。受賞した提案は30案, その内訳は, 一等賞：５案, 二等賞：５案, 三等賞：５案, 董事長特別賞：５案, 総経理特別賞：10案となっている。そしてこれら選考された75案の提案の内, すでに実施されているのが54案, その中で完全実施されたのが32案, 一部実施されたのが22案と, 実施率は73％に達している。[14]

　最後に, 受賞した社員には報酬が与えられる。一等賞は3,000元, 二等賞は2,000元, 三等賞は1,000元, 奨励賞は500元, 董事長特別賞と総経理特別賞は1,000元と細かく決められている。

　加えて, 昇進のチャンスも与えられる。実際に発表会で受賞を果たしたある従業員は, 最年少で部門部長への昇進を果たしている。また, 好成績を残した場合には, 東部沿海地域への研修参加が可能となる。2010年に受賞したＯさんは, 杭州および上海での研修について,

　「小売業においても中国の最先端である沿海部の上海および杭州の百貨店を訪問して, ファッションの方向性, 接客サービス, デザインなどの情報を手に入れた。そしてＳ市Ｂ社に戻り, 具体的には商品陳列, POP看板, 店内環境, 施設などの優れたところをまとめ, 社員全員と情報を共有した。この研

修は提案改善発表会によって与えられたチャンスであり，会社には感謝している。受賞した社員にとっては光栄なことであり，成長の機会を得ることができたと思っている。[15]」

と述べている。

(2) 従業員アンケート

我々は，S市B社の業務改善提案発表会についての現状をより明確に把握するために，現地従業員（S市各店舗の幹部および一般社員）を対象にアンケート調査を実施した。その結果は図表6-1に示す通りである。

また，我々は数人の従業員および店長へのインタビューの機会を得た。K店の店長は，

「最初，業務改善提案発表会は時間もコストもかかるから無駄だと思っていたが，結果から見ると，従業員にとっても得るものが多く，考える力がつき，モチベーションの向上，昇進にもつながっている。また，当初に比べて提案内容のレベルも確実に向上してきており，今ではとても良いと考えている。K店も（5店中）2位という業績を残しており，毎月1万件もの改善提案が提出されるようになっている。」

と回答している。

加えて，中国B社のS会長は，業務改善提案発表会について店舗，売り場にある様々な問題を従業員が発見し，主体的に解決を図り，その積み重ねを継続することが差別化につながり，現場力を高めるとの考えを示すと同時に，従業員間における情報の共有機会としてのそれの位置付けも強調していた。

さらには，このような舞台を提供することで，従業員の参加意識・帰属意識を醸成し，認識の統一化が実現しているとも語っている。同会長は

「優れた会社方針，システムだけがあっても，それらは単独では機能し得ない。それらをうまく機能させるのは従業員であり，その従業員の能力を発揮させることこそが経営者の責任である。[16]」

と述べ，従業員の成長こそが会社を成長させるとしている。

図表6-1　業務改善提案発表会に関するアンケート

Q1 業務改善提案発表会に参加したことがありますか？	Q2 次回以降の業務改善発表会に参加したいと思いますか？
はい　79人 いいえ　23人 未回答　0人	はい　71人 いいえ　15人 未回答　16人
Q3 今まで改善案を提出したことがありますか？	Q4 今後も改善案を提出していきますか？
はい　94人 いいえ　4人 未回答　4人	はい　79人 いいえ　11人 未回答　12人
Q5 参加してどのようなメリットがありましたか？	Q6 発表会で表彰されたらどんな気持ちですか？
・沿岸部への研修や出張のチャンスをもらった。 ・昇進した。 ・賞金をもらった。 ・賞状をもらった。 ・チームワークを得た。 ・他の部門と上司からの意見をもらって成長の機会となった。 ・視野が広がった。 ・問題発見，改善能力を身につけることができた。	・人に認められて，うれしくて感動した。 ・早く提案を仕事に実施したいと思った。 ・会社に認められた。 ・会社がチャンスをくれたことに感謝する。いい経験になった。 ・積極性が高まった。 ・モチベーションが向上した。 ・自分にとっていい成長と勉強の場だと思った。

出所：いずれも従業員アンケート結果より筆者作成。
　　（2012年9月20日，無記名方式により実施。調査対象者数は102人。）

3. 中国での事例研究

　そもそも我々の基本的なスタンスは，中国人の気質および中国社会の高い離職率等から中国へのカイゼン活動の導入，定着は難しいとするものであった。
　しかしながら，業務改善提案発表会への参加率は77％，次回以降の参加予定率82.5％という高い比率を示しており[17]，また，改善案提出率96％，次回以降の改善案提出率は88％であり，多くの現地従業員が積極的に改善案を提出しようという意識を持っていることからも，実際には中国に進出した日系企業に

おいてもカイゼン活動は行われており，現地中国従業員にしっかりと浸透していると言えるであろう。

　以上のように，我々の当初の仮説は完全に否定されることとなった。つまり，S市B社では，従業員にカイゼン活動を定着させ，それにより組織全体としてのサービスに関する品質を改善していたのである。つまり，「改善提案発表会」という機会を提供することで中国人の気質に刺激を与え，より良い形での利用を実現していたのである。

　では，具体的に中国人のどのような気質を同発表会は刺激することができたのであろうか。最後に，同発表会が中国人従業員をうまく刺激していたポイントを示しておこう。

　まず，忘れてはならないのが，中国人の面子を立てることができる絶好の機会となっているということである。孔健［1996］は，中国人の面子について

「中国人は自分を軽蔑する人間は決して許さない。そうしなければ，自分が軽んじられる。これは自分の権威と生存を保つ唯一の道である。そのため中国人は，面子を死ぬほど大切にする。」[18]

と述べている。中国人は日本人の想像以上に自身の面子を重んじるのである。したがって，大規模かつ派手な発表会の場で多くの人に注目され，自身の考えを主張することは，自己の評価をアップするまたとない機会であり，高い参加率を確保し得たのである。そのことは，従業員アンケート結果に顕著に現れており，「人に認められ，うれしくて感動した」，「会社に認められた」等の回答が多く見られた。

　また，発表会の報酬も大きなポイントの一つであろう。穴田［1989］は

「中国人は日本人よりも強靭な『自己』を持っているに違いない。」

と述べており，このような中国人の極めて強い自己欲求，つまりは自己実現欲を発表会という制度を通じて大いに満たすことができたと考えられる。発表会での入賞が金銭的報酬や中国東部沿海部への研修参加等を伴う点は，キャリア・アップを重要視する中国人従業員にとって成長意欲を大いに掻き立てられるのである。従業員アンケートでも

「研修は，入賞した従業員にとって光栄でもあり，自身の成長を実感できる機会となったと思っている。」

といった回答を得ている。

おわりに

　最後に，B社の中国における成功のポイントをこれまでのカイゼン活動導入の成功に見られる検証から探り，まとめに代えることとする。
　これまでの検証から重要な概念が連想される。「現場力」である。そもそも現場力とは，遠藤［2011］によれば
> 「戦略を正しくやり続け，結果を出す主体は経営者でもなければ，戦略スタッフでもない。その実行主体は，企業のオペレーションを担う『現場』である。そして，企業のオペレーションには，戦略を軌道修正しながら遂行する『組織能力』が内包されている。現場で起こる様々な問題点を能動的に発見し，解決する。その力こそが『現場力』なのである。[19]」

と定義している。
　ここで，改めてB社における改善提案発表会を見た場合，まずは，現場従業員のモチベーションアップという効果がもたらされたのみならず，さらには，人材の品質改善により個々の従業員たちが現場で起こる様々な問題点に対して，能動的に発見し，解決することが可能となった。先に示した現場力の定義に基づけば，同発表会を契機として，従業員たちは正に高い組織能力を得たのである。一般的には，中国人は個人主義的傾向が強く，組織としての能力を重視しようとはしないにも関わらずである。
　結果としてB社は，個人としても，また組織としても強力な従業員の集合体としての現場，つまり，高い現場力を持つ企業へと変貌をとげたのである。
　また，K店のR店長は「発表会は現場力の向上につながると思いますか。」との質問に対して
> 「そう考えている。受賞したら経験をシェアすることもできるので，やり方，改善内容を店舗から全店へ情報共有することで，全体としての現場力向上も可能となっていると考えている。」

と回答している。この強力な現場力こそが，B社の好業績を生み出し，大成功している最重要な要因の一つとなっていると言っても過言ではないであろう。
　製造業とは異なり，顧客に対して従業員が接客・サービスを提供する小売業にあっては，現場こそが価値を作り出すという要素が極めて強い。そのため，売り場（現場）で顧客の満足度をどれだけ高めることができるか，ということ

図表6-2 一般的な中国小売業とS市B社の比較

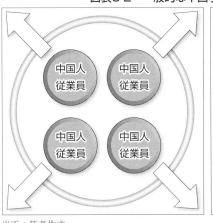

出所：筆者作成。

が企業価値と直結していると言っても過言ではない。本来，個の力が強いとされる中国人従業員に，日本的経営手法の「カイゼン活動」を導入することで，高い組織能力を与えることができれば，より強力な組織能力の構成が可能となることは容易に想像できる。そのことはすなわち，より強力な現場力を引き出すことを可能にするのである。この強力な現場こそがB社最大の強みと言えるであろう。

先にも紹介したように，B社会長のS氏は

「優れた会社方針，システムがあっても，それら単独では機能しない。それをうまく機能させるのは従業員であり，その従業員の能力を発揮させるのは経営者の責任である。」

と言及している。カイゼン活動という日本的経営手法を単に導入するだけでは，経営環境，労働市場の多様性等，様々な条件が異なる中国においての定着が難しいことは自明の理である。つまり，単なる手法ではなく，手法を超え，経営者と現地従業員の間に築かれた強固な信頼関係があってこそ，定着が難しいであろう日本的経営手法であっても有効に機能し得るのである。

第Ⅰ部　人事・労務管理の諸相

●注

1) 日本経済新聞　http：//www.nikkei.com/article/DGXNASFS1400K_U1A210C1MM0001/（2012年9月24アクセス）。
2) 中華人民共和国　国家統計局　http：//www.stats.gov.cn/tjgb/ndtjgb/qgndtjgb/t20120222_402786440.htm（2012年9月24日アクセス）。
3) 日経テレコン「日経速報ニュースアーカイブ」2010年9月4日付。
4) 遠藤［2004］：155～156頁を参照されたい。
5) 濱川［1996］：19～20頁を参照されたい。
6) 日本HR協会　http：//homepage1.nifty.com/gluck/0802_kaizen_map1.pdf#search='カイゼン％20定義'（2012年9月16日アクセス）。
7) 同上。
8) 「トヨタ生産方式」，http：//www1.harenet.ne.jp/～noriaki/link71-1.html（2012年9月30日アクセス）。
9) 邊見［2007］：1頁を参照されたい。
10) 邊見［2008］：83頁を参照されたい。
11) 李創［2003］：3頁を参照されたい。
12) 孔健［1996］：163～164頁を参照されたい。
13) サーチナ・中国情報局［2005］：180～181頁を参照されたい。
14) B社社内資料「2010年第三四半期成果発表会（DVD）」より筆者作成。
15) B社従業員へのインタビュー（2012年3月20日実施）結果より。
16) B社S会長へのインタビュー（2012年3月17日実施）結果より。
17) B社従業員へのアンケート結果より。
18) 孔健［1996］：62頁を参照されたい。
19) 遠藤［2011］：23頁を参照されたい。

内部昇進制度①
(社内公募制度を含む)

はじめに

　中国進出を果たした日系企業における人事労務管理最大の課題として「優秀な人材が採用できない」あるいは「退職してしまう」という点が挙げられるが，採用困難な状況は，「質」および「数」の両面において顕在化している。すなわち，「質」に関しては，採用したいレベルの人材の確保が困難な状況が存在するということであり，また「数」に関しては，採用に際して人材の絶対数が不足する状況下にあるということである。

　このような中国現地の状況を解決する有効な手段を日本企業はかねてより有している。すなわち，日本的経営システムを構成する要素の一つとしての内部昇進制度である。加えて，業務遂行に必要な人材の発掘という点で，社内公募制度も共通する制度と言える。さらに，内部昇進制度それ自体，評価制度と密接不可分の関係性を有している。

　そこで本章においては，中国における日系企業が共通して抱える人材の確保，育成の有力な手段としての内部昇進制度および社内公募制度について検証する。

1. 内部昇進制度

(1) **内部労働市場と内部昇進制度の定義**

　日本的経営システムにおいては，長期的な雇用関係に基づく内部昇進制度が

導入され，定着しており，その重要な構成要素の一つとして位置付けられている。つまり，日本企業においては，欧米系企業に多く見られる外部労働市場からの人材補充ではなく，内部昇進による人材の充足が主たる手段として採用されてきた。その過程において内部労働市場が形成され，日本的経営システムの根幹的システムの一つとして機能してきた。特に同制度が当該企業に貢献する具体的な内容としては，①離職率の低減，②社内技能の形成という2点を指摘することができる。

　その意味では，仮に，日本的内部昇進制度が中国に進出した日系企業においても適応可能となれば，大きな貢献が期待できる。具体的には，外部から高いレベルの人材を「採用」した上で，社内での人材育成を実施すると同時に，社内での昇進を通じて当該企業への忠誠心向上を目指すことで，離職率の低減および優秀な人材の育成等が可能となるからである。

　そこでまず，日本的内部昇進制度の諸特徴について紹介しておこう。具体的な内容としては，以下の諸点が挙げられる。

- 樋口[1][1998]は外部労働市場の低い流動性のもとで，日本企業では「長期競争」が存在すると指摘している。また，小池[2][2001]は「長期競争」とともに「内部昇進」が行われているとしている。
- Predergast[3]は，競争的外部労働市場が存在しない場合には，日本企業の昇進制度が最適であると指摘している。また，外部労働市場が競争的な場合には外部から引き抜きが行われ，日本流のモードが優位性を失うとも指摘している。
- Doeringer and Piore[4][1985]は，日本的内部労働市場の形成を提唱している。それにより労働市場の閉鎖性が強まり，内部昇進性を促すと同時に，離職率の低減，長期勤続をもたらすこととなるとしている。
- 小野[5][1997]は，日本的生え抜きを重視する内部昇進制度が，人材の定着化（長期安定雇用）をもたらす点を強調している。
- 吉田[6][1996]は，長期雇用により転職率が低下することで離職率の低減がもたらされるとしている。それに伴い，当該企業では内部育成を積極的に実施し，内部昇進により管理職のポストを埋めるようになる。延いては，内部昇進が給料アップの唯一の手段となり，自己アピールをしなければならないというモチベーションにつながり，そのことが高い生産性を実現す

ると主張している。

図表7-1に示すように，日本においては，内部昇進制度等を基礎とする長期的雇用環境が日本的内部労働市場形成を促進した結果，外部の非競争的な労働市場の存在を導いた。それにより労働市場の閉鎖性がいっそう，強められ，内部昇進をさらに促すと同時に，離職率の低減および長期勤続がもたらされることとなったのである。また，生え抜きを重視する内部昇進制度が，長期的かつ安定的雇用をもたらす一方，長期的雇用により企業は内部教育を積極的に行うことが可能となる。そのことは，社員の帰属意識を高め，内部昇進を通して当該企業に貢献するという考え方が根付くという循環過程を生み出すのである。

要するに，日本における労働市場のような流動性の低い外部労働市場にあっては，企業では長い時間をかけた長期的スパンでの昇進競争が実現するのである。それにより雇用の安定性，社員のモチベーションの維持が可能となる。ただし，その一方で，スローな昇進制度のもとでは，優秀な人材を早期の段階で発見することができず，時間的なロスの発生を余儀なくされるという弊害もある。

図表7-1　日本における労働市場の形成

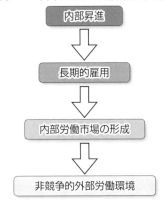

出所：筆者作成。

さて，図表7-2は，中国と日本における労働環境の比較である。同表に示す通り，中国と日本における労働市場の性格は大きく異なる。したがって，当然のことながら企業による雇用，昇進方式，昇進決定の要因にも相違点が存在することであろう。その意味では，中国進出を果たした日系企業において，内部昇進制度の実施には大きな困難を伴うことは想像に難くない。

第Ⅰ部　人事・労務管理の諸相

図表7-2　中国と日本の比較

	日本	中国
労働力移動の制限	自由移動	戸籍制限
外部労働市場の流動性	低い	地域により異なる
企業による雇用の特徴	長期雇用	労働契約制
企業の昇進制度	内部昇進	中途採用重視
昇進スピード	遅い昇進	早い昇進

出所：筆者作成。

　では，外部環境が極めて複雑な中国における労働市場にあって，果たして日本的内部昇進制度の優位性が発揮できるか否かについて，次節以降で中国進出を果たした日系小売業における内部昇進制度の事例に基づいて検証していこう。

(2)　日系企業における内部昇進制度の事例研究
①四川省S市B社の事例

　四川省における急速な経済発展に伴い，現地労働者の意識も変化しつつある。「2012年中国全国人力資本情報研究報告」によると，2012年における中国全国の平均収入は9.1％増加し，全国レベルでの離職率は18.9％となっている。とりわけ，内陸部に位置する南京市およびS市の離職率が注目されている。2006年における南京市およびS市の離職率はそれぞれわずか9.6％，7.3％であったのに対して，2012年の離職率はそれぞれ22.3％，19.4％と急増している。以前は比較的安定した労働市場であったS市にあっても，今後はさらに離職率が上昇する可能性が高く，そのような傾向は全土的な広がりを見せつつある。つまり，中国における労働市場が短期的・流動的との一般的認識が，内陸部にも着実に拡大する状況となっているのである。

　その一方で，余剰労働力が多く，就業圧力が大きいという側面も無視できない。2004年当時，四川省内の農村には，余剰労働力が2,000万人程度存在するとされた。就業問題の解決に関しては，四川省政府にはさほど期待できないとの判断から，農民たちは1980年代後半より職を求めて沿海の都市部に移住し，出稼ぎ労働者としての人生に活路を見出し始めた。当初，若い女性出稼ぎ労働者は「打工妹」と呼ばれたが，四川省出身の「打工妹」は特に「川妹子」と呼

称された。また，辛い四川料理を好み，性格も燃えるように激しいタイプが多いため別名「辣妹子」とも呼ばれる。出稼ぎのため東部沿海地域に向かう農村の余剰労働力の動きを認識した四川省政府は，1992年に省労務開発指導グループなる組織を設立し，1996年には労働市場の開発を同省経済発展の要綱に盛り込み，より高い品質の労働力提供が可能となるようそれら余剰労働力に対するトレーニング強化にも積極的に取り組み始めることとなった。こうした努力が同省の農村余剰労働力移転に多くの成果をもたらすこととなった。2002年には，省内での移転も含めて1,307万人の農村余剰労働力を移転ないし輸出した。内，他省への移転に関しては，対前年度比で40万人多い600万人を送り出した。それに伴う年間労働収入は34億円に上り，同省経済を支える屋台骨へと成長することとなった。

しかし，2008年に発生した世界金融危機，すなわちリーマン・ショックに伴い中国経済の成長率が大きく鈍化する中，失業した農民工の利益擁護のため，国務院は「国務院弁公庁による現下の農民工職務に対する適切な処理に関する通知」を出し，就業機会の拡大と帰郷後の起業支援策を打ち出した。その成果もあり，故郷に帰郷する農民工も一定程度存在することとなった。また，中央政府による景気刺激策として，投資資金の一部を優先的に中西部に配分することにより地域格差の是正を図り，同地域における就職機会の増加が目指された。その結果，東部沿海地域における出稼ぎ労働者数は，2009年には9,076万人となり対前年で8.9％減少，中部地域においては2,477万人で対前年比33.2％増加，西部地域については2,940万人で対前年比20.2％増加することとなった。

つまり，出稼ぎ労働者は東部沿海地域からの「帰郷」により，四川省S市労働市場の活性化に寄与すると同時に，出稼ぎ労働者の「強い自己実現欲」，「低定着率」が同市場に不安定性をもたらす重要な要因となったと考えられる。

以上のような状況下にある四川省に立地するB社において，2012年3月18日～21日に筆者は，2号店であるS店および3号店であるK店でインタビュー調査を実施する機会を得た。また2012年9月14日には，J店において主管職以上の管理職102人（うち回収82人）を対象としたアンケート調査を実施した。その結果，B社について以下の諸点が明らかとなった。

まず，新入社員を採用する際は，学歴を重視することなく，大量採用方式が採られている。新入社員の給与は競合他社よりやや低いが，社内において充実

した社内教育を受けることが可能となっている。現場従業員の年間離職率は20％であるのに対して，管理職層の年間離職率はわずか5％である。しかも，管理職層はほぼ全員，現場従業員から社内教育を経て内部昇進してきた社員たちであり，全従業員が自社内で育成されてきた人材ということである。

同内部昇進の基本的な流れとしては，まず全新入社員は現場業務からスタートする。その後，選抜を受け，本部および店舗双方での経験を経ることとなるが，上位ポストについては，どの程度の職位にまで昇進可能かには個人差がある。具体的には，社内で10年間，継続して現場従業員のままの者もいるし，入社3年目で副部長に昇進した者もいる。しかしながら，外部労働市場から職位ごとの採用が実施されることはない。同社会長によると

「B社は，高い給与で外部から有能な人材を引き抜くことはせず，自社内での人材育成を好む。なぜならば，外部から直接採用した人材には，B社に関する知識が一切ない。それに対して，自社内で育成してきた従業員であれば，自社のことを熟知しており，創造力および思考能力も備わっている。」

次に，B社では地元であるS市の労働者を意識的に採用している。同社に対するヒアリング調査によると，全社で採用されている従業員の内，95人の従業員は地元S市出身者であり，社内の共通語は普通話と称される標準中国語ではなく，S市の方言である。

また，アンケート（図表7-4）から見ると，主管（副主管）の平均年齢は26.4歳，課長（副課長）の平均年齢は29.6歳，経理（副経理）の平均年齢は32.6歳，部長（副部長）の平均年齢は36.3歳，店長の平均年齢は38.4歳となっている。最年少の事例としては，入社2，3年に過ぎない24歳の課長，28歳の部門経理も存在している。一方，最高齢としては，37歳の主管，39歳の課長といった事例もある。

以上に示したように，B社においては，外部の多くのキャリアを有する有能な労働者にポストを与えるのではなく，自社内で従業員を育成し，管理ポストに配置していく正に内部昇進制度が実施されているのである。ただし，中国B社で実施されている内部昇進制度は，日本的経営システムの重要な一環としての日本的内部昇進制度と比較した場合，以下に示すいくつかの点で異なっている。

まず，採用の前提が異なる。日本企業において従業員が採用される場合，当該企業への長期的雇用を前提としてその厳選を実施している。従業員は当該企業の人的資源として，充実した社内教育を通じて大切に育てられる。その意味

第7章　内部昇進制度①（社内公募制度を含む）

図表7-3　中国B社の組織図

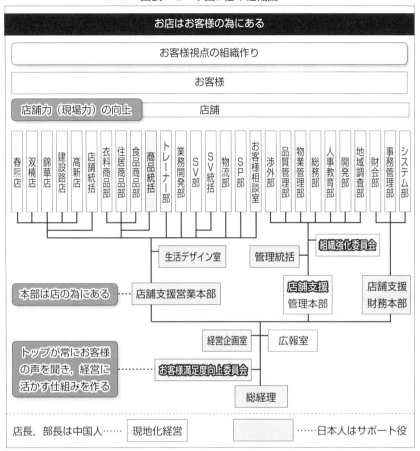

出所：B社社内資料より筆者作成。

図表7-4　アンケート結果　　　　　　　　　　　単位：人/歳

	20-25	26-30	31-35	36-40	41-45	平均年齢	最年少	最年長
主管	9	14	2	3	0	26.4	22	37
課長	2	6	1	3	0	29.6	24	39
部長	0	2	5	9	4	36.3	34	44
経理	0	4	3	1	3	32.6	28	43
店長	0	0	0	3	2	38.4	37	44

出所：筆者作成。

では，たとえ少数であっても社員の流失は当該企業にとって大きな損失となる。

一方，B社の場合は，現場における離職率が20％以上であり，従業員の多くが1年未満で退職するという前提で採用を実施している。同社人事部長によると，「中国政府による"一人っ子政策"のもとで，20代の若者は忍耐力に乏しく定着率が悪く，入社後半年にも満たない段階で昇進の見込みがないと判断すれば，即座に退職してしまう。しかし，視点を変えれば，日本的経営システムに基づく「人的資源」との発想にはそのトレード・オフとしてある種の「抱え込み」に伴う弊害も存在すると言える。その意味では，上記のような忍耐力に乏しく，管理職に適するとは到底言えない人材の早期の段階における退社は，むしろ当該企業にとって好都合と考える。」
つまり，不要な人材の放出は，社内における昇進機会を創出すると同時に，そのことがある種のマンネリ化防止策としての機能を果たし，社内の活性化を促進するという好循環を生むこととなるのである。B社では，現場における高い離職率が是正されない代わりに，社員の離職が同社の企業運営に支障を来すことのないように年3，4回の大量採用を実施している。同時に，社内には充実した教育制度を整え，個々の従業員が自己成長を確実に感じられるよう最大限の努力が行われているのである。いずれにせよ，2年から3年という期間，現場を経験した従業員の中からの選抜が行われ，昇進が実施されるのである。

次に，日本国内における日本的昇進制度の一つの特徴として「遅い昇進」が挙げられる。具体的には，36歳で課長，44歳で部長という昇進スピードが一般的であるが，B社の場合，課長の平均年齢は29.6歳，部長の平均年齢は36.3歳となっている。また社内においては，幹部候補制度および社内公募制度が確立されており，個々の従業員能力の早い段階での発見，選抜に尽力しているのである。要するに，B社では日本的な「遅い昇進」ではなく，「早い昇進」が実施されているのである。

最後に，日本的昇進制度のいま一つの特徴として，労働者の能力ないしは実績によってのみ昇進が決まるのではなく，年齢および勤続年数がそこに加味される。B社の場合，最も昇進に影響を与える要因は何かとの質問に対して（図表7-5），82人の管理職のうち62人が能力，3人が年功，7人が学歴と回答しており，同社内における昇進は，能力主義に基づくものであり，年功が昇進を決める要素とはなっていないことがわかる。

第7章　内部昇進制度①（社内公募制度を含む）

　以上から，B社における内部昇進制度の確立メカニズムを整理すると，以下のようにまとめることが可能であろう。

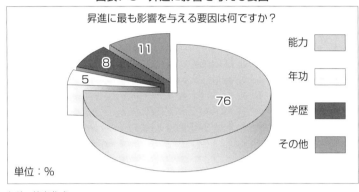

図表7-5　昇進に影響を与える要因

出所：筆者作成。

　まず，大量採用方式を採用することで自社内に内部労働市場を形成しているということである。そもそも，日本的な非競争的外部労働市場から採用された従業員は安定的であり，至極，自然な流れの中で安定した内部労働市場の形成が可能である。ところが，S市のような競争的な外部労働市場から採用された中国人従業員の場合，転職志向が強く，非常に高い離職の可能性が常につきまとう。そのため，B社では学歴を重視することなく，多くの中国人従業員を雇用することで，まず絶対数を確保し，現場従業員に対する給与を低く設定する一方で，充実した社内教育制度を実施する。その過程で，忍耐力に乏しい同社への忠誠心を抱き得ない従業員が離職する一方，2年から3年の間，勤続した従業員こそは，同社内部労働市場を構成する要員の根幹となるのである。要するに，B社では新入社員の淘汰という過程は同時に，内部労働市場の形成過程でもあるということである。

　次に，B社では急速な成長スピードおよび人材の現地化という過程を通じて，従業員の長期的雇用を実現している。同社は，中国における小売業界で最も成功した企業と評価されている。今後も1年1店舗のペースでの事業展開を予定しているが，この成長途上にある同社の成長過程そのものが，個々の従業員に

「この会社にいれば自らも成長できる。だからこそ，この会社に長く勤めたい。」との思いを抱かせるのである。また，新店舗の開店に伴い，大量の従業員が必要となるが，現場スタッフの多くが外部採用による人材調達であるのに対して，既述の通り，管理職は社内公募制度が利用され，全5店舗からそれら人材の調達が図られているのである。K店店長に対するインタビューによると，新規店舗の公募は，社員にとっては絶好の昇進チャンスであるとされる。同店のある副主管が，社内公募制度を利用して，2013年開店予定である6号店生鮮部の副経理となった事例がある。正に企業側が必要とする人材のニーズと従業員側の強い成長，昇進意欲が一致することで，個々の従業員による企業に対する帰属意識を高め，長期的雇用が実現しているのである。

　さらに，同社は現場主管から董事長に至るまで，すべての職位を中国人従業員に任せている。現在，中国現地に駐在する日本人従業員11名は，サポート役に徹している。このことは，従業員の積極性および自主性をよりいっそう発揮させる一方，同社に対する愛社心，忠誠心をも育むこととなるのである。

　最後に，昇進スピードのアップに加えて，各種制度を生かすことで，企業の成長と従業員の自己実現を見事にリンクさせている。既述の通り，中国人労働者は強い自己実現欲を持っているとされる。企業側もその意識に合わせて，従業員の自己実現の場を提供しなければならない。そのために教育面においては，OJT，Off-JT等の教育制度を通じて従業員に自己の成長を実感させる機会を提供しているのである。評価面においては，年功的要素は無視し，能力および態度で従業員を評価する。同時に，成果発表会，業務提案発表会，業務技術コンクール等，従業員自らがその能力を公表し，評価の対象となる場を提供する諸活動を毎年実施している。それら諸活動の特徴としては，

- 参加率が高い（管理職はほぼ全員参加）
- 入賞者には奨励金と沿海地域への研修チャンスが与えられる
- 活動における受賞は昇進とリンクしており，昇進評価の重要項目となっている

　いずれにせよ，同社は個々の従業員が十分に活躍できる機会を提供している。結果的には従業員自身の能力に相応しい職位を獲得することにより，自己実現の達成が可能となるのである。

　以上に示した通り，B社では，大量採用方式を通じて自社内に内部労働市場

を形成し，急速な発展と人材の現地化を通じて現地従業員の長期雇用を見事に実現していた。また従業員の自己実現という意識を最大限尊重し，その実現が可能な複数の機会を設定していた。これら一連の施策が，B社の内部昇進制度として結実，実現していたのである。

では果たして，日本における労働市場とは対極とも言える状況下にある中国において，如何なる方法を使ってB社は「早い昇進」を実現し得たのであろうか。その点に関しては，以下の2点に求めることができるであろう。

・B社は小売業界に属しており従業員の業務の中心は，主として接客，品物の陳列といった単純な業務に属するものが圧倒的多数を占め，高い技術力を必要とする業務は基本的にさほど存在しない。そのため同社においては，職能等級制度も導入されておらず，そもそも熟練工という概念そのものが存在し得ない業界である。これらの業界としてのいくつかの特質が，いわゆる「早い昇進」を実現するための前提条件たり得たということであろう。

・個々の従業員の強い上昇志向に対応するということを最優先としたことから，昇進スピードのアップが図られている。既述の通り，S市の労働者は元々出稼ぎ労働者の主力であり，キャリア・アップに基づく成功意識は極めて高い。同社はその点を十分に認識し，早い昇進制度を確立することで従業員のモチベーションアップを実現していたのである。

2．社内公募制度（A社の事例）

(1) 社内公募制度の概要
①A社の従業員分類，昇進ルートおよび従業員異動状況

既述の通り，A社では，従業員が以下の4つに分類されている。

A類：現場作業員

B類：初級管理者（班長，組長等）および初級技術者（電気工，組立工，溶接工等）

C類：準正社員

D類：正社員

D類およびC類の従業員は「職員」，それ以外は「工員」と呼称されている。D類従業員は国家規定による各種保険，福利などの待遇を有する。またA社では5月および11月の年2回，正職員登用試験が設定されている。社内公募者が同試験をクリアした後，3か月の査定期間を経て正社員になることが可能である。

一方，現場作業員に対しては，次に示す二つの昇進ルートがある。まずは，現場作業員→組長→班長→係長→課長→部長という昇進ルートである。これはまさに日本式の昇進ルートと同じパターンである。いま一つのルートとして本章のテーマである「社内公募制度」が設けられている。その昇進ルートは，現場作業員→準職員→職員であり，職員昇進後も係長→課長→部長への内部昇進が可能となっている。

図表7-6に示すように，A社において現場作業員が，自身のキャリア・アップを図るべく昇進する手段としては，3つの手段が設けられている。すなわち，社内公募制度，正職員登用試験，内部昇進である。しかし，正職員登用試験，内部昇進については，いずれも現場作業員がその対象から外されている。つまり，現場作業員の職位を根本的に転換するシステムは社内公募制度のみということになる。その意味で，社内公募制度は現場従業員にとって，唯一の自己実現を果たす制度という意義がある。

図表7-7は，A社の約3,200名に及ぶ全従業員の学歴構成を示したものである。

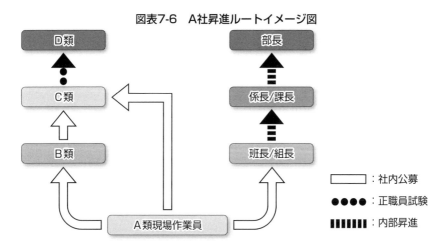

図表7-6　A社昇進ルートイメージ図

出所：A社総経理の指導により筆者作成。

その構成は，管理職が153名で全体の4.7%を占めているが，内，中卒，中等専門学校卒，高卒等の学歴を有する者は123名と最も高い比率を占めている。

また，図表7-8に示すように，同社では36歳以上の管理者は少なく，20代の管理者が多い。課長職の平均年齢は若く29歳[7]であるが，これら課長職層のほぼ全員が社内公募による昇進者であり，いわば，現場からの"叩き上げ"で現在の職位に就いている。

②社内公募制度による転入先

図表7-9に示すように，A社の組織構造は総経理以下に9部門が設置されている。内，直接，生産に関わる部門は生産製造部と部品部であるが，A類現場作業員はこの2部門に所属している。これらの現場従業員は，社内公募制度により主として品質管理部，生産技術部，財務部，総務人事部，IT部，資材部，物流部に異動することが可能となっている（現場の組長など初級管理者への異動状況を除く）。これらの転入部門は，生産現場の中でも専門的技術が最も要求される部署であり，そこにA類従業員は存在せず，B類ランク以上の従業員が担当する部署となっている。その意味では，これら7部門は，現場作業員にとっ

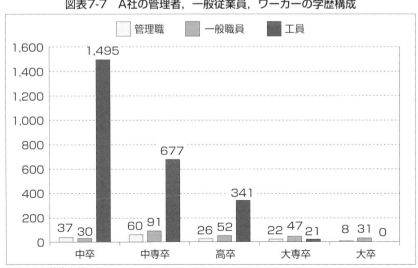

図表7-7　A社の管理者，一般従業員，ワーカーの学歴構成

出所：A社社内資料より。

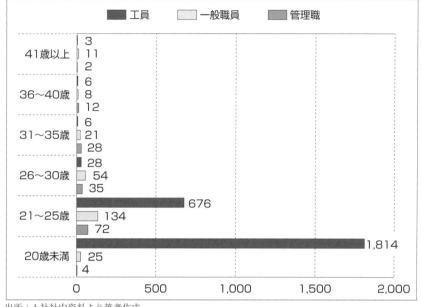

図表7-8 A社従業員年齢統計

出所：A社社内資料より筆者作成。

て自己実現の具体的目標となり，現場作業から離脱した後のより高位な職位としての主要な転入部門となるのである。

　言うならば，A類に属する現場作業員は，社内における高級人材（幹部候補生）のプールであり予備群なのである。彼らは，部品部あるいは製造部に所属するため，これらの部門が転出部門となるが，それ以外の部門は，若い現場従業員にとって憧れの部門としての転入先となる。つまり，A社にあっては，この社内公募制度こそがこの転出→転入を実現するための変換制度に他ならないのである。

③社内公募制度の概要

　そもそもA社における社内公募制度とは，募集職種の仕事内容を明記し，その職務に従事したい人材を全社的に募集するものである。同社の募集職種はB類職以上の職種となっており，A類である現場作業員にとっては，昇進の意味合いも強い。その意味では，同社の社内公募制度は，昇進および配置転換とい

図表7-9　A社現場作業員の転出転入動向イメージ図

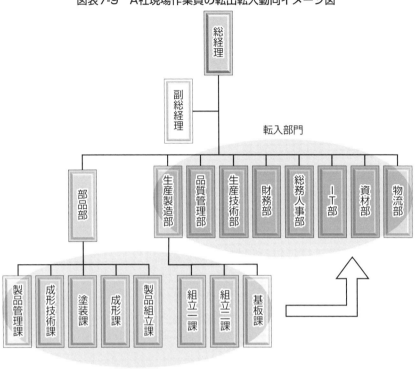

出所：A社社内資料より筆者作成。

う二つの重要な要素を含有する制度とも言えるのである。要するに，同社においては，約7割以上の管理職を現場から登用し，教育制度によって育成するのである。

　なお，同社の社内公募制度において如何なる制度上の管理が行われているのかについては，同社人事課による「社内公募管理方法」に詳しい。以下，その具体的内容である。

社内公募管理方法[8]

作成：人事課

目的：従業員の採用を標準化する。

範囲：全社従業員

職責：人事課は人員の採用と職務研修および査定を担当する。求人部門は募集計画を制定する。

内容：

  1.0 正社員，準正社員の定義

    1.1 　正社員：正式に採用されたD類職員あるいは正職員登用試験に合格し，賃金クラスがD類に昇格した人員。

    1.2 　準正社員：職員の仕事に従事し，正職員登用試験に通っていないC類人員を指す。

  2.0 各部門が人員を採用する際，採用申請表に当該部門の人員状況を記載し，提出する。

  3.0 人事課は不定期に各部門に人員状況をチェックし，生産計画，生産時間により人員の調整および採用を統一的に行う。

  4.0 社内公募の実施は副総経理の承認が必要である。

  5.0 社内公募：工員と工員の間の配置転換および工員と職員の間の配置転換を指す。

    5.1 　各部門は人員ニーズにより採用の申請をする。人事課は「採用申請」を受けた後の5勤務日以内に社内公募試験を行う。合格者は毎月の組織構造変更日に人事部によって統一的に配置される。

    5.2 　人事課は具体的な仕事内容および試験時間を明記し，ポスターを作成する。

    5.3 　応募要項：すべての応募者は時間通りに試験を受けなければならない。やむを得ない場合はあらかじめ人事課に電話で連絡し，2勤務日以内に理由書を提出する。承認を得た後，人事課が行う追試験を受けることができる。連絡しない者に対しては，3か月経過後，その応募資格を取り消す。

    5.4 　社内公募試験の流れ：筆記試験，面接試験

      5.4.1 人事課が各部門に提出した「試験問題集」の中から無作為抽

出し，筆記試験を作成する。作文のテーマは人事課により制定される。

5.4.2　試験の後，人事課が解答用紙を密封し，各部門は2勤務日以内に人事課にて採点する。その際，人事課は採点の監督に当たる。

5.4.3　採用人数と面接人数の比率は1：5，人事課は必ず面接に立ち会う必要がある。

5.4.4　人事課および総務課の職種に応募者がある場合，人事課は当該応募者の所属する部門の上司，同僚，関連部門の同僚および宿舎のルームメートへのサイド調査を行う。

5.4.5　人事課および総務課の職種に応募の際，応募者は適正テストを受けなければならない（過去にすでに受験している場合は，再度受験する必要ない）。結果は選考の一部とされる。

5.4.6　人事課および総務課の応募者については，部長会議で部長層の承認を得た上で採用となる。

5.5　人事課は社内公募結果を開示する。

5.6　社内公募で適正な人材が見つからない場合，外部採用とする。

5.7　応募条件：

5.7.1　現職に3か月以上従事した者

5.7.2　不良記録がない者

5.7.3　試験に参加する前に上司の承認を受けた者

5.7.4　合格者に対して人事課から配置転換表を発行し，転属部門に異動する。

5.7.5　当該月の宿舎評定で最下位に評定された宿舎の人員は受験不可とする。かつ，3か月以内の応募資格を取り消す。

5.8　社内公募の合格者は3か月の研修期間が満了した場合，当該部門および人事課により査定される。査定に合格した場合は準職員となりその処遇に変更される。社内公募の合格者が3か月の研修期間内に転属先部門の職務担当能力がないと判断された場合，元の部門に戻され求人部門は同期試験受験者の中から二次選抜することができる。

実施日：2007年7月1日

第Ⅰ部　人事・労務管理の諸相

　以上に示したように，同制度の主たる対象がA類社員であることは明らかであり，社内公募制度を通じて，現場従業員に現場という単純作業の職場を離脱するチャンスを与える意味をそこに読み取ることができる。

④社内公募制度の実施プロセス

　続いて，社内公募制度のプロセスであるが，募集申請を提出後，募集終了までわずか13日間という短期間かつ高効率な日程となっている。その具体的な流れは以下の通りである。

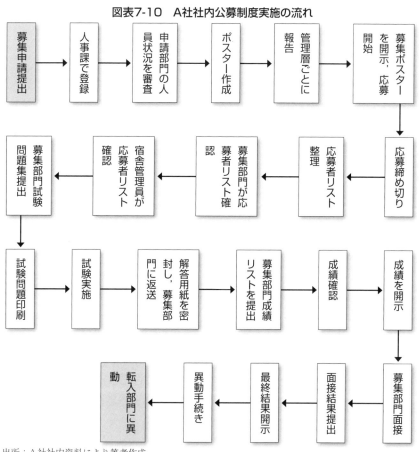

図表7-10　A社社内公募制度実施の流れ

出所：A社社内資料により筆者作成。

第7章　内部昇進制度①(社内公募制度を含む)

図表7-11　募集ポスター(一例)

No.	所属	職種	人数	性別	仕事内容	求められる条件	応募締切り	筆記試験日時
1	総務課	警備	1	男	包装材料の回収および警備	1. 情熱，積極性 2. 協調性と折衝力を有する 3. 上司の指示に従う 4. 25歳以上	2007.1.26 PM5:30	2007.1.29 PM5:40～6:40
2	総務課	宿舎管理員	2	女	1. 宿舎の管理 2. ゲストルームの整理，清掃と修理用具の管理 3. 光熱費および財産の管理	1. 明るくて，忍耐力がある 2. 問題意識と改善意識を持つ 3. サービス精神がある	2007.1.26 PM5:30	2007.1.29 PM5:40～6:40
3	製造技術課	用具管理員	1	女	AI，SMI工場の消耗品の購入および配布	1. 明るくて，折衝力がある 2. パソコンの基礎がある 3. 用具管理経験者優先	2007.1.30 PM5:30	2007.1.31 PM5:40～6:40
4	基板課	組長	5		1. 生産状況のフォローおよび不良品の管理 2. 現場5Sおよび労務管理	1. 真面目で責任感を持つ 2. 協調性がある 3. 基板課の生産を熟知した者優先	2007.1.30 PM5:30	2007.1.31 PM5:40～6:40

出所：A社社内資料より。

　図表7-10に示すように，1日目は部門が求人ニーズによって募集申請を作成し，人事課に提出する。同日には人事課が募集ポスターを作製するという流れとなるが，同募集ポスターには，図表7-11に示す項目が明記されている。

　2日目には，人事課が提出した各部門による募集ニーズについて，人事部内で管理者層ごとに報告，承認が求められる。

　3日目には，募集部門が選考試験問題を人事課に提出する。試験時間は60分で主に会社の諸制度およびメカニズムに対する知識を考査するものであるが，数学，物理，英語等に関する一般常識についても若干，触れる内容となっている。

　4日目には，社内各掲示板にポスターが貼られ，社内公募が正式に開始される。

掲示板のもとには「社内公募箱」という投函用のポストが設置されており、そこに応募者従業員が応募申請を投函する仕組みとなっている。なお、応募締め切りは、5日目の午後5時半までとなっている。

5日目の午後6時には、人事課が応募者の名簿を整理し、メールにて各部長に報告が為される。それを受け、各部長は必ず翌日の午前10時までにコメントを含め返信する規定となっている。その後、当日午後から筆記試験が実施される。

7日目の午前中には試験が採点され、その終了を待って午後には掲示板で筆記試験の合否が発表される。

8日目には筆記試験の合格者を対象に面接試験（一次）が実施され、同面接試験の結果については翌日に整理を終了し、合格者に対しては10日目に二次面接試験（部門面接）が実施されることとなる。面接の内容については、主として思考力、情熱、積極的な姿勢の有無、言語の論理性、好奇心、専門知識という6つの分野に関して採点される。そして、同日午後には面接の結果が発表される。

11日目には最終選考結果が人事部に報告され、同部は翌日にはポスターを作成し、最終結果を発表することとなる。なお、同合格者リストは各関連部長に報告される。

さらに、最終日の13日目には、配置転換によって発生した異動等の処理が行われる。

以上がA社における社内公募制度の流れである。いずれの過程も同社のモットーである公開・公平・公正の原則に基づき効率的に運営され、各担当者の意欲も高い。

なお、同制度の応募対象となるのは、入社3か月以上の経歴を有し、研修期間中に合格を果たした従業員のみである。その意味では、対象が非常に幅広く設定、実施されていると言える。加えて、同制度の社内における普及促進効果は大きく、従業員の参加意欲を大きく向上させている。

⑤社内公募制度の査定方法

続いて、選考合格者に対する転属部門への異動後3か月に及ぶ研修期間内の査定方法について説明しておこう。前項において示した流れを経て、出稼ぎ労

第7章　内部昇進制度①（社内公募制度を含む）

働者が現場から昇進してきた後，新しい職位での職務に対する査定が行われる。その具体的な方法については，人事課による「社内公募者査定管理方法」に規定されている。以下，その具体的内容である。[9]

社内公募者査定管理方法

作成：人事課

目的：この管理方法を別途作成する目的は，社内公募者の質を高め，考課方法の根拠を提供することにある。

範囲：社内公募当該者

職責：全当該者に実施，人事課によって監督を行う。

内容：

1.0　異動人員は3か月間の研修期間を経なければならない。

2.0　以下のいずれかに該当する者は，元の転出部門に戻すこととする。

　2.1　労働意欲に乏しい。

　2.2　きちんと業務をこなせない，よくミスをする。

　2.3　職務技術を身に付けられない。

3.0　フォロー（C/D類に該当）

　3.1　着任の最初の週に採用部門は「週間教育プラン」を作成する。同プランについては，課長，部長の承認が必要である。

　3.2　研修期間内，転属人員は毎週月曜日に前週の「週間業務報告表」を提出し，課長，部長の審査を受ける。

4.0　試験プロセス

　4.1　研修期間3か月の11週目，転属部門から「職務連絡届け」を提出，人事部が試験を行う。試験合格者には「正規」の身分を与え，不合格者に対しては，さらに1か月間，研修期間を延長する。

　4.2　D類人員および組長の場合，転属部門により「研修人員考課表」が作成され，課長および部長の審査を受ける。

5.0　試験結果

　5.1　試験合格者に対して，転属部門により「異動届け」，「週間教育プラン」，「研修人員試験表」，「週間業務報告表」および試験答

129

> 案等が12週目に人事部に提出される。
> 6.0 会社の賃金制度により異動人員の賃金を調整する。
> 7.0 表
>   7.1 「研修人員考課表」
>   7.2 「週間業務報告表」
>   7.3 「週間教育プラン」
>
> 実施日： 2007年8月1日

 以上に示したように，社内公募制応募者に対する査定の厳しさのみならず，経験不足への対応策としての教育が積極的に行われていることがわかる。充実した教育を実施することにより，新規の職種における能力を確実に養成することで，新しい職種に配置された従業員に着実な自己成長を感じさせることになるのである。

⑥社内公募制度の採点および成績発表方法
a.筆記試験

 ここまで社内公募制度の具体的な流れについて検討してきたが，ここで各種試験の具体的内容について紹介しておこう。

 まず試験時間（総務課のロビーで受け付け）は60分で，問題形式は，穴埋め問題，選択問題，判断問題，英文翻訳，記述問題，作文等に分かれている。以下，その詳細である。

・穴埋め問題（30点）

 全12問中，会社の制度などに関する熟知度問題が7問を占め，残りの問題内容は，パソコン操作2問，常識1問，英単語翻訳1問，物理1問となっている。

・選択問題（16点）

 選択問題については，全8問である。穴埋め問題と同じく会社に対する熟知度の考査が多く占められており，全6問である。残りは，数学ロジック問題1問と常識問題1問となっている。

・英文翻訳（6点）

 挨拶程度の英文翻訳が2問課せられている。

・判断問題（8点）

会社規定および制度に対する熟知度の考査となっている。
・記述問題（10点）
　ここでも第1問は会社の熟知度の試験である。中でも「会社の変化について，あなたが気づいた箇所5点以上を挙げてください。」との問いは，会社への関心度を重視した設問となっている。第2問は職種に関する問題である。
・作文（30点）
　テーマは「私の理解した礼儀とは」であった。これも職種に関する考査である。
　これら筆記試験問題の内容構成から社内公募を行う際，同社がどのような人材を採用したいのかという意図を汲み取ることができる。特に重要なのは，会社の規定，制度および文化等への理解が最も重視されている点である。ただし，募集職種に関する知識については，多くを求められてはいないようである。それは，新しい部門に配属された後，充実した教育制度を実施することで，速やかに同職種に慣れることが可能となっているためであり，A社のユニークな企業文化と深く関わる点であろう。さらに，学校教育における知識試験の比重が低い点は，同社の学歴無用という方針を象徴するものと言える。

図表7-12　社内公募品質課評価員職筆記試験成績表[10]

No.	工員番号	氏名	部門	成績	備考
1	200508309	劉斌	品質保証課	77.5	
2	200604191	段軍輝	品質保証課	72.5	
3	200609132	李京	組立一課	65	
4	200703229	蔡建財	組立一課	64	
5	200703227	馬鵬山	組立一課	61	
6	200607116	厳艶玲	組立一課	60.5	
7	200508188	楊運玲	基板課	59	
8	200609105	李坤健	基板課	59	
9	200605283	陳夢雲	組立一課	58.5	
10	200703223	呉栄広	組立一課	56	

出所：A社社内資料により。

試験終了後は，採点を行った上で個々人に成績を知らせるのではなく，全社的に試験参加者全員の成績リストを社内掲示板に開示する。

　図表7-12に示す通り，同社において筆記試験を受けた全従業員の成績が各掲示板に開示され，筆記試験合格者はさらに次の段階となる面接に臨むこととなる。面接試験に関しても，成績のみを発表するのではなく，評価まで細かく記載された一覧が全社的に開示されるのである。

b. 面接試験

　前節で示したように，社内公募における面接人数は求人数の5倍であると「社内公募管理方法」に明記されている。これは，できるだけ面接という主観的な選考を公正，客観的なものにすることを目的としている。審査項目は，頭の回転，性格の明るさと情熱，積極性，言語の論理性，好奇心と専門知識という6点である。この総得点が面接成績となり，同得点が18点以下の場合，不合格となる。

　図表7-13に示した事例では，1位の劉小艶氏の総得点は20点で，「頭の回転が速く，専業知識に富むが，情熱に欠ける」という具体的な評価が付けられている。最も下位の李運紅氏の総得点は16点で，「向上心があるが，情熱および専業知識に欠ける」という評価が記載されている。面接試験に関する成績発表も，筆記試験同様，全社的に掲示板に開示される。それにより全従業員に対して社内公募制度への関心向上を図ると同時に，評価理由の開示によりさらに公正性を高める効果も期待される。

　以上が社内公募制度の採点方法および成績発表方法の詳細であるが，人事課，総務課に応募する場合は，さらに新たな選考項目が課せられる。「サイド評価」である。サイド評価とは，人事課，総務課への応募者に関して，現部門の上司，同僚，関連部門の同僚および同宿舎のルームメートに対して行われる応募者の人柄，性格，業務能力等に関する調査である。

c. サイド評価

　具体的には，面接合格者に対して募集人数を勘案しつつ総合選考成績の上位順から「サイド評価」が行われる。

　1人の応募者に対して，面接の後，6人にインタビュー調査するのは，結果の公正性を追求するという目的の他に応募者に対して責任を持つことが意図されている。

第7章　内部昇進制度①（社内公募制度を含む）

図表7-13　面接試験成績表

社内公募面接成績表

募集部門：組装二課　　　　　　　　　　　　　　　　　　2007年10月18日

　　　　　応募職種：ITメンテナンス

　　　　　面接人員：組装二課：許可，舒顕勇，許玉婷；

　　　　　　　　　　人事課：李書明

筆記時間：2007-10-15

No.	氏名	番号	所属	面試成績（5点）						得点	面接評価
				頭の回転	明るさ・情熱	積極性	言語の論理性	好奇心	専門知識		
1	劉小艶	200705192	組装二課	4	3	3	4	3	3	20	頭の回転が速い，専門知識があるが，情熱を欠く
2	段芝蘭	200606116	組装二課	3	4	4	3	3	2	19	情熱がある，向上心があるが，専門知識を欠く
3	姚銀霞	200704086	組装二課	3	4	3	3	2	2	17	情熱がある，向上心があるが，好奇心を欠く
4	田玲	200603181	塑胶製造課	2	4	3	3	2	2	16	明るくて向上心がある，頭の回転と好奇心を欠く
5	李運紅	200703243	組装二課	2	2	3	3	3	3	16	向上心があるが，情熱と専門知識を欠く

部門評価：

　　　　劉小艶氏の採用を薦める

部門確認：　　　　　　人事確認：　　　　　　副総経理確認：

備考：面接成績が18点未満の場合不合格とする

出所：A社社内資料により。

⑦社内公募制度の実態と効果

A社内には，男女宿舎の入口，人通りの多いコンビニエンスストアの正面，食堂の正面および工場入口に設置された合計5つの掲示板に加え，数多くのホワイトボードが設置されている。そこには，主に天気予報，社内ニュースに加えて社内公募情報などの従業員自身に関連する情報が掲示されると同時に，その他，生産状況および改善問題等の生産管理に関する情報も掲載されている。その意味では，これら掲示板およびホワイトボートは，現場従業員が企業の各種情報を得る主要な手段となっている。

また，図表7-14に示すように，同社において2006年度は計157回の社内募集が行われたが，求人数255人に対して合計応募者数は3,296名に達した。また，2007年度には計220回の募集が実施され，370名の求人数に対して応募者数は2,897人に達している[11]。A社の生産の最繁忙期の従業員数が3,000名ほどであるという規模に照らして，社内公募制度の応募率が極めて高く，同制度が社内に広く普及していることを示す数字と言える。

図表7-14　従業員利用実態データ

年度	年度募集回数	年度求人数	年度応募人数	倍率※
2006	157回	255人	3,296人	12.9
2007	220回	370人	2,897人	7.8

※応募人数/求人数。
出所：A社社内資料より。

図表7-15　2007年度社内公募内容（一部）

No.	求人部署	公募期間	求人職種	求人数	性別	筆記試験日	応募人数
172	組立二課	2007.10.6/2007.10.7	組長	1	女	2007-10-19	15人
173	基板課	2007.10.7/2007.10.8	組長	1	女	2007-10-19	11人
174	資材課	2007.10.7/2007.10.9	倉庫管理員	2	女	2007-10-17	20人
175	基板課	2007.10.9/2007.10.10	組長	4	女	2007-10-19	46人
176	物流課	2007.10.9/2007.10.10	計画員	2	不問	2007-10-17	25人
177	成形課	2007.10.9/2007.10.10	成形工	1	男	2007-10-18	18人

出所：A社社内資料より。

さらに図表7-15は，社内公募に関する具体的な内容の一部である。2007年10月6日〜2007年10月9日までの4日間という短期間に，A社は合計6職種に関する社内公募を行っている。具体的には，合計求人数11人に対して応募者数は合計135名に達している。本データは，正に現場従業員の自己成長を求める意識の強さを示す証左と言えるであろう。

こうした個々の従業員の周囲に発生する事例は，出稼ぎ労働者たちに非常に大きなインパクトを与えている。アンケート調査によれば，周囲に同制度を利用して成功した事例があった従業員数は35名（58.3％）にも達している。

出稼ぎ労働者たちからは，彼らが掲示板に開示された応募合格者の名前と周りの生き生きとした事例を目の当たりにすることで，潜在的な向上心を最大限に引き出すことができるのである。同時に，同制度はまさに従業員の意識を的確に把握し，最も効率的な宣伝方法で全社的に従業員に対する理解の促進を図ることに奏功しているのである。

おわりに

以上，B社における内部昇進制度およびA社における社内公募制度について検証してきた。

そもそも，四川省S市は中国中部に位置する内陸都市であるが，近年，「西部大開発」という国家プロジェクトを重要な契機として急速な経済発展を実現している。そのような中，S市の労働者意識も変化しつつある。特に20代の若者は，キャリア・アップを通じて社会的地位を得たいという競争意識が，ますます強まる傾向にあるとされる。

このように，外部労働市場が競争的であるため，外部労働市場から採用された労働者が，直接，内部労働市場を形成するには多くの困難を伴う。そこでB社は，企業において内部労働市場を形成するために，まずは，低賃金でより多くの中国人労働者を採用する方法を利用している。また，社内においては，新入社員が重労働に従事しつつ，企業文化，技能訓練等，種々の教育を受けることが可能となっている。肉体労働に耐えきれず，かつ同社企業文化を受容できない従業員の離職とともに，2年後，3年後まで残った従業員こそが企業の内

部労働市場を形成する核となるメカニズムが確立されているのである。要するに，B社の内部労働市場は，大量採用，社内教育，現場淘汰という一連の流れの中で形成されるのである。

　B社は，中国における小売業界で最も成功している企業だと言われている。現在でも早いサイクルで事業が展開されている。同時に，社内においては，すべての職能部門が現地従業員である中国人に任され，日本人は顧問職として中国人を支援することに徹するというように，高度な現地化をも実現していた。スピーディーな発展サイクルおよび高度な企業の現地化は，現地従業員に「自分がB社の成長とともに成長できる」という将来の希望を明確化すると同時に，当該企業への帰属意識を醸成することにつながる。要するに，B社はスピーディーな発展サイクル，高度な現地化を通じて，短期的・流動的中国の労働市場において従業員の長期雇用を見事に実現していたのである。

　つまり，強い自己実現欲，上昇志向を有する中国人従業員固有の気質に配慮する形で実施される充実した社内教育こそが，現地従業員に成長を実感させるのである。加えて，年功序列ではなく，能力評価を重視する考課こそが，これまた現地従業員のモチベーションをアップさせるのである。

　さらには，成果発表会，業務提案発表会等，従業員自らが主役として活躍できる舞台を提供する。これら諸施策が一体となることでB社は，図表7-16に示すような内部昇進制度モデルを見事に実現し得たのである。企業における人事制度は，当該企業従業員の意識と合致して初めて企業としての活動を有効に実現し得るのである。

　次にA社における社内公募制度について，従来から中国では，人材採用の評価に際して，まず学歴から判断する傾向が根強く存在し，そのため学歴を有することのない人材については，ほぼその昇進の機会が奪われ，順調にいったとしても勤続年数に対応する形で，若干，収入が増えるに過ぎない現状下にあった。

　ところが，A社の「学歴無用」という実力主義の姿勢は，低学歴である出稼ぎ労働者に大きなインパクトをもたらしたに相違なく，それまで人生の上昇チャンスを見失っていた労働者にも，同社入社により作業環境および給料等の基本条件の改善のみならず，昇進のチャンスまで与えられ大きな希望をもたらすこととなった点は明らかである。すなわち，出稼ぎ労働者の強い上昇志向，向上

第7章　内部昇進制度①（社内公募制度を含む）

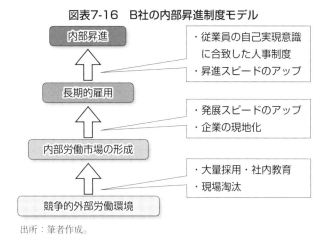

図表7-16　B社の内部昇進制度モデル

出所：筆者作成。

心に対して，同社における社内公募制度の導入は，正に自己実現の場を提供する絶好の機会となっているのである。仮に，出稼ぎ労働者がこのチャンスを掴むことができれば，自身のキャリアを根本的に転換するチャンスを手にしたことになる。当然，従業員のモチベーションは，飛躍的に向上することになるのである。

さらに，同制度を一契機として，同社のイメージアップが図られ，出稼ぎ労働者不足の現状にあっても確実な人員確保が可能となるという副次的効果も期待される。

以上，A社における社内公募制度の意義をまとめると以下の諸点を指摘できるであろう。

・昇進チャンスを与えることにより，従業員のモチベーションを大幅に高める
・従業員の好感度アップは，自社イメージを向上させ，出稼ぎ労働者募集時に効果を発揮し，質の高い人材確保につながる
・従業員の自己学習意欲を高める
・着実な自己成長を自身で認識可能となり，企業に対にする感謝の心を育み，加えて，同制度の昇進周期は極めて短期的であり，華南地域の出稼ぎ労働者市場における特徴に合致したものとなっている。具体的な最速の事例としては，入社3か月，研修期間を経た後，即座に現場のA類工員からC類

137

準職員にまで昇進した事例がある。C類準職員になって後,毎年2回の正職員登用試験をクリアすればD類正規職員への昇進も可能となる。D類職員への昇進は,実質的にはブルーカラーからホワイトカラーへの飛躍であり,A社の魅力度アップに大いに貢献することになることは言を待たないであろう。

●注

1) 樋口［1998］:28頁を参照されたい。
2) 小池・中馬・太田［2001］:32頁を参照されたい。
3) Predergast［1992］.
4) Doeringer and Piore［1985］.
5) 小野［1997］:265頁を参照されたい。
6) 吉田［1996］:24頁を参照されたい。
7) A社社内資料統計（2006年7月分）による。昇進等によって現時点では多少の変動があることが予想される。
8) A社社内資料により筆者翻訳。
9) A社社内資料により筆者翻訳。
10) 実際の成績発表においては,受検者全員の成績が入っているが,紙数に限りがあるため,その一部を取り上げることとした。
11) A社 H総経理にデータの提供を依頼（2008年1月7日）,入手した人事課のデータによる。

内部昇進制度②
(評価制度)

はじめに

　1990年代以降，日本国内においては，成果主義，目標管理制度，多面評価等の導入が大企業を中心に進められてきた。つまり，かつての年功序列，年功賃金から職務遂行能力，目標達成度，職務行動，執務態度を含めた脱年功型評価への転換が図られてきたのである。

　一方，中国においては即戦力が求められ，短期契約制，キャリア形成のための強い転職・上昇志向等，内部労働市場により長期的，安定的な労働市場が形成された日本とは異なる事情がある。そのような状況下にあって，従業員のモチベーションを高めるインセンティブとして筆頭に挙げられるのが人事評価制度である。その意味では，中国においては，従業員のモチベーションを維持，向上させる公平な人事評価制度の設立こそが最重要な課題となっているのである。本章においては，先述の通り，内部昇進制度と密接不可分の関係にある評価制度について検討する。

(1)　**人事評価の定義**

　では，人事評価とはそもそも何なのか。以下のように諸説定義されている。

　「従業員一人ひとりの日常の職務行動を通して，各人の職務遂行度や業績，能力を細かに分析・評価し，これを人事管理の全般または一部に反映させる仕組み」(楠田 [1981])[1]。

　「従業員の業務の一定期間中の業績，能力，態度，意欲を人事労務管理が定

めた制度・方法で評価すること」(津田 [1995])。[2]

「従業員個々の知識，性格（態度），職務遂行能力，適性，業績等を一定の基準に基づいて評定するものであり，評定によって得られた情報は，昇進，昇格，異動，配置，教育訓練，昇給，賞与等の管理に活用し，従業員の有効活用と適切な処遇を行うための手続き」(白木・長谷川・小林・梶原・黒田・伊藤 [1986])。[3]

「上司が部下の社員一人ひとりの仕事の仕方，その成果をもとに各人の職務遂行能力や適性，性格，その成績貢献度を正しくとらえ，その結果を人事処遇の全部または一部に公正に反映させる仕組み」(村田 [1981])。[4]

以上，その代表的な定義から人事評価制度とは，上司が課せられたタスクを成しとげるために部下に仕事を分担させ，その任務を効率的かつ経営上層部の期待通りに成しとげるために，部下の職務遂行能力のレベル，性格，適性などを正しく把握し，その業績を公正に評価する必要性から生まれた制度と言えるであろう。

また，人事評価の目的としては，概ね以下の3点にまとめられる。

・部下である社員の評価期間中の企業に対する貢献度を適正に評価し，その結果を賞与，昇給，昇格，昇進などの労働条件，処遇面に反映させる。
・部下が現在担当している仕事を遂行する能力がどれほど向上しているかを判定し，企業にとって望ましい人材の育成，能力開発，動機付けを行う。
・部下の職務遂行能力や適性などを把握し，各人の能力発揮に最も適した職務配置を行うデータとする。

すなわち，人事評価は，従来のように単に昇給や賞与の査定のみを目的として行うものではなく，部下の能力や適性を一定期間ごとにチェックし，その能力や適性を十分に活用できる職場に配置替えあるいは従事する職務の変更，的確な教育訓練や能力開発を進めるための情報を入手し，昇給や賞与決定の手がかりとするものなのである。[5]

企業経営においてこのように位置付けられる評価制度だが，日系企業では具体的にどのような制度が実施されているのだろうか。次節においていくつかの事例を紹介しておこう。

(2) 日系企業における評価制度に関する事例研究
①B社の事例

まずは，小売業に属するB社の事例を紹介しておこう。同社における人事評価制度は，業績評価および態度評価の二つの部分から構成されている。その比率は，業績評価が全体の70％，態度評価が30％となっている。以下，各制度の詳細である。

1. 業績評価

まず業績評価について，年初において会社側が各店舗の業績目標を設定する。各店舗は各部門の業績目標を設定し，各部門はその目標を個人へ量化する。そして，年末段階で個人の目標達成度を評価したものが，業績評価の結果となる。業績評価の内容は，売上，粗利益等の項目から構成され，直属上司による一次評価と店長による二次評価の計2回が実施され，その結果が人事部に提出され最終調整が行われる。

日本本社におけるセルフチェック制度とは異なり，B社では毎週，毎月，個人が仕事の進捗状況を上司に報告し，上司は毎月部下の当該月の目標達成度についてフィードバックし，不足しているところを指摘，年度の目標達成と職務遂行能力向上のために，その後の注意事項等を説明することとなっている。

また，四半期ごとに実施される課題反省会の中で，職務の進め方や課題について，報告や交流の場を設け議論が行われる。その結果は店舗に報告され，年度の評価資料となる。また，季節によって売上のばらつきが発生することがあるが，年度の最終評価に関しては，1年の全体を総合的に評価する仕組みとなっている。

図表8-1　S市B社の態度評価表

店舗番号	職員番号	氏名	入職日期	職務	売上	粗利	利益	総合点数	一次評価	二次評価	最終評価	業績等級

出所：B社の考課評定表より筆者作成。

なお，図表8-1は，実際に使用されている業績評価の項目を示したものである。
また，業績評価に基づく給与体系については，毎月査定が行われる。積算していく賞与については，給与より金額ウェイトが高くなっており[6]，場合によっては，下位職が上位職の賞与額を上回ることさえあるとされている[7]。

2. 態度評価

続いて，態度評価に関しては，仕事ぶり，勤怠状況，教育研修で学んだ礼儀や接客用語の徹底，笑顔，身だしなみ等を総合的に評価する。態度評価の補助項目としては「お客様の声ボックス」から得た従業員に対するクレームや好評価等のお客様のメッセージが評価の際に参考とされる。また本部の顧客相談室から得られた顧客の意見も態度評価に反映される。その他，B社の評価制度の中には，部下が上司を評価する項目が設定されておらず，代替措置として，社員意見ボックスを設置することで，上司に対する意見や仕事に対する考え等に関する投稿機会が設けられており，同ボックスからの情報は上司を評価する際の参考資料となる。なお，態度評価の詳細な項目については，店舗によって多少異なる。

また，態度評価の評価者としては3人が設定されている。まず1回目は直属上司による評価，2回目は経理，3回目は店長といった3度に及ぶ評価体制となっており，同評価制度の重要度および慎重さがそこからうかがえる。態度評価の結果はA，AB，B，BC，CおよびDランクの6段階が設定されており，全体に占める人数の比率については，A：2%，AB：20%，B：50%，BC：20%，C：5%，そしてD：3%に設定されている。年度評価実施後は，BC以下の従業員に対して，各部門のリーダーが同従業員とマンツーマンの個別面談を行い，共に問題点を探り，解決策を考える。ただし，大きなミスを犯してしまった場合は，経理も参加した複数人による面談となる。

また，Aを付与された従業員には賞金が与えられ，2年以上連続でAを付与された従業員は昇進候補の対象となる。一方，Dを付与された従業員はその年度の賞与が取り消されることとなっている。

図表8-2および図表8-3は，それぞれ態度評価のための態度評価表，態度チェック表（K店）である。

図表8-2　S市B社の態度評価表

	A	AB	B	BC	C	D
予定人数						
今回評定人数						
差						

出所：B社の考課評定表より筆者作成。

図表8-3　S市B社の態度チェック表

1. チェック内容を評価する
A：良い，AB：まあ良い，B：普通，BC：少し悪い，C：悪い，D：業務不可
2. チェック時間帯
午前09：00～10：00　　　　午後15：00～16：00
3. 毎日16：30までチェック表を人事課に提出
チェック内容　　　　　　　　　　評価
a. 身だしなみ・規範通りに着装
制服が清潔，きれいである
左胸に名札をつける
b. サービスが親切，自然なほほえみ
熱意ある，態度が優しい
自発的，明朗な挨拶，敬語
c. 仕事状態・元気さ
適切な言葉遣いや行動
熟練した業務技能
積極，迅速な仕事対応
d. 売り場規範・標準の立ち姿
右側通行
お客様の対応
お客様への明快な説明
レジ会計の速さ

出所：B社K店の態度チェック表を転記。

同態度チェック表は，細部に及ぶ項目から構成されており，いわば行動規範としての位置付けとなっている。また毎日，人事部に提出することとなっており，人事評価における態度重視の姿勢がそこから見てとれる。他にも，接客ミスが繰り返されたり，あるいは意識の低さが継続的に見られる場合，評価が悪くなるケースがある。逆に，出勤時間30分前の出社が継続的に行われると評価が上がる等の傾向が見られる。さらに，表中の項目bに記載されているサービス項目の内，微笑みに関しては，ベストスマイル賞という表彰制度が取り入れられている。以上の項目は，毎日1回，店長あるいはマネージャが売り場を巡回しチェックすることとなっており，その結果に基づき3か月に1度，優秀社員を選び，表彰して賞金を与え，従業員の意識向上とモチベーションアップが図られている。日本のサービス精神が中国に導入され，ホスピタリティ意識が極めて重視されていることがうかがえる。

またB社は，GMS形態[8]で中国での店舗運営を行っているため，各店舗には数多くのテナントが入店している。それらテナント（店中店）従業員の評価制度については，主に接客態度，お客様の意見およびイベント参加（売上などを競って競争性を高める，学習機会を提供する等）の3項目から構成されている。

さらに，予備幹部および一般社員の評価基準については，昇進スピードは予備幹部の方が速く，その他はほぼ同様となっている。肝心なことは，一人ひとりが全体を見ることができるかどうかであり，「気配り・思いやり」を重要視している。

3. 補助評価

以上の業績評価と態度評価に加えて，B社は補助評価も実施している。その一つが前述の成果発表会である。

同発表会は3か月に1度，四半期ごとの業績をもとに各店舗がどれほどの成果を出し得たのかを発表するイベントである。優秀者は表彰され，賞金，沿海地域での研修，昇進の機会が与えられる。同発表会は従業員の能力向上を促進し，企業が有能な人材を発見する場としての役割をも担っている。実際に奨励賞を受賞した従業員が，後にハイスピードで昇進する例もあり，中国人の強い上昇

志向に合致した制度となっており，現地従業員の成長に果たす役割は大きい。

　いま一つは，業務改善提案発表会である。同発表会は毎月各店舗から3,000件，従業員1人当たり平均3件の提案を提出させ，価値ある提案を行った従業員を表彰する制度である。提案数は，全店舗合わせて15,000～20,000件に及び，2010年の年間総数は347,093件に及んだ。提案の内容は接客，品揃えから明るい売り場，清潔な手洗い等，その対象は幅広い。提出時には，提案の内容のみならず，提案の理由，予想される効果も述べねばならない。その結果，優秀な提案に対しては賞が与えられる。同賞は董事長特別賞，1等賞，2等賞，3等賞，総経理特別賞等となっている。加えて，成果発表会同様，優秀者には昇進，賞金のほか，沿海部および海外研修の機会が与えられ，同制度も中国人のキャリア・アップ志向に合致した制度であり，現地従業員の主体性および積極性を引き出す絶好の機会となっている。

　以上に示した通り，業務改善提案発表会や成果発表会等，個人がアピールできるチャンスおよび場を設定し，役員が従業員をほめ，やる気を引き出すための努力，工夫が為されている。またB社は，新店舗の開店が盛んな成長企業でもあり，社内的には昇進ポストおよびチャンスがより多く存在するという側面も有しており，そのことが現地従業員のモチベーションアップに大きく貢献する結果ともなっている。

　その他，自己推薦制度も注目される。同制度は，全社員に昇進の機会を与えるものであり，繰り返して挑戦が可能な制度となっている。また，同制度を利用したものの昇進できなかった場合であっても，降格等のリスクは存在しない。その理由は「失敗をした分だけ次の成功につながる」という従業員のチャレンジ意識や積極性を大切にするという同社の基本理念に基づいている。そのため，同制度の利用例は多く，募集ごとに5店舗だけで100人ほどが応募し，一次試験で80人に，さらに二次試験で60人に，さらに最終の三次試験で約40人にまで採用者が絞り込まれる。同試験の内容については，面接，業績審査，日常の業務態度チェックという3項目から構成されている。また，同制度を利用する条件として設定されている項目は，入社6か月以上の正社員であることのみであり，習得している資格，スキル以上にチャレンジ精神およびやる気を重視する制度となっている。また，同制度において希望可能な職種としては，店舗副主幹以上のすべての幹部職および本部主事以上の仕入れ，翻訳職を含めたすべ

ての幹部職の2種が設定されており，従業員のチャレンジ精神およびその意欲，やる気を引き出し，上昇志向の強い中国人気質に合致した制度となっている。

　さらに，人事評価および人員配置については，B社では適材適所の理念に則って，評価結果から従業員の長所を発見し，直接昇進できない場合でも，同従業員がさらに活躍できるであろう職場に異動させ，新しい職場で自己啓発し，成長させるという基本スタンスを採っている。つまり能力を発揮できない職場から能力を発揮しやすい職場への異動を積極的に実施することにより，適した職場で生き生きと働いてもらい，自己実現を果たすことが目指されるのである。すなわち，加点主義により従業員の持つ能力を正当に評価し，モチベーションを向上させ，長所を最大限に活かす取り組みが行われているのである。

　補足として，幹部の昇級は主としてその管理能力を，また各担当者の昇級は主として業績およびその態度を評価する仕組みとなっている。逆に，B社における人材選抜は，就業年数を排除し，業績，能力およびやる気で昇進を決定する制度となっている。

　これまでの分析からB社における人事評価制度の特徴は，以下の諸点に整理できる。

- 従業員のモラル・アップ，モチベーション・アップのための取り組みが顕著である。具体的には，成果発表会と業務改善提案発表会，いずれの目的も従業員のやる気を引き出し，成長を促し，自ら自身の目標達成のために努力させる制度である。
- キャリア・アップの機会提供に取り組んでいる。長期間働いているものの管理職に昇進できなかった従業員に対し，その長所を評価し，生かせる職場への異動を積極的に実施している。すなわち，中国人の強い成長志向という気質に合致した昇格・昇進のチャンスを提供，あるいは加点主義による長所の最大限の活用に尽力している。
- 人材の現地化を実現している。日本人社員はサポート役に徹し，現地従業員を主役にすることで従業員の同社への帰属意識を育て，より強固な信頼関係構築を目指している。

4. 日中両国におけるB社評価制度の比較

　本節では，これまで見てきた中国B社と日本におけるB社に対する事前調査結果に基づき，両社の人事評価制度について比較，検討する。まずは，両社で異なる制度としては，以下の諸制度が挙げられる。

(1)　セルフチェック制度の有無

　日本B社では，一次評価でまず自分で自身の評価を行い，その後の二次評価で上司からの評価を受けていくというものであり，一次評価でセルフチェック制度が導入されている。一方，中国B社では，一次評価は直属の上司が行い，次の二次評価は経理担当の者が，三次評価は店長，副店長が行うというものであり，セルフチェック制度は導入されていない。その要因として挙げられるのが，中国人の国民性である。中国においてセルフチェック制度を取り入れた場合，プライドが高く，見栄を張りやすい中国人気質から自身をよく見せようとするあまり，正当な評価を自身に対しては行えない点が考えられる。

(2)　発表会の活用度

　発表会の活用度および頻度の違いも顕著であった。日本におけるその開催は年に1回であるのに対し，中国は月に1回または年に4回である。また，既述の通り中国のみで開催されていた業務改善提案会には毎月2万件の提案が提出され，その活用度の高さが読み取れる。

　その要因としては，やはり文化，国民性の違いである。日本人は恥の文化であり，自己アピールという場の活用は極めて稀である。それに対して，中国人は自己主張が強く個人主義であるために，逆に自己アピールの場を好む傾向が顕著である。その結果，このような自己主張の場を大いに活用し，自ずとその頻度も多くなるということであろう。

(3)　自己推薦制度の活用度

　さらに，日中B社を比較する中で顕著に異なる点が，自己推薦制度の活用度である。日本B社では導入を始めた2002年から現在までの10年間で，全店舗約7500名の応募があり，その中から1200名が採用されている。また，同制度

を日本で活用する際には降格のリスクが発生するため，日本人の性格からその活用には消極的となる傾向がある。一方，中国B社では，1募集ごとに同社4店舗だけでも100人ほどの応募者が集まり，試験の結果40人以上が採用されているのが現状である。また，制度の活用時に降格するリスクは存在しない点，また中国人の個性の強さに加え，キャリア・アップ志向により同制度の活用度が極めて高くなっていると考えられる。

続いて，両者間には以下に示すように共通する点も数多く見られた。

・まず，中国で行われている態度評価と日本で行われているセルフチェック制度のチェック項目の内容が，類似するものとなっている点である。中国と日本の国民性には様々な異なる点が挙げられるにも関わらず，同一の内容を浸透させている点は興味深い。

・また，"お客様の声ボックス"についても両社に設置されていた。ただし，その活用度については，日本は2010年度で69,735件と多く，中国ではS市2,088件，P市150件であり，顕著な違いが見られた。両社に設置されていた最大の理由は，小売業という業種の特徴であるサービスを重視した結果であり，企業という内側からの評価とお客様という外側からの評価の両面から社員を見ることで，より緻密な評価を行うことが可能となる点が大きく影響しているものと思われる。また，中国人は上司の見ていないところでは怠惰になる傾向が強く，その防止策として顧客による評価を活用し，正当な評価の実施に結び付けていると見ることも可能であろう。

・さらに，日本でいう"笑顔大賞"が，中国でいう"ベストスマイル賞"である。この笑顔については，中国ではなかなか定着の難しい行為であるにも関わらず，両社に存在するというのは，笑顔での接客を中国に根付かせることが可能だという証左であり，そこにB社の優れたマネジメントを垣間見ることができる。

5. A社の事例（人民裁判制度）

A社で実施されている評価制度である人民裁判制度とは，内部昇進および外部採用であるD類の従業員（正社員）採用に対して，多数の部長・課長が社員

第8章　内部昇進制度②（評価制度）

または応募者を審査する同社独自の評価制度である。したがって，人民裁判制度には，内部昇進の人民裁判制度と外部採用D類の人民裁判制度の二種類が存在することになる。人民裁判制度は，公平性・公正性・公開性をモットーに掲げるものであり，加えて，評価対象の中でも特に社員の向上心・人格・改善意識の3点を重視する評価制度となっている。以下，人民裁判制度適用に至るまでの人事評価過程および内部昇進・外部採用D類それぞれにおける同制度の具体的内容を詳述する。

(1) **人民裁判制度に至るまでのプロセス**

A社では，人民裁判制度実施に先立つ3か月間を試用期間に設定しており，希望者による申請から人民裁判制度適用に至るまでの過程において，内部昇進，外部採用D類従業員いずれの場合も，3か月間の試用期間に対する評価が為されることとなる。以下，内部昇進および外部採用D類それぞれにおける人民裁判制度適用に至るまでの過程を概述しておこう。

a. **外部採用D類**

外部採用D類は，インターネット等による情報公開を通じて外部に募集をかけ，D類従業員としての入社希望者を募るものである。その際，外部からの入社希望者に対しては，まず書類審査に基づく簡単な面接試験が実施される。同面接試験に合格すると，専門技術に関する試験が行われる。この専門技術試験通過者に対しては，給与に関する相談および注意事項，さらには教育計画の提示および資料の配布・確認等の事務処理が行われ，副社長の承認を得て後，社長の同意を経て入社が決定する。その後，3か月間に及ぶ試用期間において研修を受けることとなる。

新入社員は，3か月間に及ぶ試用期間中の研修において「試用期人員追跡表」および「新職員業務報告書」等の評価表によって評価され，この3か月間に及ぶ試用期間を修了しない限り，正式な採用は認められない。最終的には，同試用期間を修了した新入社員に対して人民裁判が実施され，合格後，正社員として本採用されることとなる。

b. **内部昇進**

A社においては，昇進希望は何らの区別・制限なく誰でも申請することが可能となっているが，まずは従業員が自ら昇進希望を上司に申し出ることから始

まる。昇進を希望する従業員は，まず「職務昇進申請評価表」の評価による合格を果たさなければならない。この「職務昇進申請評価表」とは，部門上司，関連部門，人事課が従業員に対して昇進するに値するかどうかの評価をし，意見を述べるものである。評価の内容は，技能経験・処理能力・調和能力・指導能力・責任感・計画性・人柄言行の7つの項目に関して評価され，それぞれ優（5点），良（4点），中（3点），差（2点），極差（1点）の採点が為される。一評価5点満点の7項目分なので35点満点となるが，内，得点が28点以上なら「優秀」，21点～27点なら「合格」，20点以下なら「不合格」となり，昇進を果たすことはできない。同評価，すなわち「職務昇進申請評価表」に基づく評価に対して及第点を確保することによって初めて，従業員はその昇進が認められることとなる。続いて，「職務昇進申請評価表」に合格した従業員は，性格テストに参加する（過去に参加した経験がある場合は対象外となる）。結果は昇進条件の参考資料としての役割を果たし，診断結果が2点以下の参加者を対象に欠落部分について「訓練追跡（フォロー）計画」を作成し，再度，申請することとなっている。性格テストの終了後は，副社長・社長による審査が実施され，合格した場合，従業員を含めた新しい組織図が作成され，教育資料を提供後，3か月間の試用期間に入る。この試用期間中，人事課は昇進希望者が新しい職種に就いた後の第1週目および人民裁判の1週間前に，本人の職務状況について追跡評価することとなっている。外部採用D類同様，3か月間の試用期間を終了した従業員に対しては人民裁判が実施され，合格者については，正式な昇進が認められることとなるのである。

(2) **各人民裁判制度の概要**

a. **外部採用D類における人民裁判制度**

　まずは，外部採用D類における人民裁判制度について詳述しておこう。

　3か月の試用期間を終えた後，第11週目の金曜日に実施される最終面接こそが人民裁判である。同面接では，人事課をはじめ課長，部長，副社長，社長等，管理職全員，総勢30～40人によって面接が実施される。所要時間は約30分余りであるが，まず，所属部門の部長によって同新入社員の紹介が行われる。例えば，職務の遂行能力は言うに及ばず，個人的な短所・長所等に至るまで紹介される。その後，新入社員が自身の考えおよび意見を述べた後，試用期間中そ

第8章　内部昇進制度②(評価制度)

図表8-4　試用期考課会議記録表

時間	2006年5月26日
場所	2階1号会議室
参加考課者	副社長：陸曙明
	部長：趙振国，郭永福，関則堂，羅国斌，劉華盛，田立，鄧長樹，鄭欽湖，胡冬勇
	課長：陳凌，詹美霞，鄧桂梅，胡少東，謝小雲，袁利桃，馮国全，李文清，彭賛成，喻長久，謝安全，龔世昌，李偉東，朱照久，鮑一梅，黄夢強，黎学文，黎健群，楊登芳，陳文峰，洪利梅，巫英蓮，唐閃亮，薛勤，鄧觀勝　　　　　　　　　　　　　　　　　　　　　参加者：35人
欠席者	林健群（休み），胡少東，謝小雲
傍聴者	秘書組：陳鄂萍，劉芳
考課される人	王啓人，陳娜

考課具体状況

名前	総合票数	合格票数	合格率	結果
王啓人	32	32	100%	合格
陳娜	32	32	100%	合格

出所：A社社内資料より。

の指導に当たった指導員が意見を述べる。そして最後に，参加している面接官全員による面接が実施されることとなっている。面接官は様々な部門に所属していることもあり質問の観点がそれぞれ異なり，A社の企業文化を十分に理解し，他部門の事情についてもある程度の知識を必要とする。同面接，すなわち人民裁判の結果は，審査員の新入社員に対する合否の無記名投票で決定される。投票の結果，合格の判定を下した審査員の比率が60％未満の者は不合格で，即刻，退職となり，60％〜70％間の者は試用期間が1か月延長され，70％以上の得票で合格となる。続いて，人民裁判において合格を果たした者は，同部門職員により「試用評価表」の記入が為された上で，第12週目に人事課に提出され，正式に正社員としての採用が決定される。

なお，図表8-4は，人民裁判が実施された際の実際の出席記録表である。

b. 内部昇進における人民裁判制度

続いて，内部昇進における人民裁判制度の流れについて詳述しておこう。

3か月間の試用期間を終えた昇進希望者を対象として，最終面接および人民裁判が実施される。同面接において，まず一般管理職については約10人に及ぶ関連部署の部・課長，また課長職については全部長および副社長が，さらに部長職については副社長および社長が審査を担当することとなっている。また，同面接では，昇進希望者を対象に試用期間終了の1週前において，「昇進者審査表」に基づく総合審査が実施され採点される。それを担当する総合審査員は，昇進希望者が所属する部門および関連部門の部・課長，人事課の職員から構成される。さらに，具体的な評価内容については，当該部門の職務に対する専門能力，職務を展開するための組織能力，職務を推進するための計画能力，チーム・ワークをとるための調和能力，職務上発生した問題に対する改善能力，職務に対する積極性，責任感等が評価される。同面接結果は，審査員による合否投票にて決定されるが，その合否の基準となるのは60％のラインであり，それ未満の場合は不合格となり，即刻，退職扱いとなる。また，60％～70％の者については試用期間が1か月間延長され，70％以上の者が合格となる点は，外部採用D類の場合と同様である。なお，1か月間の延長試用期間を与えられた場合，再度，不合格の判定が下された時点で，元の職場に戻ることが決定される。

以上に示した手順を経て，人民裁判制度において合格が決定した者は，正式に昇進が認められ，その証しとして昇進証明書が授与される。合格者の顔写真入り同証明書は，社内掲示板に掲示されると同時に，社内規定に照らし昇進および昇給が実行される運びとなるのである。

(3) 人民裁判制度の実態

以上に示した手順に基づいて実施される人民裁判制度であるが，図表8-5は2002年から2006年にかけての外部採用D類における応募者数等の詳細である。

同表からも明らかな通り，人民裁判制度における合格率は，2002年度：98.9％，2003年度：93.2％，2004年度：99.0％，2005年度：90.4％，2006年度：96.7％（小数第2位をそれぞれ四捨五入）となっており，平均すると95％を超える極めて高い合格率となっている。

逆に，中途離職者数，つまりは3か月間の試用期間中に退職をする労働者の

図表8-5　外部採用に関する応募者数等の概況（2002～2006年）

項目	2002	2003	2004	2005	2006	合計
外部採用者数	95	67	120	53	101	436
試用合格者数	90	55	102	38	87	372
試用不合格者数	1	4	1	4	3	13
中途離職者数	4	8	17	11	11	51
不採用率	5%	18%	15%	28%	14%	15%

出所：A社社内資料より筆者作成。

割合は高く，3か月という期間で実施される試用期間の厳しさ，重要性がそこから窺える。その意味では，人民裁判とは3か月間の試用期間をクリアした従業員に対して合格，すなわち採用あるいは昇進を認める儀式的な要素を有するものとも言えるであろう。

おわりに

　以上，B社およびA社における評価制度について検証してきた。

　まず，B社は，中国においてはまだまだ進出間もない後発の企業という事情もあり，その人事評価制度には，依然として制度上未熟な点があることは否めない。ただし，その中にあって，評価制度は企業目標を実現するために従業員のやる気を引き出すインセンティブとしての役割を十分に果たしている。具体的には，同社は従業員にアピールする場として様々な発表会を主催し，優秀者が表彰されることによってその努力が認められ，励まされることで帰属意識が生まれ，やがてその新たな情熱はやる気へと変化し，個々の職務に向けられる。そのことが，最終的に顧客満足による企業の繁栄を実現するという好循環を生むのである。

　企業目標の達成には，当然のことながら優秀な人材を確保することが最重要な課題となる。ただし，その確保後は，それら優秀な人材の高いモチベーションを持続させるためのマネジメントが要求される。

　B社会長は，不易流行（変えてはならないもの，変えなくてはならないもの）

を中国市場では見極めなければならないと述べていた。つまりB社の基本理念である"お客様第一"という考え方は一切変えることなく，常に変化している中国市場および環境に対応した制度が不可欠となる。その意味では，B社の人事評価制度は，日本的人事評価制度と中国的人事評価制度を融合することによって誕生した新たな評価制度ということである。加えて，同制度を現地従業員に十二分に理解させ，受容させる過程で，現地従業員との間に親密な「信頼関係」を築き上げると同時に，「中国人」を「B社人」に変えることに成功したのである。とりわけ，サービス業における日本企業が有するノウハウ，例えば，先のB社における"お客様第一主義"等は世界的にも高い評価を得ている。B社は，日系企業に根付いているお客様第一主義とも言えるサービス精神を現地従業員に着実に根付かせることに成功していたのである。

ただし，中国人労働者の気質としてその根幹にあるのは，"自己実現"である。それは，日本人従業員に共通して見られる気質としての"認めてもらう"といった発想とは根本的に異なるものである。つまり，これらの融合なくしてサービス業の成功は，少なくとも中国においては期待できないのである。

いずれにせよ，その査定内容および評価基準としては，現地従業員の志向を重視し，成果主義的要素により大きな比重が置かれ，プロセス重視の比重は弱い。ただし，日本企業として譲ることのできないモットーを徹頭徹尾貫きつつ，その意味では，日本的経営システムの根幹は維持したまま，現地従業員の気質に十二分に配慮した制度設計，企業経営は十分に可能であることをB社は証明している。

次に，A社における独自の評価制度である人民裁判制度にあっては，人民裁判制度のみが重要なのではなく，表現を換えるならば，同評価制度のみが単独で機能しているのではなく，本稿では紙数の関係でその詳述を割愛したが，同社における一連の制度がそれぞれ有機的にリンクすることで制度として有効に機能している。[9] つまり，応募から人民裁判制度に至るまでのすべての制度が有機的に結び付くことで，一連の制度として有効に機能しているということである。

また，A社での評価制度が，特に人格面での評価を重要視している点は注目に値する。この人格面での評価は，日本型査定における「情意考課」という査定部分に当たり，日本型査定の中にあって最も曖昧で，主観的な評価が為されがちな注意を要する分野である。しかしながらA社では，人格面での評価も

含め日本型査定制度の欠点であった主観的，相対的評価，非公開性による曖昧さ，不公平性を十分に克服した制度としてその完成度は極めて高いものとなっている。そこで，以下，日本における評価制度との相違点に注目しながら同制度における諸特質について言及しておこう。

まず，指摘できるのは，その評価の客観性である。とりわけ，人民裁判制度におけるそれは，非常に特徴的である。具体的には，通常の企業では考えられないことであるが，少人数による主観的，独断的評価を回避すべく多数の評価者による評価とすることで，その客観性を高め，徹底した客観的評価を得ることを可能とする制度となっている。

また，一人一票制度を採用することで，社内で高い職位にある者が多くの票を保持するという状況はそこには存在しない。これは，名目的のみならず実質的にも客観的評価を実現可能とすることの証左たり得る。

続いて，3か月間の試用期間中における評価も重要である。D類に関しては，「試用期人員追跡表」において，上司・同僚・人事部職員・指導員等がそれぞれ多方面，多岐にわたる異なる観点から新入社員を評価する体制が整えられている。上司は職務に関する評価を担当し，より専門性の高い意見を述べ，同僚職員は，新入社員の職務に対する姿勢および協調性等，いわゆる人格面を中心とした評価を行っている。また，人事部職員は，職務に対する意識の高さおよび同僚との人間関係等に関する人格面を中心とした客観的な意見が述べられ，指導員については，新入社員の些細な変化および職務に対する姿勢のより細かい部分に関する評価を担当するといったように，それぞれ面接官の職位，立場，部署，環境等に応じた棲み分けが厳然と存在しているということである。このような評価の実施により，日本型査定のような直属上司による主観的評価というマイナス面を完全に克服すると同時に，従業員の人格面に関する評価をより客観的に実施していると言える。

次に，「新職員業務報告書」の評価制度については，当該新入社員の問題点を提起し，それに対して各部門が評価を行うものであり，言うならば，従業員の改善意識を評価する制度である。ただし，単なる評価の実施にとどまらず，先に問題点に対して各部門が回答を与えるという点に同評価制度の大きな特徴がある。この回答によって，当該新入社員はより納得のいく評価を得たと感じることであろう。また，同報告書は，課長・部長・指導員・人事部職員・副社

長にそれぞれ回覧され，当該新入社員にとっては，自身の職務に対する考えおよび問題発見能力等が多くの人の目に触れ，「評価されている」とより強い実感を得ることであろう。

加えて，その絶対的評価についても指摘しておく必要があろう。そもそも日本型査定制度における相対評価にあっては，すべて平等に評価が下されるのではなく，他の従業員との優劣を比較されながらの査定が実施されてきた。しかし，A社においては新入社員，内部昇進，いずれも申請すれば，入社ないしは昇進の機会を与えられているのである。中でも，3か月間という試用期間で一定の評価を得られれば，正社員への道が開かれる可能性がある。

さらに，その公開性も特質の一つとして指摘できるであろう。A社の人民裁判制度はあらゆる情報が公開されている。例えば，人民裁判の審査結果に不服がある場合は，及第に至らなかった理由を聞くことが可能なシステムが確立されている。また人民裁判の過程においても，「試用期人員追跡表」および「新入社員業務報告表」の評価を通して従業員の評価の結果が公開されている点は，すでに指摘している通りである。

最後に指摘したいのは，その評価完了までの短期的なスパンである。本来，日本型査定の特徴としてその長期的スパンが挙げられる。一方で，多様かつ流動的な労働市場という中国固有の経営環境下にあって，日本型査定の導入は厳しい状況との指摘が為されてきた。しかし，A社の評価制度は人民裁判および3か月間の試用期間という極めて短期間の内に成就し得る評価制度の確立によって，集中的に大量の人材を評価，獲得し得る制度として極めて効率的に機能しているのである。

●注
1) 楠田［1981］:9頁を参照されたい。
2) 津田［1995］:153頁を参照されたい。
3) 白木・黒田等［1986］:113頁を参照されたい。
4) 村田［1981］:16頁を参照されたい。
5) 村田［1981］:7,17～18頁を参照されたい。
6) 邊見［2008］:251頁を参照されたい。
7) 邊見［2011］:275頁を参照されたい。
8) General Merchandise Store，すなわち，衣・食・住に関わる商品を総合的に揃えた大

第8章　内部昇進制度②（評価制度）

規模小売店型経営形態を表す。
9) 一連の制度の詳細については，郝燕書・多田稔［2010～2012］「異文化経営と人材育成(1)～(6)-2」「経営論集」第57巻第2号～第59巻第1/2号を参照されたい。

第Ⅱ部

人事・労務管理のダイナミズム

技術・技能集約的職場の労務管理
―自動車メーカーの製造現場の事例―

はじめに

　近年，中国の自動車の生産台数は米国を抜き，世界一の自動車生産大国となった。中国の自動車市場には多くの外資系自動車メーカーが進出しているが，民族系自動車メーカーの台頭も顕著になっている。外資系メーカーがブランド力と性能面で自動車市場を牽引する一方，民族系メーカーは低価格で市場での存在感を高めている。その結果，現在の中国は自動車の「生産大国」であると同時に，「世界有数の販売市場」へと変貌しつつある。

　本章では，このような成長著しい中国自動車市場で，「複線型人事労務管理」を採用し，現地に適応した従業員の多元的管理を模索する日系自動車メーカーとして，広州本田汽車有限公司（以下，広州本田）の事例を検討する[1]。広州本田は日本の自動車メーカーの中でいち早く中国自動車市場に本格参入したホンダと広州汽車（広東省広州市）との合弁企業である。

　本論の構成として，まず第1節では，広州本田の設立過程や経営戦略について概観する。中国の自動車市場における広州本田設立における経緯もしくは進出プロセスを把握し，同社の発展・成長を可能とした経営戦略を明らかにする。次に第2節では，第1節で見られた経営戦略を根本的に支える広州本田の労務管理について考察する。設立後の労務管理のプロセスや変容を通じて，近年の「複線型人事労務管理」について検討する。最後に，本論での分析と結果を整理し，若干の展望を述べることにしたい。

1. 広州本田の経営方式

(1) 設立過程

中国では乗用車の国産化計画を推進するため，国内の乗用車メーカーを制限すると同時に外資企業との合弁事業にも厳しい規制を行っていた。[2]元々，広州汽車はプジョー（仏）と合弁契約を結んでいたが，経営危機によりプジョーが撤退したことで，1997年初めに新たな合弁パートナーとしてホンダに白羽の矢が立った。1998年7月に広州本田は設立され，既存の広州プジョーの工場を引き継ぎ改造して1999年から生産を開始した。プジョー撤退により中国の自動車市場に参入することができたホンダは数少ないチャンスを得たと認識されている。ただし，ホンダの広州進出の経緯にはもう少し複雑な事情が絡んでいた。

ホンダが中国の自動車市場に参入する準備を始めたのは1990年代初頭であった。当初，ホンダは広東省の小型トラックメーカーである広州羊城汽車廠とシビックのSKD輸出および生産契約を結ぶことによって乗用車市場への参入を試みたが，契約相手メーカーの技術レベルが低く，生産形態もSKD生産であったため，政府から認可されず，結局契約は解消された。[3]この一件でパートナー企業の技術レベルの重要性を痛感したホンダは，次の合弁相手として中国大手自動車メーカーの一つである東風汽車を選んだ。広東省南部の恵州市でエンジン部品を製造する東風本田汽車零部件を1994年に立ち上げ，東風汽車との実績作りに入ったが，その後の展開は関係者にとって思わぬ方向に進んだ。広州汽車がプジョー撤退により，経営危機に直面することになったため，前述したように広州市政府はホンダに合弁設立を持ち掛け経営再建を託し，広州汽車の再生プロジェクトはホンダ主導によって進められていくことになった（藤井[2008a]：64～65頁）。

広州本田は1999年の販売台数こそ1万台であったが，その後順調に販売台数を伸ばしており，比較的に早い段階で経営再建に成功したと言える（図表9-1参照）。ただ，世界有数の自動車メーカーが相次いで進出している中国の自動車市場で，メーカー間の競争が過熱していることは想像に難くない。

確かに，広州本田の販売台数は着実に伸びているものの，他の自動車メーカーはここ数年で飛躍的に販売台数を伸ばしている。図表9-2から中国の自動車市場では，厳しいシェア獲得競争が展開され，各メーカーは基本的に販売台数を

第Ⅱ部　人事・労務管理のダイナミズム

図表9-1　広州本田の販売台数の推移

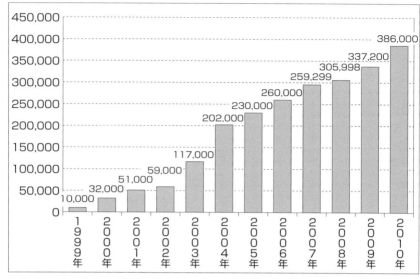

出所：China Auto Industry HPより作成（2011年12月24日閲覧）。

伸ばすため，生産規模を拡大する傾向にあると推察される。例えば，ホンダよりも後発であるが，トヨタは2007年に販売台数（輸入車を含む）が計45万台程度にのぼり，高い生産性を生かし生産能力が64万台超へと拡大したことで，トヨタがホンダ（販売台数41万台超，生産能力53万台）を抜き日系メーカー最大となった。トヨタは今後も人気が高い小型車の生産体制を強化することで，成長が続く中国市場で足場を固める方針だとされている[4]。東風日産は現地での販売車種を拡充することで販売台数を伸ばす戦略を採用した。また，2006年まで業績が停滞していたVW（独：フォルクスワーゲン）は，販売車種の刷新，投資の拡大などにより現在業績を回復させており，グループ全体の販売台数で首位を独走している。上海GM（米：ゼネラルモーターズ）も中国市場に投資を集中することで生産規模の増強に着手し，メーカー単独ではトップとなっている。日系自動車メーカーの販売台数を凌駕している北京現代（韓国）は，主な販売ターゲットを一般ユーザーではなく，公安（ハイヤー）や業者（タクシー）などに絞ることで，大口の取引先を確保し販売台数の増加に繋げている。近年では低価格を武器に民族系メーカーである奇瑞汽車，BYDなどの販売台数も

第9章 技術・技能集約的職場の労務管理

図表9-2 中国の各自動車メーカーの販売台数の推移

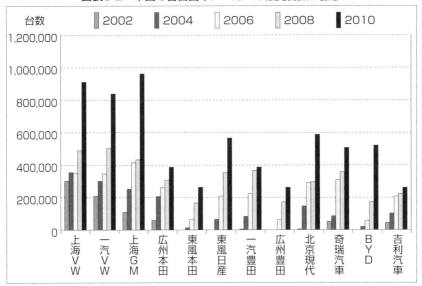

出所：China Auto Industry HP（2011年12月24日閲覧）およびInternational Highway HP（2013年4月1日閲覧），周政毅・フォーイン中国調査部［2009］：231頁より作成。
注：BYDの2004年と2006年の数値は工場出荷台数である。

躍進著しく，ホンダやトヨタを上回っている。

(2) 経営戦略

このように自動車の「世界市場」となった中国で，広州本田はどのような経営戦略を持って臨んでいるのであろうか。各自動車メーカーが独自の戦略で販売力向上に努め，生産体制の増強に注力する一方，広州本田は急速な販売拡大よりも，一般ユーザー層をターゲットに中長期的な安定成長を志向していた。日本の工場と比較して，広州本田（第一工場）の自動化率は50％に抑えられていた（調査時点）。これはコスト的に中国の安い人件費などを生かすためでもあるが，安易な生産拡大を意図していないことを示唆している。また，1台当たりのタクトタイムは，日本の工場とほぼ同じタイムであり，広州本田の生産性の高さを示している。調査時点の第一工場のスローガンは「鈴鹿を超えろ」であり，ホンダが品質管理のベンチマークとする鈴鹿工場（三重県）の品質管理体制を目標に掲げていた。要するに，広州本田の経営戦略は，品質と生産性

163

で他社との差別化を図り，シェア向上を目指すものだと理解される。

　近年，堅実に販売台数を伸ばしていることから，広州本田の経営戦略は順調に推移していると考えられる。換言すると，広州本田は品質や生産性を確保することで成長もしくは成功していると言えよう。広州本田の成功の背景には，まず日本側と中国側の出資比率が対等であったことが挙げられる[6]。広州プジョー時代の出資比率は広州汽車46％，プジョー22％，中国信託投資公司20％，その他12％と広州汽車の出資比率がプジョーより高かった（米谷［2001］：33頁）。当時のプジョーは低い出資率を理由にイニシアチブを取らず，広州汽車にはイニシアチブを取るほどの経験も力量もなかったことが，広州プジョー破綻の一因であったとされる（藤原［2003］：142～143頁）。資本的に広州汽車と対等であったホンダは，乗用車の生産と販売においてイニシアチブを取り，広州本田独自の「四位一体」体制を確立することで，生産・販売を円滑に促進した[7]。また，プジョーが旧型車を投入し続けたのに対し，ホンダは最新型の「アコード」を投入した点も早期の再建につながったと考えられている。

　ただし，このような再建に向けての種々の戦術は，あくまでも経営戦略の一環に過ぎない。品質が悪ければ，最新型の車種でも売れないし，販売体制の強化も意味をなさない。では，広州本田は如何にして品質と生産性が両立する体制を構築したのであろうか。設立当初，広州本田では，少量生産を免れないため，可能な限り旧式設備を修理・再利用することでコストダウンが図られた。ただし，プジョーとホンダの設計思想は根本的に異なっており，全般的にホンダの工場では，組立ラインを中心に合理的なレイアウトが採用されているのに対して，広州プジョーでは工程ごとに分散するレイアウトが採られていた（藤井［2008b］：58～60頁）。ホンダは海外工場に対して，主に「マザー工場」を通じて設備の移管など「生産体質」の改革・改善，もしくは「技術的同質化」を推進する技術支援システムを採用しており[8]，広州本田でも当初，アコードを生産している狭山工場（埼玉県）を「マザー工場」として「生産体質」の改善に着手したのである（中山［2001］：59頁）。図表9-3は広州本田において「マザー工場」を通じた技術支援体制の概念図であるが，現在ではフィットも生産されるようになったため，日本国内で主に同車種を生産している鈴鹿工場（三重県）も「マザー工場」に加わっている。

　しかしながら，あくまでも改善であり，レイアウトに物理的な限界があった

第9章　技術・技能集約的職場の労務管理

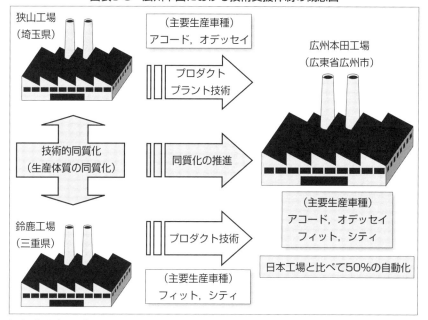

図表9-3　広州本田における技術支援体制の概念図

出所：藤井［2008b］：58頁。

のも事実である。また，生産業務に関連する問題は工場のレイアウトだけではなかった。例えば，広州プジョーの生産設備は減価償却済の旧式設備で構成されていた。[9] ホンダでは海外工場の立ち上げに参加するスタッフは，通常30～40代の社員を中心に編成される。広州本田でも当初，日本の製造現場で中心となっている主任クラスの精鋭20人のスタッフが動員されたものの，最新鋭の機械であれば能力を存分に発揮できるスタッフも，溶接や塗装を手作業で行う旧式設備に対しては勝手が違った（東洋経済新報社［2001］：31頁）。そのため，最初に動員されたスタッフと交代で50代のベテラン集団が新たに投入された。実際に若手のスタッフでは困難とされた旧式設備を定年間際のベテラン集団は「昔取った杵柄」で甦らせたのである（出水［2004］：19頁）。[10] また，ベテラン集団が派遣されたことで，日本では自動化に伴い廃れてしまった「モノづくり」の基本を従業員に体得させることができた。設立当初，品質の概念が確立されていない現場で，ベテラン集団の「熱血指導」は中国人従業員に品質意識やホンダの企業文化となる「三現主義」（現場・現実・現物），さらに「三不主

165

第Ⅱ部　人事・労務管理のダイナミズム

図表9-4　セグメント別中国乗用車品質トップ車種（2006年）

セグメント	車種名	メーカー
小型車	シボレー・スパーク	GM系
高級小型車	スイフト	スズキ系
入門中型車	ティーダ	日産系
中型車	シビック	ホンダ系
高級中型車	アコード	ホンダ系
ミニバン	オデッセイ	ホンダ系

資料：米系調査会社・JDパワー・アジアパシフィック調べ。
出所：『日本経済新聞』2006年12月15日。
注1：「2006年中国初期品質調査」は中国22都市の新車購入者7,148人を対象に実施された。調査結果は「走行性能」や「エアコン」、「エンジン」など9分野135項目について、不具合の発生件数などを基に算出された。
注2：シビックは東風本田の販売車種である。

義」を教え込むことに成功した。[11] 実際に広州本田の販売車（アコード、オデッセイ）は、2000年代半ばに品質面で高い評価を得ている（図表9-4参照）。こうしたホンダの海外工場へのバックアップが、その後の広州本田の再建と成長に大きく貢献したと言える。また、同時にそれは、従業員の技術向上といった能力開発を合理的に推進する制度が必要となることを意味していた。

2．広州本田の労務管理

(1) 設立当初の労務管理

　広州本田は自動車生産を主業務とする企業であり、製造現場では個々の従業員に技術や技能が要請される技術・技能集約的な職場である。同社では設立当初、業績主義を導入し、その中心的役割を担う制度として「目標管理制度」を実施した（唐［2005］：78～94頁）。それは、「従業員一人ひとりが職務目標を明確に掲げて職務遂行にあたる。実施にあたっては上司が部下に対して組織の年間目標と課題を説明する。部下は半年あるいは1年間の仕事上の目標を定量的・定性的両面から、可能な限り具体的に設定する」とした制度であった。[12] 同制度を導入した背景には、広州プジョー時代において人事考課制度が整備されてお

らず，明確な個人の実力・業績の評価基準が存在していなかったことが挙げられる。要するに，職務遂行における結果を評価する制度が未整備であり，上司の主観性が人事考課に色濃く反映されていたのである（唐［2005］：71～72頁）。

　さらに，広州本田では2004年から「目標管理制度」に加えて，「能力主義管理」の一環として補完的に「職能資格制度」を導入した[13]。一般的に「職能資格制度」とは，部長や課長といった「職務（職級）」とは別に「資格（等級）」が定められている制度である。例えば，一般職は1～6等級，主任職は7～9等級，係長職は10～12等級などと，それぞれの職務ごとに区分された等級（資格）が設定され，「職務」が変わらなくても「資格」が上がることによって，「昇進」しなくても「昇級（昇給）」する。同社では部長までの従業員に「職能資格制度」が適用されており，従業員は提示された職能要件に基づいて勤続年数を重ね，OJT（On-the-Job Training：職場内訓練）やOff-JT（Off-the-Job Training：職場外訓練，社外研修）を経験させる。そして，在職する職能資格に要求される職能要件をクリアし，昇格必要年数に達していれば上位資格に昇級することができる[14]。「目標管理制度」が顕在能力を重視する制度ならば，「職能資格制度」は顕在能力だけではなく，潜在能力（職務遂行能力）といった，従業員の仕事を遂行する上での努力や意欲を評価する制度である[15]。要するに，「目標管理制度」を「職能資格制度」で補完することによって，従業員に明確な努力目標を示し，評価における従業員間の納得性を高めたのである（唐［2005］：94頁）。

　このように設立当初から導入された「目標管理制度」を深化させなかった背景には，広州本田（第一工場）の生産ラインが密接に関わっている。第一工場の生産ラインの特徴は，車格の異なる車種を一本のラインに集約し混流生産をしている点であり，ホンダでは広州本田でしか実施されていない生産方式である。日本の工場でも車種の異なる混流生産は行われているが，工場ごとに大型・中型車と小型車とに分けて生産している。広州本田では大型・中型・小型といった車格別ではなく，一本の生産ラインで組立生産を行っている。こうしたやや特殊な「一本化混流生産ライン」で生産する場合，従業員には生産状況に応じて柔軟に幅広い職務をこなす技量，品質管理に対する責任感が要求される。例えば，大型車に必要な人員を生産ラインに配置した後，小型車を生産するときは人員の3割が余剰人員になってしまう。その場合，余った作業員をサ

ブラインに移動させ，次に作る予定（大型車用）のモジュールの生産体制を整えなければならない（日経BP社［2005b］：123頁）。このような生産ラインでは，あらかじめ職務内容を明確化して要員を配置することが難しく，従業員の業績（顕在能力）だけで評価・管理する制度では限界があったと推察される。それゆえ，現場の作業実態を客観的に捉え，職務内容に伴う職務遂行能力（潜在能力）を序列化する方法が検討され，「職能資格制度」が補足的に導入されたのであろう。状況によってフレキシブルに対応する熟練工や多能工は経験に基づく能力（カンやコツなど）が高いとされる。そのような能力は主に企業内部で養成され，技術や技能は勤続年数（経験）によって向上する部分がある。事実，組立技術だけならば1年以下だが，加工を含めて生産技術で一人前になり，パーツ全体を見られるようになるのには5年以上はかかるとされている（加藤［2004］：58頁）。

一方，外資系自動車メーカーが中国自動車メーカーと合弁契約を結べるのは2社までであるが，中国自動車メーカーにはそのような制限がない。そのため，中国自動車メーカーは複数の外資系自動車メーカーと合弁契約を結ぶことが可能である。その際，外資系自動車メーカーと中国自動車メーカーは，合弁会社にそれぞれ部長・役員クラスの人材を出資比率に応じて出向させている。広州汽車も例外ではなく，ホンダ以外にも他の日系自動車メーカーと合弁会社を設立している。しかし，広州汽車では部長クラスの人材が慢性的に不足しているため，広州本田の課長もしくは課長レベルの従業員を広州汽車で改めて採用し登用することで，広州汽車と他の日系自動車メーカーとの合弁会社に幹部として出向させていた（図表9-5参照）。

広州本田ではプロパーの社員は優秀であっても課長が最高職位である。広州本田の中国人従業員からすれば部長職に昇進することになるが，広州本田（厳密にはホンダ）にとっては優秀な人材を他のライバルメーカーに引き抜かれた形になる。中国側（広州汽車）からすれば，同グループ内における日常的な「人事異動」かもしれないが，ホンダからすればライバル企業への「人材流出」に他ならない。[16] 熟練工や優秀な従業員の他社への流出は，生産性や品質を重視する広州本田にとって憂慮すべき問題であったが，有効な対策は無かった。それゆえ，従業員の個々の職務遂行能力を高め，常に企業内部で人材を調達できる雇用管理体制が必要とされた。広州本田では基本的に人材は独自に育成すると

図表9-5 広州汽車における人事異動の概念図

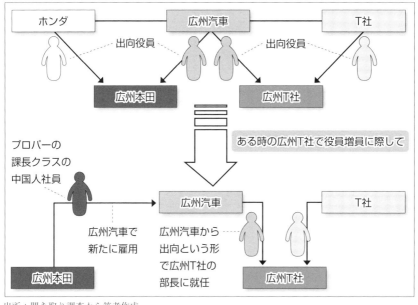

出所：聞き取り調査から筆者作成。

いう「自前主義」を堅持している。特に「一本化混流生産ライン」に従事できる人材となると，外部から調達するより内部で育成した方が合理的であろう。要するに，生産性や品質の向上・維持といった観点からも，一定の経済合理性をもって「職能資格制度」が導入されたのである。[17]

(2)「労働契約法」施行後の変化

その後，中国では新たに「労働契約法」（2008年1月1日）が施行された。[18]「労働契約法」はそれまでの中国における「強い企業vs弱い労働者」という構図を是正するために制定された。同法の最大の特徴は，従業員が一定の条件を満たせば，企業はその従業員と期限を定めない雇用契約を結ばねばならないとしたことである。一方的に負担増となる企業側は労務管理の見直しを迫られることになり，広州本田も例外ではなかった。

広州本田では「職能資格制度」を通じて従業員の職務遂行能力を向上させ，多能工や熟練工の内部育成を図っていた。同制度は「能力主義管理」という一

面を持っていたが，決して年功制を完全排除したものではなかった（日経連能力主義管理研究会［2001］：53頁）。職務遂行能力とは潜在能力であり，それは将来において能力が顕在化して会社に貢献してくれるだろうという曖昧なものでもあった。敷衍すると，日々努力する姿勢や仕事に対する意欲が考課の対象であり，年功を重ねることによって評価されたのである。補完的な制度として導入されたものの，「職能資格制度」は潜在能力をベースとするため，結果的に広州本田の労務管理は年功的な制度に陥っていたと言える。

　それゆえ，従業員の長期勤続を奨励している広州本田にとって，「労働契約法」の施行はメリットもあるが，年功ベースの賃金制度は従業員の権利意識の高まりによって争議に発展する制度にもなりえた。また，年功ベースの賃金は優秀な社員には不満が残る一方で，期待する成果を出せない社員が居続ける可能性も出てきた（町田［2010］：137頁）。折しも日産（東風日産，2003年設立）やトヨタ（広州豊田，2006年設立）などが広州に進出しており，先発企業である広州本田では，ライバル企業への「人材流出」は勿論，「人材獲得」も厳しくなることが予想された。本来，広州は商業や貿易で発展した都市であり，エンジニアや技術者が他の工業都市よりも少ない地域である。広州市への自動車産業の集中は，技術者や熟練工といった人材が，より良い職場を求めて転出および選択する機運を助長するものであったと推察される。

　かくして，2008年以降の広州本田では，「労働契約法」に対応しつつ，年功ベースに陥らない新制度の構築が急務とされたのである。その結果，広州本田では，まず1回の契約期間を従来の「2〜3年」から「3〜7年」へと延長した。従来の契約年数では，従業員の資質を見極める前に無期限雇用になってしまうからである。そして，体力，適性，知識，経験，性格，意欲など，抽象的な要素が多い潜在能力主義に基づく「職能資格制度」ではなく，実際の成果につながるコンピテンシー（高業績者の行動特性）を評価する制度，つまり「働きぶりも評価する新制度」へと改善された（『日本経済新聞』2007年12月31日）。

　ホンダでは人材マネジメントの本質は，能力によって賃金に格差を付ける選別の手段ではなく，個人の適性を見極め，有効な育成や活躍の場を提供することにあると考えている。要するに，仕事の成果（目に見える結果）のみで評価するのではなく，個人が仕事に関わる中で，自ら仕事を創意工夫して改善するなど，実際の成果につながるプロセス（行動）を通して顕在化された能力（成

果につながる発揮能力）も重視する。ホンダではこのような考え方を「能力開発主義」と称して制度改善に生かしている（町田［2010］：138頁）。さらに，この制度のもと，賃金も業績によって大幅な昇給がある一方で，降給もある「段階的絶対額管理方式」に改められた（同上書：140頁）。結果的に，従来の「能力主義管理」（プロセス）と成果主義（結果）が併存する形で「複線型人事労務管理」に変容したと言えるであろう。

また，中国の現地経営で広範囲に渡って採用されている成果のみを評価する制度へと転換しなかった理由は，広州本田が重視する生産性や品質の維持が難しくなるためだと考えられる。例えば，信賞必罰的な成果給では，従業員間で競争意識が先鋭化され，現場での技術・技能の伝達が覚束なくなる可能性が大きい。従業員個々の技術格差は，生産性や品質の不安定化を招く恐れがある。そのため，同社では意図して成果のみを評価する制度ではなく，従来の「職能資格制度」とは異なる要素で，仕事のプロセスも評価する制度を導入したのである。広州本田では，「複線型人事労務管理」を通じて従業員の能力評価と能力開発を併用して行い，総合的な能力に相応した処遇をすることで，従業員全体のモチベーションと創造性の向上が期待されている。

おわりに

本章では，日系自動車メーカーの「複線型人事労務管理」について，広州本田の事例調査を通じて検討してきた。分析の結果は次の通りである。

第1に，広州本田の経営方式についてである。広州本田の進出経緯は他の外資系自動車メーカーとは異なっており，広州プジョーの業務を引き継ぐ形での中国進出であった。それゆえ，まず「四位一体」体制となるサプライヤー・システムを構築し，段階的かつ漸進的な計画のもと，生産を開始した。ホンダが経営の主導権を握ることで，生産や販売の増大よりも，生産性や品質の向上に注力したことが，早期の成功につながったと考えられる。ホンダは「マザー工場」を通じて，広州本田に「技術的同質化」を進展させることで，生産性や品質水準などを確保し，フレキシブルな生産体制の確立を試みた。ただし，旧式設備で編成された広州プジョーの工場を引き継いだため，設立時においては，

50代のベテラン集団（日本人）が投入され，中国人従業員に品質意識やホンダの企業文化となる「三現主義」を教え込むことからスタートした。広州本田の生産ラインの特質は，排気量の異なる車種を一本のラインに集約し混流生産をしていることである。このような「一本化混流生産ライン」は，ホンダのほかの工場では採用されていない。ホンダ独自のライン編成とは言えないが，改善を重ねた結果，「技術的同質化」は順調に展開され，生産性や品質を高めることに成功したのである。また，そのような成功が，広州本田の中長期的な成長を目標とした経営戦略を支えていると言える。

　第2に，広州本田の労務管理についてである。広州本田では進出当初，プジョー時代に山積していた労務管理上の課題を克服するため，「目標管理制度」が採用された。人材育成が急務とされた時期においては，成果的度合いが強い制度が作業員のモチベーションを高め，人材形成に寄与したと推察される。しかし，設計思想の異なる他社工場を再利用したため，生産システムの移転において，新しい技術や設備に合わせた合理的な職務編成，効率的な人員配置などが難しかったと推測される。そのため，現場での作業実態を客観的に積み重ね，職務内容に必要な職務遂行能力（潜在能力）を序列化する制度が求められた。広州本田の「一本化混流生産ライン」に従事するには，日常的に変化する業務に対応しなければならない。そのような生産現場では熟練工や多能工の育成が重視され，潜在能力向上を目的とした「職能資格制度」が補完的に導入されたのである。だが，2008年以降，「労働契約法」が制定され，新たな労務管理が模索された。その結果，実際の成果につながるプロセス（行動）を通して顕在化された能力（成果につながる発揮能力）を評価する制度，「複線型人事労務管理」へと改善された。広州本田の事例から理解されることは，経営戦略や経営方針によって，成果主義や成果給といった結果重視の労務管理だけが，中国の現地経営で必ずしも有効な制度だと言えないことである。

　最後に，広州本田の展望について若干触れておきたい。広州本田の将来は決して楽観視できるような状況ではない。近年，中国の新車販売台数は急増しており，米国を抜き世界最大の自動車市場へと変貌をとげている。特に欧米系の自動車メーカーは中国の自動車市場に経営資源を集約させる方向で展開しており，ここ数年でフォード・モーター（米）やGM，VWは対中投資を増大させている。他方，広州本田は中国の自動車市場で最大の日系メーカーであったが，

トヨタの販売台数が伸び，生産能力も拡大したことで，トヨタが日系メーカー最大となった。広州本田は2008年に部品の現地調達率を9割に引き上げる方針を採用した。主力車であるアコードの新型車生産開始などに合わせ，部品の生産移転を加速させるためである。広州本田は北米とほぼ同水準の現地調達率を達成することで，物流や関税などのコスト軽減をはかり，低価格車市場で勢力を伸ばす中国の現地メーカーに対抗できる価格競争力を確保するとしている（『日本経済新聞』2007年5月27日）。それゆえ，現在，ホンダでは自動車部品の調達先の見直しが始まっている。具体的には2013年を目途に部品ごとに調達先を最大で半分に集約して，調達地域を日米欧から新興国に軸足を移す方針が掲げられている。中でもコスト競争力の高い中国やインド，東南アジア，ブラジルなどの部品工場との取引が増大すると見込まれており，広州本田のグループ内での役割も大きくなることが予想される（『日本経済新聞』2010年3月31日）。今後，中国市場での広州本田の道程は決して平坦とは言えないが，同社の更なる成長に期待したい。

● 注

1) 筆者は東アジア企業研究会の一員として，2006年2月27日から3月5日にかけて，広東省の恵州市，深圳市，広州市で中国企業3社，日系企業1社，民間機関について調査を行った。広州本田（第一工場）の調査に関しては，3月3日（金）の午後2：30～5：00にかけて行われた。調査の主な目的は現在の中国市場での各企業における経営戦略と労務管理についてであり，同社の応対者はT部長（総経理室副主任／総務部副部長／企業管理部副部長）であった。また調査の参加者は古澤賢治，李捷生，羽渕貴司，今道幸夫，程偉，藤井正男であり，本研究は共同研究の一環である。
2) 中国では「自動車産業発展政策」（2004年6月公布）によって外国自動車メーカーの対中進出には主に次のような条件が課せられる。①資本の出資比率は50：50，正確には中国側の資本が50％以上（輸出専用工場などの場合は適用外），②部品の現地化（価格面で40％以上），③研究開発部門の設置，④輸出の義務化，⑤合弁先は2社までとなっている。
3) SKD（セミノックダウン）とは，ノックダウン生産において材料と一部加工した半製品を混ぜて輸出入する方式。
4) 『日本経済新聞』，2007年1月27日および2007年5月28日。
5) T部長の説明では広州本田のタクトタイムは52秒である。一方，狭山工場のタクトタイムは49.7秒とされている（日経BP社［2005a］：21頁）。
6) 広州本田の出資比率の内訳は，ホンダ40％，ホンダ（中国）投資有限公司10％，広州

汽車50％となっている（広州本田HP＜http：//www.ghac.cn/＞を参照されたい）。
7）「四位一体」体制とは，販売店に①販売，②部品提供，③アフターサービス，④情報のフィードバック機能をもたせた独自の販売流通網を意味している（米谷［2001］：31～56頁）。
8）「マザー工場」の主な機能として，①本社の生産技術移転，②海外工場にトラブルが発生した場合の対処，③海外工場を運営する上での核となる人材の育成，④海外従業員の教育訓練，⑤海外への新製品導入の円滑化などである（山口［1996］：47）。また，このような機能に加え，ホンダの場合，a）2タイプのマザー工場：プロダクトマザー（製造組立技術）とプラントマザー（工場やライン設計の技術），b）2車種の主軸モデルによる機種別工場配置形態，c）連続性を持った支援体制による自立的現地化政策などが見られるとされている（中山［2001］：60～61頁；東洋経済新報社［1998］：48～49頁）。
9）T部長へのヒアリングによる。
10）調査時点では塗装工程や溶接工程は自動化ないし一部刷新されていた（溶接ロボットは日本製）。
11）「三不主義」とは，「自工程で不良品を作らない」，「前工程から不良品を受け取らない」，「後工程に不良品を流さない」という，日本のホンダにはない広州本田独自の考え方だとされている（町田［2010］：111頁）。
12）ホンダの定義では「組織は目的集団」とされている（浅江［1995］：29頁）。
13）課長，部長といった役職が企業内（組織）における指揮・命令系統の管理序列を意味するのに対して，「職能資格制度」は管理序列とは別に組織内部の処遇のランクを示す「位」を意味した。これによって，日本的労務管理では昇進しなくても，賃金面での処遇は基本的に同じだとされ，不満や矛盾を解消するのに役立ったとされている（木下［1999］：32～45頁）。
14）広州本田における「職能資格制度」は，ホンダで適用されている「職能資格制度」と類似しており，同社では社内資格（＝職能資格）を定め，それぞれの社内資格がどのような職務遂行能力に対応するか決められ，職能資格基準（＝職能等級基準）によって運用される「職能資格制度」だとされている。日本と異なる点は，①「職能資格制度」が適用されるには同社で2年以上の勤務経験が必要，②課長以上は自動考課による昇級ではない，③日本では一般社員から主任になっても給与面で大きな差はつかないが，広州本田では差がつくようにしているとのことであった。
15）職務遂行能力を形成する主な要素は，体力，適性，知識，経験，性格，意欲だとされる（日経連能力主義管理研究会［2001］：56頁）。
16）T部長の説明によると，広州汽車側ではグループ内の人事異動という認識に過ぎず，技術流出や企業秘密などの漏洩，ホンダとライバル企業との関係などはまったく考慮していないとされた。
17）広州本田では「自前主義」を貫くという姿勢が強く（通訳などの事務職に関しては中途採用），むしろ，他の日系自動車メーカーから転職希望者が来ても，採用しないとのことであった。
18）労働契約法は企業の国籍や出資形態，および都市工・農民工といった戸籍に関係なく適用される。主な特徴として，①雇用の長期化と安定化の促進：同一企業に勤続10年以

上,もしくは有期(期限のある)の雇用契約を2回結んだ相手と再度契約を結ぶ場合は,「無固定期限」(終身雇用)とする必要があり,定年(60歳)まで雇用しなければならない。ただし,「雇用期間を定めない」という意味であり,「解雇ができない」という意味ではないことに留意する必要がある。また,従来の労働法でも同一職場に10年以上勤務した従業員が企業と「無固定期限」の雇用契約を結ぶことを認めていたが,これまでは「許可」レベルであったのに対し,条件を満たせば「義務」とされたことが,従来と大きく異なる点である。②経済補償金制度(退職金制度)の確立:退職時に勤続年数が1年であれば,1か月の基本給に当たる退職金を支給する義務が生じる。勤続年数が2年であれば2か月,3年であれば3か月となり,退職金の上限は12年分の基本給を超えないとされている。ただ,高給取りの労働者への補償金には上限が設けられており,「無固定期限」契約の社員には補償措置は無いとされる。③労働組合結成の徹底化(就業規則の明示):企業に勤務している労働者から労働組合の結成に関する要望があれば,当該企業は組合の結成を容認しなければならず,当該企業には労働組合経費(労働者の賃金総額の2%)の支給が義務付けられた。

女子労働者の雇用システム
―大手電機メーカーの製造職場の事例―

はじめに

　前章では，中国の高い経済成長を支えてきた産業の一つである自動車産業の事例を考察した。本章は日本で総合家電産業の一翼を担ってきた大手電機メーカーA社（以下A社）傘下の企業B社（以下B社）の製造職場の事例を考察する。

　本章の課題はB社を事例として分析し，熟練職場で多数を占める女子労働者[1]に適用される雇用システム[2]の変化のあり方を，作業方式と関連して考察することである。日系大企業であるB社は，中国経済の成長とマーケットの変化に対応するために，小品種・大量生産の生産方式から，多品種・品質重視の生産方式に変革してきた。女子が多数を占める労働者の雇用形態も変化し[3]，女子労働者に適応される雇用システムも変容した[4]。

　このような課題を設定した意義は，次のようになる。第1に熟練職場を担う女子労働者に対する問題関心と関連する。女子労働者はアジアに進出する日系企業で大量に採用され，海外生産における重要性が多くの先行研究において指摘されている。しかし，議論の中心を為すものは，労働市場における流動化および低賃金労働など不安定な問題領域である縁辺的労働に集約されている[5]。先行研究の多くは，女子労働者を縁辺的労働として捉えた上で，そこにおける「低賃金・不安定雇用」問題の特質と問題点を分析するというものである。これらの研究により，縁辺的労働として登場した女子不熟練労働者[6]の存在形態[7]がかなり解明された。中国では，経済成長により比較的高度な技能が必要とされる熟練職場が増加し，女子労働者が進出する職場領域も拡大しつつある。本章では

第10章 女子労働者の雇用システム

中国の生産現場の女子熟練労働者に目を向け，これまでの「縁辺的労働」論とは違う視角から検討することが必要となる。

　第2にセル生産の導入により，製造現場の作業方式が変容したことと関連する。なぜ，セル生産を導入したのか，作業方式の変容が，製造現場の作業工程と労働力編成にどのような影響を齎したのか，多くを占める女子労働者の技能とどう関連するのか，などを分析することにより，どのような女子労働者が養成されることになったのかが明らかになると思われる。

　第3に熟練職場で導入された雇用システムについて，分析する意義である。セル生産の導入により，技能が必要とされる作業方式に変革され，熟練職場が形成された。その熟練職場は，どのような雇用システムにより支えられ，女子労働者の雇用形態の変容とどう関連するのかなどを分析することが必要とされる。

　これらの課題設定の意義を踏まえながら，B社の現地調査と入手した一次資料に基づき分析を進める[8]。最初にB社が導入したセル生産方式の概要を検討する。そして，ベルトコンベアー生産からセル生産の導入に伴う作業方式の変容過程を分析する。次に労働者の多能工化や政府の新労働契約法施行などを画期として，労働者の長期雇用体制が敷かれ，女子が多数を占める労働者の雇用形態が，非正規から正規に転換された問題を考察する。女子正規労働者が多数を占める熟練職場では，賃金制度，キャリア形成に関する制度，女子特有の労働条件など，どのような人事制度が適応されていったのかを分析する。「おわりに」ではこれらの分析結果をまとめ，若干の展望を示す。なお，本章は紙面の関係上，詳細なる調査資料などの掲載を割愛するとともに，簡潔なる論述に心がけた。

1. 作業方式の変容

　本節は，B社において，ベルトコンベアー生産からセル生産への変革に伴い，従来の単純反復作業から，フレキシブルな対応を求められる作業方式に変更されたことを分析する。労働者の多能工化への変遷をたどり，女子労働者の雇用形態が変容する過程を明らかにする。

(1) セル生産の導入
①企業の特質

　B社は1995年に，中国遼寧省と日本A社の合弁企業（遼寧省40％，A社60％出資，合弁期限20年）として大連市に設立された自動車オーディオ機器や自動車電装関連製品の加工・組立製造会社である。董事長（会長職・非常勤）は中国人，総経理（社長職）はA社社員の日本人であり，経営を統括している。製品供給先は中国国内外にある外資系企業を含む自動車企業である。

　2010年3月末現在，従業員数は正規労働者1,700名，派遣労働者200名，実習生800名[9]，臨時工若干名の計約2,700名であり，正規労働者約63％，非正規労働者（実習生含む）約37％の構成である。平均年齢（正規労働者）は24歳，女子比率は全体で約70％である。なお，課長職である労働者は16名で，女子は半数の8名である。女子が多いのは生産現場では比較的に力を必要としない細かい作業が多いためとされている。女子正規労働者の多くは，技術学校出身[10]の労働者であった。売上高は世界的金融危機の影響で若干減少した2008年度を除き，創業以来，毎年伸長し，23億元（2010年度実績）となった。なお，A社は中国進出の経緯から，中国政府や現地政府機関（省・市）とは友好的な関係にある（B社総経理H氏，以下H）。

②作業方式の特質

　B社は創業以来，中国経済の発展とともに売上高は増大の一途をたどってきた。中国政府は「1990年代国家産業政策綱要」および付随した「自動車工業産業政策」[11]を公布（1994年3月）し，自動車産業の育成を開始した。中国自動車産業の漸進的発展と歩調を合わせ，緩やかなる成長を計り事業規模を拡大してきた。当時（1995年～2002年）の製造現場ではベルトコンベアー生産（ライン生産）を基礎とする作業方式が導入されていた。主要な供給先は日本国内の自動車企業であった。製品の開発と製造も日本の技術に依拠したものであり，高度な技術も労働者の熟練も多くは要請されていなかった。女子が多数を占める単純作業を繰り返し行う作業工程が編成されていた。中国は2001年WTO（世界貿易機関）に加盟し，自動車市場に変化が訪れつつあった。[12]

　B社は市場の変化に対応した生産・販売体制の確立を急務として，2002年度末に日本A社より派遣された40代半ばの日本人経営者（H）のもとに改革

に乗り出した。改革の根幹は，生産方式をベルトコンベアー生産から，セル生産に変更することであった。

一般的にセル生産とは，図表10-1にもあるように，並べられた作業台で構成する生産ラインによって，1人から数人のグループで部品を組み上げていくものであり，「多品種少量生産」である。セル生産のメリットは変種変量生産に対応できる「フレキシブル性」と「設備投資の大幅削減」であり，しかも「カイゼン活動」を通じ労働者により，作り方（組み立て方）を変えていくことが

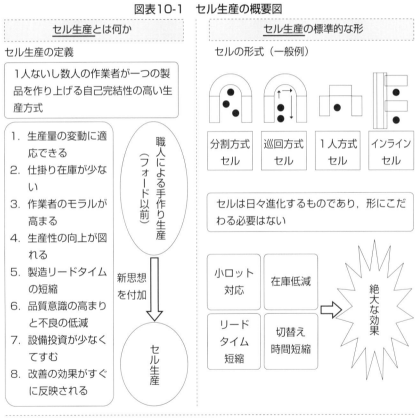

図表10-1　セル生産の概要図

＊組立職場では，1人か数人の作業員が部品の取り付けから組み立て，加工，検査までの全工程（1人が多工程）を担当する生産方式。部品や工具をU字型などに配置したセルと呼ばれるライン（作業台，屋台）で作業を行う。

出所：A社「生産革新実践ガイドブック」[2009] および藤井 [2005] より筆者作成。

できるとされる。[13]

　セル生産が採用された企業では，売れ残りリスクの回避により，在庫の極小化が図られるような，ジャスト・イン・タイムの経営スタイルとなった。日本の商品市場では，消費者のニーズが多様化し，商品のライフサイクルも短期化して行った。[14]　なお，従来の生産システムであるフォードシステムは，小品種・大量生産・コスト削減に適していたコンベアー方式の生産システムであった。このフォードシステムと対照的と思われる日本的生産方式の典型例が，ジャスト・イン・タイムのトヨタ方式であり[15]，セル生産はその発展型と位置付けられている。[16]セル生産は作業者のモチベーションに多くを期待する作業方式であり，モチベーションを維持する仕組み作りが必要であると理解される。労働者は日々自己啓発に努め，知恵と工夫を重ね，日々進化する作業内容に対して，柔軟に対応しなければならないのである。家電産業などでは，セル生産の導入により，小ロット品や短納期，仕様変更の多いもの，技術的難易度の高いものなどは，日本国内で生産されることになった。

　日本A社の工場でも2002年3月末までに，すべてのセット事業で「小品種・大量生産」のコンベアー生産を中止し，セル生産を導入していた。その結果，大量に，納期が長く取れ，仕様変更が少ない，簡単に作れるような製品は，海外生産・海外調達が主流となっていた。海外生産を担うB社でも，コンベアー生産を中心とした生産体制であった。しかし，中国の自動車市場の成長と激化する競争に対応する必要に迫られていた。物造り改革のオリジナル生産体制を[17]構築し，多種多様な製品の効率的生産，他社製品と差異のある高品質の製品の生産などに寄与するために，2003年度にHのもとでセル生産が導入されることになった。こうして，セル生産が導入されたB社の生産現場の労働者は，行動改革（技能レベルの向上）と意識改革（モチベーションの維持と向上）を求められることになった。

(2) 作業工程と労働力編成

　セル生産に基づく作業方式が導入された製造現場の各作業工程では，複数作業を一定の時間内に実施しなければならない複雑な「作業標準」が労働者に与えられた。ベルトコンベアー生産において，作業ごとに編成されていた単一の作業内容が，肉体的にも精神的にも複雑な対応を伴う複数の作業を担う，技術

第10章　女子労働者の雇用システム

の向上と意識の変革を求められる作業内容に変更された。これらの作業を担う労働者の養成には一定の期間が必要とされるために，労働者を有期の短期雇用（非正規労働）から長期雇用（正規労働）に徐々に移行することにつながった。製造現場では労働者の多能工化が促進されるような熟練職場の形成が必須となった[18]。一方，複雑な作業内容を伴わない反復作業も組み込まれていた。すべての労働者に多能工化を求めてはいなかった。単純な労働を担う多数の労働力も必要とされていた。

　熟練職場の労働者の仕事は，製品製造に直接関連する作業ばかりではない。品質管理活動や設備保全（予防保全と異常の簡単な修復），カイゼン活動（QCサークル活動）なども行わなければならないのである。日本の職場の労働力編成の特質は包括性にあるとされ[19]，B社の職場も包括的な職務に従事することを前提として労働者が編成された。

　B社の自動車音響工場部製造Ⅱ課の作業工程では，1グループ4人～6人で，それぞれが複数の作業を担っている。作業終了後は次の作業工程に半製品を送る。半製品は単純労働に属する「やさしい職務」の工程から，次第に「より難しい職務」の複雑な労働工程に移動してゆき，一定の標準時間内に製品が出来上がるのである。他のグループへ労働者を移動させるローテーションも行われた後，熟練度のより高い他の工程作業に労働者は配置される。労働者は他のグループや別工程の各種作業に従事する中で，技能を高めてゆくのである。

　数グループから構成される各チームには，種々の職場を経験し，各作業をマスターした熟練労働者として，予備員（リリーフマンおよびリリーフウーマン）が配置されている。1チームは通常2～4グループで構成され，1名の予備員が配置される。予備員はチームリーダーの役割を担っていた。これらのチーム編成はフレキシブルな生産体制につながった（B社実装製造部課長R氏，以下R）とされる。そのチームリーダーである予備員の上司として，予備員数人を統括する班長および係長（監督職）が配置されている。

　工場の主力職場である自動車音響工場部の製造Ⅱ課，製造Ⅲ課は，女子労働者の比率が70％を超えており，予備員・班長・係長である監督職の女子比率も高くなっている。例えば，製造Ⅱ課の係長は8名のうち女子6名，班長は30名のうち女子20名，予備員は女子比率70％前後（人数は不明）である。なお，課長職は女子（技術学校卒）である。作業員は男女の差異なく評価，配置され

181

ている。製造Ⅰ課は体力を要する基板製造が主要な職務であるため,女子労働者の比率は約40％と低い。ただし,課長は女子(大卒)である。

ここまで,見てきたように,B社は自動車市場の成長に対応して,生産方式をベルトコンベアー生産からセル生産に変革した。労働者は,セル生産の作業方式に対応するために,多能工化が図られ,再編成された。なお,若年の正規労働者や実習生,および農村からの出稼ぎ労働者が多くを占める派遣労働者などは,多能工化の過程から除外された単純な作業工程に多数編成されていた。

2. 女子労働者の雇用システム

セル生産の導入による作業方式の変容により,女子労働者は男子労働者と同様に,徐々に正規化された。女子労働者を支えたのは,正規労働者に適用された雇用システムであった。本節では日系企業が雇用システムをどのようにして,現地に適応させ,また日本では見られないどのような制度を新たに導入したのか,などを分析し,多数を占める女子正規労働者を支える雇用システムを明らかにする。

(1) 女子正規労働者の登場

B社は2003年頃まで,農村からの女子出稼ぎ労働者や工場近隣の都市部の技術学校出身[20]の若年女子労働者を多数雇用していた。しかし,いずれの労働者も多くは,短期間で離職していった。女子出稼ぎ労働者は,定着化しない労働者であり,短期雇用の労働者であった。一方,定着化が期待された都市部の女子労働者も,出稼ぎ労働者と同様に一定の期間で離職していた。その要因は,学校で培った技能の発揮,新たな技能の養成などができない作業工程に編成されていたことにあった。単純労働の繰り返しは,労働者が長期間勤務しても,熟練が養成されないのであり,キャリア形成に結び付かない作業工程であった。同時に,技術学校出身の女子労働者に,長期雇用を促すような雇用システムを適用していなかったことも一因であった。2002年末に総経理として赴任したHは,離職の要因に気付き始め,セル生産方式の導入を契機に,多数を占める女子労働者を,多能工として養成するとともに,コア人材として育成するために,徐々

に正規化させていった。2008年1月に労働者保護を目的とする労働契約法が施行された[21]。B社は労働契約法[22]に則り，実習生，派遣社員，一部の清掃要員や倉庫要員などを除いて，非正規労働者を正規労働者に全面的に転換させた。短期間の雇用しか保障されていなかった技術学校出身の女子労働者は，不安定な非正規雇用から正規雇用への選択権を得た。こうして，多くの女子労働者は正規化され，正規労働者が多数を占めることになった。

　正規労働者の雇用契約上の契約期間は，日本の正規労働者とは異なり，一般労働者3年の有期契約とされた。3年目以降は原則，労働者本人の職務実績と意欲，能力が上司に評価された上で，雇用継続が可能となる。しかし，労働者に対する企業評価が標準を下回らない限り，雇用契約は更新される。一部の成績不良者を除き，多くの正規労働者は長期雇用が保障されることになった[23]。

　彼女らは労働意欲も上昇志向も強く，結婚を機に離職する事例は少ない（H）。中国都市部の女子労働者[24]が結婚後の育児期に就業できる理由は，①国有企業内の保育所，国有保育所，民営保育所等の保育施設が完備している，②育児期の女子労働者は両親や親族から育児援助が受けられる場合が多く，祖父母世代が面倒をみる風習が定着している[25]ためであり，日本の雇用環境とは異なっている。また，子どもの世話や家事を専門とする家事労働者（大半は農村出稼ぎ女子労働者）を派遣する機関も都市部では多く存在する[26]。都市部で働くB社の女子正規労働者には，長期雇用をうながす社会的雇用環境が整備されていた。

(2) 雇用・分配条件

　正規化された女子労働者は，男子と同様に編成され，長期雇用を見据えた雇用システムが適用された。ここでは女子が多くを占める正規労働者の賃金，および女子に関連する労働条件，そして，キャリア形成に結び付くと思われる人事制度などを分析する。

①賃金実態

　月例賃金には，日本のような生活給としての扶養手当（配偶者・子ども対象）はない。2010年度現在，入社1年目の新卒（技術学校，普通高校）労働者の標準的な賃金（図表10-2）は，概算合計1,670元となっている。基本給はB社所在地大連市甘井子区の2010年度最低賃金基準900元[27]より150元高い。しかし，

図表10-2　給与明細書

単位：元

項目	基本給	残業代	奨励金	諸手当（家賃・暖房・帰省費）	夜勤手当	資格手当	計
金額	1050	120	100	400	不明	不明	1670
注釈		平均概算	標準評価	厳寒の為暖房燃料費補助，旧正月（春節）帰省費補助		日本語・英語資格	

出所：Rよりの聞き取り調査（2010年現在）により筆者作成。
入社1年目の正規社員の標準的賃金。ただし，各種保険等の控除明細は省略。

地元ローカル企業の基本給とほぼ同様である（R）。奨励金は毎月，前月の勤務評価で決定される。評価方法は標準的作業を基準として単純化・相対化されている[28]。その評価基準は明示され，評価別配分比率も決められていた。評価基準には男女差もなく，評価結果も公開され，労働者間および男女間の公平性は担保されている。

賃金から控除される保険項目には法定内の養老保険，失業保険，医療保険（女子の出産保険含む）がある。また，住宅購入を支援する制度としての住宅積立金制度がある[29]。積立額は基本給の40％で会社25％，本人15％をそれぞれが負担している。勤続3年以上の勤務者に制度が適用される。B社の住宅積立金制度は労働者の福利を高める機能を持つとともに，労働者の企業定着を促進する役割を担っていた。

賃金のベースアップは，前年の物価上昇率，地域最低賃金額，他社動向，大連市の指導方針などを加味し，最終的には董事会（株主総会）で決定される[30]。

ボーナス（年2回）は企業業績と個人の業績評価を連動させ，経営の裁量で決められているが，毎月の賃金を補填・調整する役割も担っている。

賃金は「欧米外資系企業に比し，低いレベルにあり，若年の従業員は不満を抱いている」（R）。B社は長期雇用を視野に入れ，熟練職場に対応した人事管理を行い，安定した利潤計上を目指している。B社の今後の労使関係にとって，地域労働市場の賃金相場との比較問題は，今後の重要な課題として残される。なお，月例賃金およびボーナスはともに男女同様の体系で管理（H）されていた。

②母性保護規定

女子は各種法律により母性が保護されている。労働契約法では,妊娠・出産・授乳期の契約解除が禁止される解雇規制が明確にされ,母性保護が強化された。B社は女子労働者の正規化の過程で女子労働者の意見も聴取し,母性保護に関する種々の規定を新たに導入,実行した。

例えば,産前産後の出産休暇は90日ある。有給でボーナスも支給されているが,出勤日数が減るため,奨励金評価,翌年度の昇給,ボーナス評価に影響する。したがって,実際の支給額は通常勤務と比し,大幅に減額される。ただし,減収分は医療保険でカバーされており,収入の面からも満額ではないが,母性が保護されている。中国では一人っ子政策により,都市部の女子の出産は通常は1度であり,人生にとって重要な出来事である。したがって,「企業も十分なる配慮が必要である」(H)とされる。

③キャリア形成と人事制度

B社は労働者の正規化により,これまで日本で実施・運用してきた人事制度の中枢である職能資格制度を適応させることとなった。入社後,労働者は一定期間の研修を経て生産現場に配置される。その後も定期的に研修を受講する中で,種々の職務に従事し,キャリアを形成することになる。

a.職能資格制度と職位

新卒で入社した労働者は,職能資格等級のA1から始まる(図表10-3)。1年

図表10-3 従業員の職位と職能資格等級および賃金制度

役職名(職位)		職能資格等級	賃金制度
一般職位		A1(新人)〜A2	職務給
主任	(一般職位)	A3〜A4	職能給
予備員		A4	
班長	(監督職位)	B1	職能給
係長		B2	
主事・課長代理	(管理職位)	B3	職能給
課長		B4	

出所:HおよびRへのインタビューに基づき筆者作成。

勤務した労働者は自動的に1ランクアップしA2となる。その後，職能資格等級A4まで4段階の等級を昇格してゆく。企業内研修と試験，職務経験を重ね順次昇進するが，第1の関門は職能資格等級A4の予備員の職位である[36]。予備員は工程内の一般労働者の職務のほとんどをこなし，欠勤者や労働者の休憩時の代替ができる。入社後，平均5年〜6年で昇進するとされている。職能資格等級A3〜A4の労働者は，日々の業務で欠品（欠陥部品）を発生させることなく，毎月の奨励金標準評価以上を前提として上司に予備員職位挑戦の申告を行う。審査の上，挑戦資格が認められれば，就業しながら1年間に及ぶ研修を経た後，予備員試験を受験することになる。合格すれば，下位職位を担う労働者と比し，企業への忠誠心を有した労働意欲の高い労働者として，チームリーダーである予備員となる（H）。一方，予備員になれなかった労働者は，下位職位に留まることになるが，努力と意欲を維持する労働者には，再挑戦の道は残されている。なお，職位は予備員ではないが，予備員と同様の職能資格等級A4の労働者も存在する。

　予備員となった労働者は，2年〜4年の職務経験を経て，さらに上位の選抜試験に合格すれば，予備員数名と一般労働者を部下に持つ班長および係長（職能資格等級B1〜B2の監督職）となる。監督職になれば，監督下にある労働者を査定する権限を持つことになる。その後，キャリアを積み重ね，序列化され，少数の上位階層に進む。職能資格等級A3〜B4までの昇格過程，および予備員から監督職，管理職までの昇進過程には，経験と能力，意欲により評価され，男女差なく昇進・昇格する（H）のである。その結果，予備員・監督職・管理職の半数以上を女子が占めることになった。なお，既婚女子労働者の多くは，出産を経験し，子育てをする。出産や育児に伴う休暇取得によるマイナス評価[37]がその後のキャリア形成とどう関連するのかは，明らかではない。しかし，これまで述べたように，男子と同様程度に昇進・昇格している実態から，既婚女子に一定の温情的配慮が為されていると想定される。副部長・部長である幹部職は，人事部や営業管理の部門を除き日本人スタッフが就任している。

　B社の人事制度の中枢に職能資格制度が導入され，労働者は職能資格等級と職位の相互規定により，企業内部でキャリアが形成されることになった。日本の人事制度は男子正規労働者を中核として適用されていたが，中国B社では多数を占める女子正規労働者に男子と同様に適応していた。

b.賃金制度

労働者の賃金は前述した職能資格等級により,「職務給」と「職能給」の賃金に分かれる(図表10-3)。一般職位である入社2年～3年未満の熟練労働にたずさわらない半熟練労働者(A1～A2)は,「職務給」賃金が適用される[38]。毎月の賃金(基本給)は,労働者個々の職務が同じである場合は同一である。しかし,毎月の奨励金やボーナスは評価(査定)により異なる。

その後,職務経験を通じてA3に昇格した労働者は,「職能給」賃金が適用されることになる[39]。職能資格等級A3以降の労働者は,既述したように,本人の能力と実績により,企業(監督職や管理職)から昇進・昇格やボーナス査定において評価され,階梯上昇の機会を得ることになる。こうして,B社の人事制度は職能資格等級に応じて,「職務給」・「職能給」の賃金制度を適用する複線的人事制度となった。

c.研修制度

B社は作業方式に対応した労働力編成を行い,柔軟で効率的な生産体制を構築した。生産体制を効率的にするには熟練労働者の養成が必要とされた。セル生産の導入に伴い,すべての正規労働者を対象として,職能資格等級に基づく,総合的な研修制度が実施され,熟練工の養成が計られた。新人(新卒)労働者に対して,約10日間の研修を課した後,職場に配置した。一般労働者に対しては,毎月2回,短時間(1回30分～60分)の研修に参加させ,筆記と実務の試験を課すことにより熟練度の向上を図っている。中堅労働者に対しては,会社の長期的発展を図るための人材育成を目的に各所属部門が,5年間に及ぶ育成計画を作成・実施している[40]。育成計画には,2008年の労働契約法施行以前にはなかった日本のマザー工場への派遣研修が新たに導入された[41]。中国人労働者が日本企業の種々の制度や雇用慣行[42],親会社の経営理念などを学ぶとともに,日本で培った技術・技能をB社に移転させ,コア人材を育成しようとするものである。班長を中心とする監督職は,年間17項目の研修を毎月順次課せられている。また,全労働者(実習生・派遣労働者も含む)を対象に,研修の一環として職場懇談会が月1回職場ごとに経営幹部も参加し,実施されている。職場の不満解決等の労使問題に関する苦情処理機能を果たすとともに,職場の生産性に関連したカイゼン活動や企業理念の醸成にもつなげている。なお,毎月2回程度,業務として実施されるグループごとの職場カイゼン活動(QC)の内容も職場懇談

会で報告されている。労使協議制の機能を果たし，労働者の勤労意欲の向上と監督職・管理職による労働者統括を図る役割を担っており，経営者は重要視している。

おわりに

　日系大企業B社では，技術学校出身の女子正規労働者が多く働く，熟練職場が形成された。その熟練職場では，女子正規労働者にとって，長期雇用につながる雇用システムが適用された。本章の分析をまとめると次の2点に絞られる。第1は，中国の市場経済化による経済成長の進展が，中国国内の自動車マーケットを拡大させるとともに，企業間競争が激化し，関連製品を扱うB社の生産体制も，他社製品との差別化への対応を迫られたことと関連している。これまでの作業方式（ベルトコンベアー生産）の見直しを迫られた中国B社は，日本A社の指導に従い，競争力のある，消費者の様々なニーズに対応した他社とは異なる製品を製造するために，新たな作業方式を導入し現地に適応させた。日本のセル生産を基軸とする作業方式は，生産現場の労働者の多能工化をうながし，女子労働者の正規化につながった。

　第2は，女子正規労働者が多くを占める熟練職場に適応する雇用システムが形成されたことである。多能工化を推進するためには，女子労働者の雇用の安定と比較的に高い技能の養成が必然となり，長期雇用につながる雇用システムを適応させることとなった。労働意欲も高く，上昇志向も強い女子労働者に対して，意見を吸い上げ，母性保護の諸規定も制定・運用した。そして，2008年の労働契約法施行を契機に，多数の女子を含む労働者は，派遣労働者や実習生を除き，全面的に正規化され，長期雇用への選択権を得た。こうして，女子正規労働者はキャリア形成が可能となった。

　これらのまとめと，本章の分析から，以下のような結論が導き出される。B社は前述したような変革に対応するために複線的な人事労務管理を展開した。ハイエンド製品の生産を担当する熟練職場の女子正規労働者は，職能資格制度，賃金制度（職能給），研修制度などの人事制度により，キャリアを形成し，幹部層を除き，中位・上位への階梯を上昇することが可能となった。日本の製造

第10章　女子労働者の雇用システム

職場では少数である女子正規労働者は，男女共稼ぎ労働，男女同一労働同一賃金や母性保護の法的規制など[43]，中国固有の雇用システムに支えられていた。一方，下位職務を担う低賃金（職務給）の経験の浅い正規労働者，派遣労働者，実習生はローエンド製品生産を担当する職場に多数編成され，労働者の流動化が促された。

その結果，職場の階層では，少数の中国人幹部と多数を占める日本人幹部を中心とする最上位階層，キャリアを積み重ね高い意欲と業績で評価された監督職や高学歴の潜在能力を前提に一定のキャリアを積んだ管理職で構成される上位階層，長期的雇用の枠組みの中で，昇進・昇格システムにうながされているが，足踏み状態の労働者や昇進・昇格に意欲を示す労働者などが位置する中位階層，などが形成された。これらの階層を支えたのは，離職率の高い若年の正規労働者，継続雇用を求め熟練度を磨こうとする若年の正規労働者，短期雇用の派遣労働者および「試用工」の要素を持つ実習生[44]，などが混在する最も多数を占める流動的な下位の階層であった。そこには，中・上位階層と同様に多数の女子労働者が存在した。B社のように，女子労働者が階層を貫き存在する構造は，日本の事例ではあまり見られない。なお，最上位・上位・中位の階層，それらを支える多数の流動的な下位階層で構成されるようなピラミッド型（ヒエラルキー型）の職場階層構造は，よく見られる。

長期的発展を期する日系大企業B社で見られたような熟練職場は，女子労働者にとって，自己実現が可能となり，より高い生活給獲得の「希望の職場」となるのか。競争の激化により，生産性の向上を必然とする市場経済の枠組みの中で，出産・子育てを主に担い，男子より家事を多く負担する女子が[45]，効率を前提とする熟練職場で，正規労働者としての存在を維持できるのか。これらの問題関心は，グローバル競争の中で，経済発展を持続しようとする中国の労働市場において，今後も調査を積み重ねて研究しなければならない課題であろう。なお，前章および本章は日系の大企業を分析対象としたが，次章では日系の中小企業メーカー（金属加工業）を検討する。作業工程や技能形成に関する大企業との違いなどに注目頂きたい。

●注

1) 氏原は「熟練」を労働者のただ一つの財産であり，労働力の質を規定する最も大きな要

因とした（氏原［1966］：366頁）。また，山本は国民的義務教育を前提として個別の独占企業に雇用され，企業内で一定期間の技術教育を受け，当該企業での経験をつむに従って，やさしい職務からよりむつかしい職務へと昇進することによって養成されるような労働力を「半熟練」労働力とした（山本［1967］：29頁）。本章では氏原の「熟練」を引き継いだ山本の「半熟練」を便宜的に「熟練」とする。また，熟練・半熟練労働者が働く職場を「熟練職場」とする。

2) 雇用システムは雇用関係を律するルールの体系とされる（仁田・久本編著［2008］：9頁）。具体的には，賃金体系や職能資格制度，労使協議会などに特徴付けられる人事制度の束（同上書：14頁；日本労働研究雑誌編集委員会［2010］：2頁）とされる。本章では，賃金などの労働条件，昇進・昇格制度，職能資格制度，研修制度，労使関係などをいう。雇用関係（雇主「経営者および使用者」と被雇用者「労働者および使用人」との関係）の概念については森［1988］：48～49頁を参照されたい。また，中国の雇用関係については，李［2010］を参照した。

3) 正規雇用，非正規（派遣労働・臨時労働）雇用など。

4) 安保は日本的生産システムの特徴的諸要素とその国際移転モデルに関連して，「適用」・「適応」分析を行った。「適用とは，日本的生産システムの海外への持ち込み，移転を意味し，現地の経営環境や諸条件によって様々な制約を受け，変形，修正されるのを捉え適応が迫られる場合もある。現地生産の実態は適用―適応関係のダイナミックな過程として展開されることになる（要約）」（安保他［1991］：23～37頁）とした議論がある。

5) 吉村［1998］，柴山・藤井・渡辺編著［2000］，蘇［2005］，などの研究が挙げられる。

6) 不熟練労働力とは一定の筋力さえあればなんらの技能修得をも必要としない労働力（山本［1967］：8頁）とされる。

7) 労働者の労働内容・生活様式を示す用語として使われる。正規・非正規などの雇用形態のあり方やその労働内容の特質など。

8) 第1回調査2008年8月7日～8日。第2回調査2010年8月15日～16日。

9) 中学卒業後に入学した技術学校の在学生が卒業前の約1年間，製造現場の初期段階の作業を経験する制度である。近年は実習終了後（卒業後）に入社試験を経て，正規従業員として採用される学生も増加している。

10) 普通学校とは異なり，実務的な専門教育機関であり，技術専門学校と技術学校がある。技術専門学校は高校卒業後，2年間かけて，工程管理の知識と機械操作の実技を学び，技術者を目指す。学校の目標は，製造企業の生産現場における中堅技術者として，育成することである。教育内容は工学理論，工程管理と生産・品質管理の知識のほか，機械設備の操作と保全に関連する実技などを教えることであった。技術学校は中学卒業後，3年間かけて，設備体系の知識と機械操作の実技を学び，技能労働者を目指す。工業高校としての工程管理の一般知識や設備体系の実技を学び，技術者としての基本的素養を教育している。職業教育を行うこれらの専門学校は，中国の経済成長に並行して増加し，多くの卒業生が生産現場で働いている。これらの学校を本章では便宜上，技術学校とする。

11) 主要な内容は，(1)自動車産業のグループ化，集約化を進めること，(2)個人による自動車購入を促進し，乗用車を自動車産業の中心に据えること，(3)新規プロジェクトの認可基

準を引き上げること，(4)外資の出資比率を50％以下とし，研究開発機構を中国国内に置くこと，(5)ノックダウン生産（輸入部品による組立て）を認めず，国産化比率の上昇に応じて部品輸入関税を引き下げること，などである。しかしながら，必ずしも政府の意図とする成果は上げられなかったとされる（加藤・渡邉・大橋［2013］：加藤69～70頁）。

12) その後，中国経済が高度成長期を迎える中で，2004年6月に「新自動車産業発展政策」が発表され，2006年には自動車生産台数が700万台を突破し，アメリカ，日本に次いで世界第3位を占めた。そして，2009年1月に「自動車産業調整振興計画」が発表され，さらなる自動車産業の発展につながった。なお，「新自動車産業発展政策」および「自動車産業調整振興計画」の内容については同上書：加藤70頁を参照されたい。

13) 大河原［2003］：146～152頁を参照されたい。なお，岩室は1人ないし数人の作業者が一つの製品を作りあげる自己完結性の高い生産方式としている（岩室［2002］：27頁）。また，セル生産方式は1990年代初頭より，日本で導入されたシステムであり，コンベアー生産よりも，労働者にとっては，精神的・肉体的負荷が多い生産方式と考えられる。

14) 近年では変種変量生産・価格破壊・短期対応納期・在庫負担のリスク管理を求められており，新たなサプライチェーン・マネジメント（Supply Chain Management = SCM）の構築が必要とされている。なお，SCMは，原材料や部品の供給から製造，卸売り，小売りを経て最終消費者に至る供給連鎖（サプライ・チェーン）について，情報化を基盤にキャッシュ・フロー効率の最大化を図ろうとする管理システム（金森・荒憲・森口編［2002］）とされる。なお，キャッシュ・フロー効率とは，一般的に，同じ売上高を上げるに際し，投入資金や拘束資金を減らし，効率的に資金を運用することである。

15) 必要な物を，必要な時に，必要な量だけ生産し供給するという無在庫指向の基本理念のもとに，「かんばんを活用する後ろ工程引き取り方式」，「生産の標準化」，「段取り時間の短縮による小ロット生産」，「自働化」などを基本とするシステム（門田［1989］参照）とされる。

16) 中村久人［2006］：191頁を参照されたい。

17) B社一次資料（社内向け説明書）によれば，「SCM，環境マネジメント，高品質のグローバルNo.1コストなどを充足する生産方式」と記されている。

18) セル生産を実施していくにあたって，多能工化の遅れは大きな問題の一つである。特定の工程の作業しかできない単能工ばかりでは分割方式のセルが実施できない（岩室［2002］：83頁）とされる。

19) 鈴木［1994］：75～76頁を参照されたい。

20) 工場近郊の遼寧省や大連市の出身者が多い。

21) 李［2010］：30頁を参照されたい。

22) 雇用規制（契約なくして雇用なし，雇用継続の条件規定），賃金規制（賃金決定への工会関与，退職金支払い），能率規制（配置転換・労働移動の本人同意，ノルマの工会協議）を内容とする（同上書：31頁）。

23) 労働契約法の規定では，2回更新以降および勤続10年以降の契約更新後に無期限契約（定年年齢まで）となる。

24) 中国の家庭内の家事労働の男女分担割合は，2000年調査によれば，1日の家事に費やす

時間の全国平均で女性4.01時間，男性1.31時間であり，日常的な家事（食事支度，食器洗い，洗濯，掃除）は女性負担の割合が大きい（何［2005］:177頁）。

25）馬［2011］:37〜38頁を参照されたい。
26）大橋［2011］を参照されたい。
27）大連市人民政府弁公庁通知（2010.7.6）109号参照。
28）それぞれの担当作業により時間，作業目標数，作業内容などの作業基準が設定されている。
29）2002年度に国務院改正「住宅積立金管理条例」が施行され，労働者の住宅確保のために企業と労働者が負担し，住宅建設資金を積み立てる制度ができた。
30）B社工会（B社で組織された労働組合）は経営者と賃金交渉を行うが，大連市政府や全国総工会傘下の地域工会（大連市工会）の通達・指示が重要視される（総経理H）ため，B社工会の関与は限定的である。
31）新憲法［1982］，女性労働者保護規定［1988］，中華人民共和国婦女権益保障法［1992］，労働法［1995］など。
32）保険料は労使で負担している。
33）1979年に開始された「計画生育」と呼ばれる出産制限政策。1982年の改正憲法では「夫婦は計画出産の義務を負う」と明記される。なお，都市部では1人であるが，内陸農村部では地域により条件は異なるとされる。また，近年では少子化対策として，規制が緩和傾向にある。
34）職能資格制度は「従業員の職務遂行能力の発展段階に応じた格付けである職能資格等級を中心とする人事制度であり，全社員の格付けを統一的に行い，会社の人事を包括一元的に統合する中枢システムである。従業員の処遇上の体系である」（津田編［1997］:倉田90頁）とされる。なお，職能資格制度については，今野・大木・畑井編［2003］も参照されたい。
35）一般的に職業経験を通じて，自己実現を図ってゆくことである。
36）職位制度は仕事上の権限と指揮命令の体系である（津田編［1997］:倉田86頁）。
37）休暇期間中は実績がなく評価ができないため，年間の評価の際にマイナス要素となる。
38）様々な要素ごとにその職務を位置付けて，ほかの会社での同等の職務と比較して賃金額（率）を決定していく（津田編［1997］:藤原182頁）のであり，B社も周辺の工場（企業）の相場を踏まえて職務ごとに決めていた。
39）日本型賃金で職能等級を基準に社員一人ひとりの職務遂行能力を評価し絶対額を決めていこうという賃金体系（眞崎［1996］:177頁）とされる。つまり，職能資格に応じて資格給を定め，それを基本給の額とするものである。実際に担当している職務や勤続年数に応じて賃金が定まるわけではないので，従業員は自分の仕事遂行能力を向上させていくことを動機付けられる（津田編［1997］:藤原182〜183頁）。
40）職能資格等級A3・A4の入社10年未満の30歳前後の生産現場の従業員に適用。
41）親会社における技術移転のセンターとして，人材育成や製造技術の開発を担う工場（山口［1996］:47頁）とされる。
42）野村は「日本的雇用慣行は，会社内秩序そのものである」とする（野村［2007］:序章Ⅰ）。さらに，「その根幹は，戦前の身分制とそれを引き継いだ戦後の資格制度である」（同上

書:5頁)としている。
43) 中国人民共和国婦女権益保障法(1992年発布)23条では,「同一労働同一賃金が男女同様に適用される。女性は住宅配分・福利手当において男性と平等である」と規定される。
44) 学校卒業後に実習先の企業に就職する可能性がある実習生。
45) 何［2007］:443頁を参照されたい。

第11章
中小企業の技能形成
―中小電機メーカーの日中比較―

はじめに

　円高進行による輸出先での競争力の低減,原材料価格の高騰による製造原価の上昇,海外勢の流入による国内市場での競争の激化など,中小製造企業の経営環境は厳しさを増す一方である。こうした厳しい状況の中で中小製造企業が生き残っていくためには,他社には無い独自の生産システムの構築と,この生産システムを支える技能形成を含めた人事労務管理が必須となる。本章の目的は,特殊な生産システムの運用を支える技能者の育成を中心に,人事管理を日中の中小企業において比較分析することにある。

　現在,著者は大阪市内にある小規模な電気機器製造メーカーにおいて経営管理に従事している。日頃,周囲の業者を見渡していると,何らかの形で韓国,台湾,中国といった東アジアの国々に事業を展開している業者が多い。輸入による部材・原料調達,輸出による商品販売,海外の業者への製造委託や,直接投資による海外での工場開設まで様々な事例が見られる。これは大阪のみではない。中小製造企業の海外展開は日本の各地で見られる。著者が経営する企業も例にもれず,中国の浙江省に工場を開設している。この中国工場と日本の工場との間には様々な違いが生じており,生産システムの管理体制や技能者等の人的資源の配置等,日中間の差異による様々な問題が山積し,日々,苦労の絶えない状況が2006年の開業以来,続いている。特に冒頭で述べた技能者の形成は,中国工場での大きな課題となっている。日本での生産と比較すれば,中国での生産は労務費や部品調達等の面で,確かにコスト・メリットは大きい。しかし

ながら，よく言われているように日系企業が中国で生産を行っても，コスト競争で中国現地企業に競り勝っていくのは難しい。日系企業が中国現地企業に対して優位性を保つには，独自の生産システムを構築し，技能形成で負けてはならないのである。ところが，この技能者の育成を含めた人事労務管理に課題が多い。

著者の最終目的は中国現地工場においても日本同様の独自の生産システムを構築し，日本と同様に技能者を育成していくことにある。日本同様に，独自の技能者に支えられた生産システムにより，他社に対しての優位性を持つ工場運営を実現することであるが，そのためには，日本と中国との間での様々な差異を明らかにすることが不可欠となる。特に技能形成に対する経営方針，技能者育成における考え方の違いを明らかにすることが，中国工場の生産システムを日本工場に負けないレベルまで強化する一つの道筋につながるものと考える。

本章では，独自の生産システムの構築と技能形成に関する考え方の違いを，日中の企業を事例に比較検証する。

1. 中小製造企業の生産システム，および技能に関する先行研究

中小製造企業の技能にフォーカスした研究論文はいくつかあり，中小製造企業の技能継承問題についての松永［2006］，技術・技能の継承や人材育成のモデルに関して早川［2005］の研究がある。あるいは，中小製造企業の生産システムに関連して技術力強化についての小川［1996］，弘中［2007］の研究もある。

中小企業の生産現場での技術，とりわけ，技能形成や生産システムにフォーカスした研究は少ない。生産現場の技能形成に関心を持つ本研究はさしあたり山本潔[1]の「万能職場」[2]の概念に当てはまる。「万能職場」は，一つの職場に集合配置された万能機械と万能熟練工を中心として構成されている職場であり，あらゆる機械製品を製造しうる万能の職場である。山本の研究は，中小企業を対象にしたものではなく，大手機械工業の工場内に存在した「万能職場」を主として研究している。ここで，「万能職場」は，生産規模の増大，生産設備の発展に伴い，「機種別職場」，「流れ作業」の導入を経て，「オートメーション」化されていく中で，徐々に衰退し，現在では，大企業の試作・メンテナンス職

図表11-1　万能職場

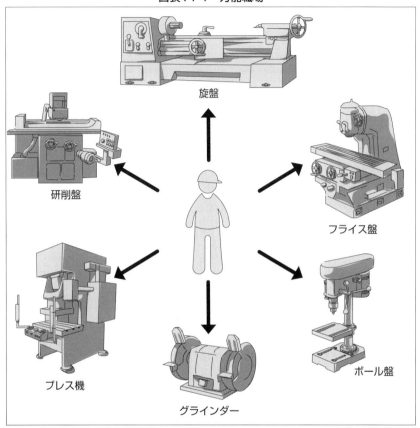

出所：筆者作成。

場や，小規模な町工場に一部見られる程度にまで減少してきたとされる。

　しかしながら，大量生産ではなく，多品種少量の受注に対応する中小製造企業においては，「万能職場」は，「商品の製造のために企業の製造部門において現実に採用される生産方法」である。また，「万能職場」を形成する万能熟練工は，職務が細分化されている現在の大企業生産現場では，その育成は難しい。企業規模の違いや生産品目により，必ずしも作業現場の万能熟練工の持つ知的熟練の必要性も低下するとは言えない。実際，大阪の中小製造企業では，オートメーションだけではなく，高度な技能を伴う手作業による工程が生産システムに組

み込まれており，幾多の「進化した万能職場」[3]を観察することができる。こうした「進化した万能職場」で活躍する万能熟練工は，工程の全体的な流れを把握しており，材料の瑕疵検出から最低原価での効率的な工程管理まで様々な業務を担当している。中小企業では万能熟練工の持つ知的熟練の必要性は極めて高い。つまり，現在まで，山本の論説とは異なって，「万能職場」は，中小製造企業の生産現場で継続され，発展してきていると言える。万能熟練工は，組立工程において多数の工程をこなす多能工や，少ない担当職務において熟練化した一般的な熟練工とは異なり，知的熟練を伴い，「進化した万能職場」で幅広く熟練技能を発揮し，工程全体に目配りのできる現場管理業務も兼務する技能者であり，中小企業の生産現場において欠くことのできない人材である。代替困難な万能熟練工の技能形成は各企業，特に中小製造企業の生産システムにおいて重要な課題であり，万能熟練工を育成する人事労務管理の強化[4]は各企業にとって必須である。

　大阪で「万能職場」を進化させてきた中小製造企業は，現在，海外への展開に臨んで，こうした生産システムを海外工場においても実現させられるかどうかという課題を抱えている。例えば，中国へ進出した場合，中国企業同様の生産システムを構築したところで，生産される部品，製品の品質は類似したレベルとなり，価格勝負に陥ってしまう公算が高い。中国では一般に，その人件費の低さを利用した労働集約型の工場が多く，日本での技能集約型の工場と同じではない。こうした日中の工場は簡単に代替可能ではなく，大阪と同様の品質レベルや高い仕様値を実現するには，「進化した万能職場」の実現が求められる。そのための技能形成の強化も重要な課題となっている。

　まずは，中国の中小企業の生産システムや技能形成と大阪の中小企業との間に，どの程度の差異があるのかを，以下の項で比較検討する。著者が直接，もしくは間接に取引関係や各種の交友関係を通して，経営者の意図や考え方までのインタビューが可能と思われる金属加工のシャフト加工業者を事例対象とし，大阪と中国浙江省寧波市における中小企業の生産システムや技能形成を比較検討し，それらの要因とその含意を分析する。

2. 金属加工―シャフト加工の工程を中心に―

　金属加工の中でも，中小企業による工程間の分業が多く見られるシャフト（各種機械の回転軸）の加工業者における生産現場での技能形成について考察する。これらの業者は，著者が経営する電気機器（主に電動機）製造企業と取引が多く，著者が各業者の製造工程を熟知していること，および各業者との直接取引や間接的な交流を通じて経営者の管理方針や技能形成の考え方等を直接聴取することが容易であることから，事例調査の対象とした。

　本研究で取り上げるシャフトは各種シャフトの中でも回転軸として使用されるシャフトであり，単なる固定軸や心棒といったものではない。回転軸は，電動機（モーター）や発動機（エンジン）といった回転運動を発生させる駆動源から力学的回転動作が出力される作用点（扇風機の羽，洗濯機のドラム，ポンプの羽根車，電車や自動車の車輪等）までを接続（連結）し，回転力を伝達する部品であり，機械の中では重要部品の一つである。回転力を効率良く伝達するためには高い精度が要求され，機械の寿命への影響が大きいため，頑丈で耐久性の高い材質の使用が必要である。金属で製作される場合が多く，一つの部

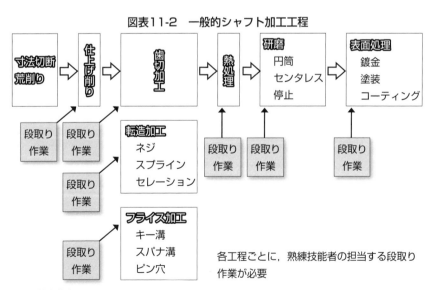

図表11-2　一般的シャフト加工工程

出所：筆者作成。

第11章　中小企業の技能形成

品の完成までには，切削加工や鍛造，溶接，圧接，鋳造や熱処理，鍍金処理といった様々な加工工程が必要となり，大阪の場合，各工程の段取り作業を代替困難な熟練技能者が担当することが多い。

　シャフトの加工工程は，一般に図表11-2で示される通りである。規模の大きな企業では，全工程を一貫して製造する場合もあるが，中小製造企業の場合[5]，各工程に必要とされる設備が異なるため，一部の工程に特化する場合が多い。小規模企業が，全工程を担当するには，設備投資の負担が大きすぎる[6]。各工程で，熟練技能者が担当する段取り作業が必要である。

3. 事例研究

(1) 調査対象と調査方法

　事例研究は，2012年4月から8月にかけて調査した大阪と中国浙江省寧波市の両地域においてシャフト加工に関係する金属切削加工業者を対象とした。大阪は中小製造企業が多く立地し，金属切削加工業者も多く，シャフト類を専門に加工する業者も多い。また，中小製造事業者が集積する地域であり，各業者同士で工程間分業を展開している事例も多く見られる。中国浙江省寧波市は，五金の郷[7]と呼ばれるほどに，金属関連の中小製造企業が多く存在しており，大阪同様に金属切削加工業者の集積地と言える場所である。

　大阪の中小金属切削加工業者で典型的な「技術的難易度の高い作業」は，「段取り作業[8]」である。「段取り作業」は専門知識のほか，作業現場で見よう見まねで獲得される経験的熟練が必要であり，3～5年の養成期間が必要とされる[9]。

　「万能職場」を形成する万能熟練工の特筆すべき技能は，知的熟練の必要性[10]が高い「段取り作業」に関する技能と言える。同一部品を複数個製造するためには，各製造機械において「段取り作業」が必須となる。「段取り作業」が問題なく完了できれば，部品の製造作業は，単純な作業の反復であり，熟練度の低い作業員でも担当が可能となる。中小製造企業においては，同一部品の製造数量が，多いとは言えず，「段取り作業」の回数が多くなる。つまり，万能熟練工の技能により，段取り作業時間に差異が生じることから，生産性，収益性も異なってくるのである。中小製造企業にとって，「万能熟練工」の技能育成は，

199

企業の収益性を左右する大きな経営課題の一つである。

　本研究では，このような専門知識と作業経験の両方を備える「万能熟練工」によって支えられる作業工程（段取り作業など）を「技能集約型作業工程」と呼ぶ。「技能集約型作業工程」を工場内の工程に内包するか否かは中小金属切削加工業者の生産現場のあり方を規定する重要な要因である。冒頭に述べたとおり，産業技術の構成要素に技能があり，この技能を担う労働力の中には，難易度の低い単純作業を担当する熟練度の低い作業者と経験を積み熟練度の高い作業者とが含まれる。大阪では，熟練度の低い作業者を，数年間の経験を積ませることにより「万能熟練工」へと養成する技能形成を重視している企業が多い。OJT（On-the-Job Training：職場での実地訓練）を通して，技能を身に付け，専門知識も習得していく場合が多く見られる。中小製造企業の場合，訓練や指導の担当者や専門の担当部署があることは少なく，年配者や先輩作業者が，若年者や後輩作業者を訓練，あるいは指導をしていく形で，「技能形成」を進めていくことが一般的である。これらは，日本では一般的な長期雇用を前提としている。中国に見られる農民工（農村からの出稼ぎ労働者）といった短期雇用の場合には，技能の習得は困難であり，経験を蓄積して得られる専門知識も身につかないのが常であり，生産現場での技能形成は難しい。

　大阪と中国浙江省寧波市の両地域から，それぞれ3社のシャフト加工業者に聴き取り調査を実施し，どのような工程を自社の技術的特化分野・強化領域として選択し，その工程への設備投入と技能者養成にどの程度の期間が必要であるのかという観点から，"得意工程"，"選択理由"，"設備投資額"，"技能者の育成期間"，"平均受注数量"について聴取した。技能者の育成期間については，段取り作業が担当できる3～5年（回転軸の金属切削加工の場合）を基準とし，それより短いのか長いのかを聴取した。平均受注数量は，企業活動の基本となる受注獲得との関連性[11]から聴取した。他に，企業の管理体制も含めて品質管理への取り組みを聴取した。品質管理への取り組みは，品質管理の社内基準の有無，管理作業員の有無，検査測定機器の有無について聴取した。

(2) 大阪地域
①H精工㈱

　当社は，大阪市都島区にてシャフト加工（主にモーター回転軸）を主力業務

としている。従業員30名，業歴25年である。現社長は，大学工学部機械工学科を卒業後，NC旋盤製造大手に6年間勤務後，父親の経営するH精工に入社したという経歴であり，切削加工設備に関する専門的知識，経験は豊富であり，顧客へも積極的に様々な提案をしている。特に転造加工を得意としている。転造加工とは，ネジ類やウォーム軸[12]，スプライン軸やセレーション軸[13]の加工[14]に用いられる加工方法であり，転造ロールと呼ばれる特殊な工具とシャフトとを回転させながら強い力で押し付け合わせることにより，シャフト外面に転造ロールと同様の凹凸を形成させる加工方法。転造ロールは，ワーク（加工対象物）に凹凸を転写して刻み付けるものであるので，鍛造金型の一種とも考えられる。切削で加工する場合に比べてワーク（加工対象物）1個当たりの加工時間は短い（セレーション軸やスプライン軸の場合，10分の1以下まで加工時間は短縮化が可能）。H精工の業務経歴は長く，親族が経営する金属切削事業所（H精工よりも規模は大きい）や，現経営者の兄弟が経営する研磨業者も周辺にあり，分業体制が整っている。

　転造加工に強みを持つようになった理由は，自動車用電装機器に多いウォーム軸シャフトを受注するのに有利だからである。受注数量[15]は，100～10,000本であり，平均1,000本程度である。技能者は5年以上の経験者が多い。段取り作業[16]以外の加工部品の機械への取り付け・取り外し作業（単純な繰り返し作業）であれば，パート作業員で対応可能である。

② （有）F製作所

　当社は，大阪市生野区にて小径部品の加工を主力業務としている。従業員数15名，業歴50年である。非鉄金属，鉄鋼，樹脂の小物（直径10mm以下）を中心にオート・ローダー（部材：主に鋼棒を，自動的に切削加工機に供給する装置）をセットした自動機（部材の供給量を管理すれば，24時間の無人作動が可能）による加工が多い。生野区と東大阪市の境界付近に位置しており，各種切削加工業者も周辺に多く，工程分業には有利な立地である。

　自動機械が多いのは，24時間運転が可能であり，少人数で多くの切削機械を稼働させられるためである。実際には，冷却液や材料供給の管理が必要であり，どの程度の時間間隔で，各機械を確認しなければならないかは，現場の管理者に委ねられている。これら現場管理者は，経験知により管理ポイントを熟

知している。ワーク（作業対象）により，どの程度の間隔で確認を行えば，不具合品の発生を未然に防ぐことができるかの知識を習得しているのである。

　平均的な受注数量は，5,000〜10,000本である。技能者は5年以上の経験者が多い。工場作業者は，段取り作業を行い，現場管理を担当する熟練技能者か，梱包やバリ取り等の後作業を担当するパート作業員である。自動機械が多いため，数量の多い受注獲得が順調であれば，工場稼働率は安定する。少人数体制であるため，価格競争力もある。しかしながら，昨今は受注数量が減少気味であり，段取り作業の負担が増えつつある。技能者の増員には工場の管理体制の変更が必要であり，原価構成や工場の運営方針の変更まで検討しなければならない。

③㈱Y製作所

　当社は，大阪市平野区の従業員数140名，業歴46年の中堅企業である。前述の2社と比較して，Y製作所は規模が大きく，幅広い加工業務に対応できる。Y製作所の現社長も大学卒業後，NC旋盤製造大手に勤務経験を持ち，NC旋盤といった製造設備に関する専門知識は豊富である。よって，当社のTPM活動（設備の維持メンテナンスを総合的に管理する活動）は充実しており，設備故障時も大半は社内のスタッフにより対応可能である。設備面の充実レベルは前述2社よりも高い。

　顧客の試作品開発時に，Y製作所では一貫して対応できる体制を構築しており，これにより，量産開始後の部品製造受注を有利にしている。設計や材料評価試験に対応できることは顧客にとっては，試作期間や開発コストの低減に直結する。

　受注は，試作品や評価試験での少数受注から，数万本の注文まで幅広い。顧客の設計・開発段階からのパートナーとなることにより，顧客との取引関係の深耕，受注数量の拡大を目指している。試作品の高精度多機能多軸加工機や，材料評価試験機等の導入は，設備による差別化と言える。[17] 設備の操作員は，いずれも段取り作業に熟練しており，様々なワーク（加工対象物）に対する加工作業の段取りをこなす。単純な部品の取り外しを担当する作業者も多いが，試作部品や量産部品の段取り作業を担当する熟練度の高い作業者が多いことがY製作所の強みとなっている。Y製作所では，新入りの作業者に対する指導は社内で行う場合が多く，主にOJTによる訓練が中心である。こうした技能向上の取り組みについて積極的であることが，多品種少量や試作部品，特注部品へ

の対応力の向上に有効となっている。

　新鋭の設備機器の導入にも積極的であり，5軸加工機（一般にX軸とZ軸の2軸加工であるNC旋盤に，ミーリング加工や歯切り加工，熱処理といった追加軸を設けたもの）といった高額機器も導入されている。何工程かの加工が必要であり，場合によっては何社かにより分業されているワーク（加工対象部品）も，この1台への1回の段取り作業で加工が完了してしまうこともある。段取り作業の難易度は上がるが，対応できる仕事の領域は広がり，工程分業や多段階の工程が不要となるため，納期も短縮される。こうした機器の導入には，同時に作業員の操作技能の向上が不可欠である。産業技術の構成要素である設備体系と労働力の組み合わせが重要であり，こうした取り組みも新たな組み合わせ（イノベーション）と言えるであろう。

(3)　浙江省寧波市
①TS金属製品
　寧波市奉化（寧波市南方：自動車移動で寧波市中心部まで約45分）にてシャフト加工を主力としている。従業員数30名，業歴8年である。現経営者が，大規模な金属切削業者から熟練技能者1名を連れて独立創業した企業である。経営者が営業担当，熟練技能者が現場管理を担当している。現場管理を担当している熟練技能者は，共同経営者の地位にある。大半の機械の段取り作業は共同経営者の熟練技能者が担当しており，他の従業員は大半が，切削機械への部品の付け外しを担当している単純工程作業者である。

　得意としているのは，段付きシャフト（8mmと10mmといった直径の異なる部分がある回転軸）の研磨工程であり，社内には数台の円筒研磨機（回転軸の両端面の回転中心の凹みを掴んで回転させることにより，回転中心による同心の精度を確保して表面を研磨することができる機械）がある。円筒研磨加工に関する専門知識や経験は豊富であるが，他の工程に関する知識は少ない。例えば，熱処理を伴うシャフトの研磨処理（熱処理と研磨処理の工程順序を理解できていない）や，軸径の細いシャフトの加工については，不具合品の発生率が極めて高い。全般的に品質管理は杜撰である。平均受注数量は，50～500本である。各研磨機の技能者は1年程度の経験者が多く，経験不足は否めない。寸法測定や研磨砥石の補正には，問題が多い。

現場の測定機器は，あまり管理されておらず，測定精度の調整がされていないため測定精度は正確とは言えない。共同経営者である現場管理者以外には，研磨砥石の交換や補正ができる熟練度の高い作業者がおらず，品質管理面には不安がある。

② S精密

　寧波市奉化郊外（寧波市南方：寧波市中心部まで自動車移動で約1時間）にある各種シャフト加工を主力業務としている比較的規模の大きな製造企業である。得意としているシャフトは，単純な形状のものが多く，比較的付加価値の低いシャフトの生産比率が高い。日系や欧米系の大手企業との取引も多く，日本の大手モーターメーカーであるN社も顧客企業の1社である。従業員数240名，業歴10年である。切削機械設備も含めて投下資本は，10億円に近く，シャフト加工の専門業者としては大規模と言える。日系企業や欧米系企業との取引実績が長く，品質レベルや製造技術レベルは高い。寸法切断から研磨，熱処理工程まで幅広く手掛けており，多くの工程に社内で対応できることと，大量受注による材料原価の抑制とにより，低価格での部品供給を可能としている。平均受注数量は，10,000以上。段取り作業は，1年程度の経験でも担当している。しっかりした管理体制により不良は少ない。特に品質管理部門は優秀で，検査機器も充実している。過去の取引（著者の管理する企業との取引）では不良は皆無であり，表面硬度（熱処理後）や面粗度（シャフトの表面の粗さ：肉眼では見えにくい凸凹の度合い）といった測定に手間のかかる検査も確実であり，納入されるシャフトに添付されている検査表と相違がない。

　現場には自動機械は少なく，単能機（旋盤ではなく，汎用モーターとチャック［回転軸を掴む三つ爪］もしくはコレット・チャック［筒状のシャフトの固定器］とをゴム・ベルトで連結した簡易な機械）が多数並んでいる。シャフトの切削工程を細分化しており，各工程は比較的単純化されている。前述のTS金属製品が円筒研磨機により段付きシャフトの径の異なる2か所を一つの機械で加工していたのに対して，S精密では，各研磨を別の機械，別の作業者で行っている。これにより熟練度の必要な段取り作業を比較的単純化している。それぞれの工程の現場には，熟練度の低い作業者の段取り作業について確認するための熟練度の高い管理者がおり，各作業のチェックを行っている。各作業者は

出稼ぎ労働者や低い工賃の労働者が多く，これらの作業者に技能を磨かせることや知識を習得させることに関しては，積極的ではない。長い期間継続して就労するかどうかが明確ではないためと思われる。

③ TH 転軸

　寧波市鎮海（寧波市北方：寧波市中心部まで自動車移動で約40分）にて各種回転軸の加工を主力業務としている。従業員数120名，業歴8年である。TS金属製品と同様，現経営者が大手の切削企業から独立して創業。寸法切断から研磨まで広く手掛けているが，特にセンタレス研磨機（前述の円筒研磨機が，シャフトの両端面の回転中心を掴んで切削する機械であったのに対して，この機械は，回転中心を掴むことなく，シャフトを二つの砥石の間で回転させて研磨するのみ。よって段付きシャフトでの異なる直径部分の同心加工等は困難。構造も単純で加工時間も短いので加工費は安い）が多く，センタレス研磨による段無しシャフト（全体が同じ直径，難易度が低く廉価な部品）の加工を得意としている。TS金属製品に比べて，製造している品目は簡易なものが多く，価格も安い。それだけに小ロットの受注には消極的である。

　センタレス研磨の加工機械作業員は，経験の少ない人が多い。比較的熟練度の低い作業員でも段取り作業のできる機械ではあるが，段取り変えが多くなる多品種少量の受注は避ける傾向が強い。数量が多く，機械構造用炭素鋼鋼材（S45C等）といった一般的材料を使用し，難易度の高い加工工程を含まない受注を目指している。センタレス研磨による段無しシャフトに注力してきているのは，経営者の前職時代の経験によるものである。経営者が新しい技術や技能の習得には熱心ではなく，この形態のシャフトの加工受注に注力している。現在は，こうした簡易なシャフトの受注が順調に伸びてきているので，他の工程に関する技術レベルの向上には熱心ではないと思われる。平均受注数量は，10,000～20,000本。

　実際のモーター・シャフトや回転軸は，センタレス加工機だけでは完成しない。よって，その他の工程を他社への外注によって分業体制で受注している。20,000本程度の数量で発注した場合，全工程を社内で対応可能なS精密の方が価格が安くなる。この体制で受注が取れるのは，10,000本前後の中規模程度の数量のものになる。少量生産では，付加価値の少ないセンタレス研磨加工では

利益が確保できず，大量の場合は，より規模の大きな企業に価格面で劣る。センタレス研磨以外の技術分野にも注力した方が受注の幅も広がると考えられるが，現経営者の方針には，新たな技術強化は無いようである。

(4) 調査結果

図表11-3　日中6社調査結果

	日本（大阪）			中国（浙江省寧波市）		
	H精工	F製作所	Y製作所	TS金属製品	S精密	TH転軸
主要工程	転造	自動機	分析・評価	円筒研磨	大量生産	センタレス研磨
主要工程選択理由	自動車用等の受注	省力化・24時間生産	取引深耕・開発パートナー	経営者の前時代の技術	原価低減	経営者の前時代の技術
設備投資	中	大（リース）	中	中	大（10億）	中
技能者養成期間	長	中	短	短	短	短
受注数量	小～中	中～大	小～大	小～中	大	大
付加価値レベル	中～高	中	中～高	低～中	低	低
戦略	VE情報提供	低価格	付帯サービス	低価格	低価格	低価格
品質	高品質	品質安定	高品質	品質不安	品質安定	品質不安

出所：筆者作成。

　設備面では投資金額に差があるものの，シャフト加工業者という範疇で調査を試みたこともあり，設備自体には生産システムの独自性を左右するほどの大きな違いは見受けられなかった。受注数量と品質追求のレベルには違いが見られる。中国企業は低価格戦略を採り，品質管理面に大きく注力しない傾向があるが，日本企業には品質面を重視する傾向が強い。また，技能者の育成期間の違いも大きい。中国浙江省寧波市のシャフト加工業者には，作業者の技能を向上させるといった意識は低く，そうした技能形成への取り組みも少ない。できるだけ早く生産体制を構築し，大量生産の受注を目指すという戦略が多い。また，作業者が入れ替わっても生産に大きな影響が出ないように，各作業者の作

図表11-4 技能者養成期間と品質管理レベル

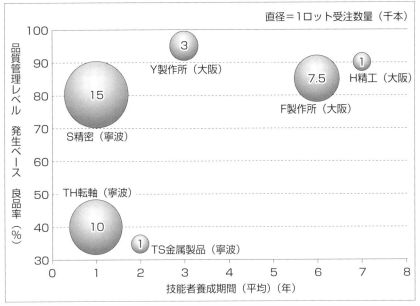

出所：筆者作成。

業をできるだけ単純化している。大量生産品の製造を指向し，製造品目の変更による段取り作業を極力避けようという傾向が見受けられる。こうした傾向は，著者の管理する工場が，中国現地企業と取引する際にも，頻繁に遭遇することでもある。高品質でなくても，比較的製造が容易で生産数量の多い案件の受注が取れる状況であることが，こうした企業運営を成立させる大きな要因となっている。

大阪では，品質に不安があれば，継続した受注の確保は困難であるし，価格競争になれば，収益が確保できず，経営が安定しない。価格競争を避ける戦略を採る傾向が見られる。大阪では，長期間かけて作業者の技能形成を図る傾向が見られる。労働者の離職率の問題も絡んでくるが，長期間の継続就労を前提として経営側も作業者の技能形成を図っていると考えられる。

図表11-4は，段取り作業といった技術的難易度の高い作業（技能集約型作業工程）をこなせる技能者を養成する期間と品質管理レベルをグラフ化したものである。大阪では，総じて段取り作業といった技能集約型作業工程をこなせ

る技能者の育成期間を長く取る傾向があり，品質追求のレベルも高い。中国では，高品質で管理体制の良い企業であっても技能者の育成にそれほど熱心ではなく，技能集約型作業工程の構築に積極的に取り組む場合は少ない。大量受注を指向し，工場内の作業を単純化してコモディティー化に重点を置く事例が多い。

おわりに

　中小製造企業，特にシャフト加工業における生産システムと技能形成について，日本（大阪），中国（浙江省寧波市）のシャフト加工業者の事例研究を通して考察したが，この両地域においては，生産現場に関する考え方は異なっていた。大阪では技能形成に注力し，段取り作業（技能集約型作業工程）に対するこだわりが強い。中国では作業工程の単純化に注力し，技能形成を伴う段取り作業には注力していない。

　「はじめに」で述べたとおり，中小製造企業の継続発展には，独自性のある生産システムの構築と技能形成が可能な人事労務管理が不可欠である。今回の実態分析の結果として次のような点が明らかとなった。日本企業も中国企業も中小製造事業者の規模では設備体系に大きな差異は見られず，設備体系による生産システムに大きな違いは無い。特に大きな違いが存在したのは技能者（人的資源）の面である。生産システムの構築や管理では，日中間で異なる人的資源の活用に関して，自ずと異なる人事労務管理方式を取らざるを得ないのではないかと考えられる。労働力（人的資源）の活用を考える場合，作業員の技能レベルや知識・経験の質も考慮する必要があるであろう。

　技術的難易度の高い段取り作業を伴う工程を自社の得意分野として選択するといった戦略を採る事例は大阪に多く見られ，比較的短期間で生産技術を確立し低価格で供給できる工程構築に注力する傾向は寧波市の企業に多く見られた。専門知識と作業経験の両方を備える「万能熟練工」によって支えられる「技能集約型作業工程」を内包するか否かの判断は，受注数量の大小にも左右され，大阪と寧波では判断が逆転している。一般に言われる，"日本の製造業は技術的に付加価値の高いモノづくりを志向すべき"という論調に近似する結果が得られたことになる。付加価値の高いモノづくりを志向するには，「技能集約型

作業工程」を内包する必要があり，それなりの業歴が必要となり，常日頃からの技能形成への取り組みが重要となる。寧波には新興企業が多く，数量の多い受注獲得も容易であることから，技能形成を必須とする「技能集約型作業工程」の内包を志向しない判断につながっている。

　では，「技能集約型作業工程」を内包しないという選択を，日系の中国企業も同じようにとることができるのだろうか。「はじめに」で述べたとおり，日系企業は，中国現地企業に競り勝つにはコスト面以外での優位性が必要不可欠であり，その一つは技術面での優位性である。技術面での優位性を持てないとすれば，中国現地企業との競争においては不利になり，日本から流出し中国に大工場を構える日本の大手製造企業からの受注獲得すら危うい状況に陥るであろう。技術面での優位性を保持するには，日本での工場運営同様に，「技能集約型作業工程」の内包は不可欠である。これらを避けて，比較的容易と言える技術分野に特化することは，製造企業の競争力を低下させてしまうことにつながる。技術力の強化を志向する中小製造企業にとって，「技能集約型作業工程」の内包は避けて通れない重要課題と言える。

　ここで「技能集約型作業工程」を実現するためには何が必要であるかを，著者の管理している中国工場での6年間の管理経験を通して考えてみる。前述したとおり日本では，中小に限らず製造企業の多くは，「技能集約型作業工程」に磨きをかけている事例が多い。そして，多くの中小製造企業が，日本国内の本工場においては，こうした「技能集約型作業工程」の内包を実現してきているのである。しかし，この「技能集約型作業工程」の内包実現には，労働力の調達場所，つまり労働市場の違いが大きく影響しているのではないだろうか。労働市場の状況には，日本と中国では大きな違いがある。実務を通して日々，実感していることであるが，中国工場では人材の定着率が非常に低い。工場現場では，日々，何らかのイレギュラーが発生する。受け入れた部品の品質不良や生産設備の故障，あるいは受注量の急激な変動，新商品への生産切替による作業内容の変更等々，様々なイレギュラーが発生し，単純なルーチン・ワークの繰り返しが延々と日々続くわけではない。イレギュラー（異常，変動）に対応するには，作業経験，現場経験が豊富で様々な変動に対応できる知的熟練レベルの高い人材が不可欠となる。こうした知的熟練度の高い人材，「万能熟練工」を育成するには経験知が極めて重要となる。よって，「万能熟練工」を育成し

ようにも，定着率が低いために経験知の蓄積ができず，熟練工の育成（技能形成）が極めて困難な状況にあると言える。つまり，熟練工の育成については労働市場との関連性が大きく，日本と同様の管理手法や考え方では対応できないのが現状である。

　熟練工の育成（技能形成）が中国において日本と同じようには管理できない要因には，先輩⇒後輩，もしくは年長者⇒若年者といった指導，訓練，知識伝達，技能伝承の流れの違いもあるだろう。日本では，ほとんどの会社において，会社内でのOJTによる指導，訓練が一般化している。職場で必要な知識や技能は，先輩から後輩へと伝えられていく。製造現場においても，各機械類の操作や，現場管理で必要となる知識，イレギュラーの事態への対応等々，先輩や年長者の持つ知識は，後輩，若年者に伝達されていくのが通常である。しかし，中国では，こうした指導や伝達，伝承は一般的ではない。長期雇用とも関連するが，それぞれ個人の持つ技能や知識を安易に他人に伝授しない傾向が強い。例えば前述のTS金属製品の共同経営者の現場管理者にはこういう傾向が見られる。彼以外には，円筒研磨に関する技能や技術面での専門知識を持つ者が社内に存在しない。作業者の離職率が高いので教えられないという理由もあるかもしれないが，それでも指導や訓練はしていく必要があるはずである。こうした社会全般に浸透している通念が，中国におけるOJTを阻害しており，日本と同様の技能形成過程が見られない理由になっている。

　とはいえ，大阪で実現している各中小製造企業が独自性のある生産システムとして構築してきた「進化した万能職場」を[19]，中国工場でも実現していくことが，付加価値の高い産品を販売していくことにつながり，事業を発展へと導いていく。中国現地企業は，現状は「技能集約型作業工程」を避ける傾向が強いが，人件費の高騰が続き，東南アジア諸国の追撃を受ける状況下では，いずれは中国現地企業においても，技能形成に注力し，「万能熟練工」を養成し，「進化した万能職場」を構築していくことが求められるようになるであろう。筆者の管理する中国工場でも，現状，大阪と同様の技能者の育成ができているとは言えない。現地での育成ができない中，生産システムの構築には，大阪から技能者の派遣という形で何とかしのいでいるという状況である。現地で育成した技能者の離職の都度，大阪からの派遣に頼るという具合である。つまり，中国現地工場では，安定した技能者は日本で育成されて中国に派遣され，一般作業

員は現地育成という複線型人事労務管理が行われている。ここ数年間の人件費の上昇により，中国での製造工場の経営環境は厳しさを増している。中小規模の工場は，日本の工場と同様に，多品種少量の製造受注という構造は変わらない。工場現場の管理全般に目配りのできる知的熟練の高い「万能熟練工」の存在は，品質の安定と原価の低減に寄与する。「万能熟練工」の育成ができる人事労務管理の体制整備は，工場運営の重要課題の一つである。できるだけ早い段階で，現地での育成を安定させ，中国現地での生産効率の高い生産システムの構築を成しとげることが喫緊の課題であるが，途半ばである。

●注

1) 「産業技術」の定義については，山本［1994］：6頁を参照されたい。また，「技術」の概念規定をめぐる様々な見解および論争，「技術」と「技能」と「機械」との関連については，山本［1994］：序章で詳しく紹介されている。
2) 「万能職場」の定義については，山本［1994］：21～22頁を参照されたい。
3) 山本［1994］のいう「万能職場」は，オートメーションの進展により衰退するのではなく手作業・熟練工程と混ざり合うという違った形で発展し，現在も多くの中小製造企業において見られる。こうした職場を「進化した万能職場」とする。
4) 人事労務管理の強化については，別稿「在中国日系中小製造企業における労務管理の変容」［2015］『季刊経済研究』第37巻1・2号を参照されたい。
5) 大企業と中小企業では，部品類の製作数量（ロット）が異なる。多品種少量での製作の場合，工程ごとに分業する事例が多く見られる。
6) 大阪では分業体制が構築されている場合が多い。特に東大阪市，八尾市が有名。
7) 五金は，金属製品一般の意味。浙江省寧波市は金型産業を中心に各種金属切削加工業者の集積地。
8) 加工機械に切削工具や治工具をセットする作業。経験知や技能熟練が必要とされる作業工程。
9) 工具摩耗や切削時の工具の削れ具合等，実体験の感覚を伴って習得されるものであり，短期間での習得は困難である。
10) 知的熟練については，小池和男『仕事の経済学（第3版）』［2005］第1章，11頁を参照されたい。
11) 受注数量が多ければ，付加価値の低い加工請負でも収益確保が可能。付加価値が高い加工であれば，受注数量は少なくても収益は確保できる。
12) ウォーム軸とウォームホイールにより減速機を構成する。モーター・シャフトにはウォーム軸を加工する場合も多い。例：自動車のワイパー用モーター，電動ウィンドー用モーター，按摩機器用モーター。
13) 動力を伝達する軸連結に用いられる軸端の加工方法の一種。自動車部品に用いられる例

が多い。
14) スプライン軸と同様に,動力を伝達する軸連結に用いられる場合が多い。
15) ウォーム軸の加工には,転造加工か歯切り切削加工かのいずれかの方法が選択できるが,少数,または特別な高精度要求がなければ,転造加工を採用するのが合理的である。歯切り加工の場合,表面粗度を上げるには歯切り加工後に歯面研磨が必要となるが,転造加工では研磨の必要はない。また,歯切り加工に比べて加工時間が短く,加工原価を低く抑えられるからである。ただし,段取り作業には熟練度が必要である。
16) 加工機械に切削工具や,治工具をセットする作業。この場合,転造ロールのセットと寸法出しが難しい。自動機の場合,プログラムをセットする作業も含める。
17) 歯切りや転造,レーザーによる熱処理までを1台で加工できる自動機械。
18) 製造企業における技能および「知的熟練」については,小池・中馬・太田[2001]の序論に詳しく述べられている。
19) 「万能熟練工」により独自性のある生産システムが構築されている作業現場。

第12章
女子従業員の人事管理
―大手電機メーカーのホワイトカラー職場の事例―

はじめに

　前章までは日系企業の製造職場を対象として，労務管理の変容のあり様を考察してきた。本章は中国におけるA社傘下の企業を統括するPD社（以下PD社）[1)]および財務部門を統括するPF社（以下PF社）のホワイトカラー職場を分析対象とする。[2)] 女子従業員が働く職場は多国籍企業として，事業を展開する大都市に位置するホワイトカラーの熟練職場[3)]である。従業員の多くは，優秀とされる大学卒・院卒の従業員で占められている。なお，A社は中国の大学生の就職希望先ランキングでもベスト50以内に入る人気の大企業[4)]である。同系列傘下の企業であるPD社およびPF社には，優秀な人材が集まりやすい条件はあった。そして，専門職[5)]とされる人事・経理・財務・法務などの職務は女子従業員[6)]が多数を占めている。

　近年の日本では，よく知られているように，大学卒・大学院卒（新卒）女子の職場進出は著しい。しかし，男子と比較し種々の格差が存在する。[7)] 本章の主な問題関心は，日系大企業のホワイトカラー職場で働く女子従業員は，男子と格差[8)]があるのか，同じ系列企業であるB社（第10章参照）のように幹部層を除き，階層を貫き存在するのか，[9)] などである。中国におけるホワイトカラーの労働市場は，よく言われるように流動的である。労働者はキャリア形成を図るために，企業間移動が激しいとされる。本章は流動的な労働市場における女子従業員の定着化問題や女子従業員の内部からの育成問題，などの女子従業員に関する人事管理を分析する。

213

1. 女子従業員の定着化―統括企業PD社の分析―

　本節はA社の中国事業全体の統括会社である北京市にあるPD社を事例として取り上げる[10]。PD社は2012年1月に組織統合され，中国A社傘下の販売会社や製造工場を運営する企業を統括する会社となった。中国A社傘下の企業のITシステム・販売・人事総務・法務などに関するサポート機能が求められている。組織統合後の従業員（少数の派遣従業員を除く正規従業員）は，約2,600名で半数以上は女子が占めている（2012年2月末現在）。PD社のホワイトカラー職場は，日本のように，長期雇用を前提とした「従業員意識の強い労働者（従業員）」[11]を養成し，日本とは異なり，男子と同様に女子従業員にもキャリア形成につながるような人事管理を適用しているのかなどを考察する。

(1) 人事管理の変容
①女子労働力の特質

　PD社は専門職とされる女子従業員が多く働く職場である。管理職の半数以上は女子である。特に，専門職の職場とされる人事総務部に所属する従業員は40人（日本人部長を除く），平均年齢は約30歳である。男子は課長職1名と一般従業員1名の2名のみである。残る38名は女子で，そのうち，課長職は6人と副部長1人である。入社3～4年で一般職から監督職である係長に昇進する。なお，監督職である係長を経ずに，管理職である課長職に昇進する従業員も存在する。課長は30歳前後，副部長は30代後半である。

　PD社に勤務する半数弱の女子従業員は，既婚者である。男子も含め北京市出身の従業員は少なく，地方出身で北京市にある大学出身者が多い。北京在住中に結婚する女子が多いとされる。既婚の女子従業員の多くは，出産休暇後に職場に復帰し，働きながら子育てをする。都市部では，家事と育児を担う家事労働者を雇用する家庭も多い。また，両親との同居により，祖母・祖父が子ども（孫）の世話をする家庭もある。子どもを預ける保育所も一定数確保されている。育児休職制度はあるが，休職せずに，短時間勤務制度を選択し，労働時間を短縮して子育てをしながら，勤務する女子従業員もいる。従業員は仕事を定時内で終わらせる前提で勤務しており，残業をしないのが，男女とも一般的な働き方である（I）。長時間労働の影響を受け，不規則な生活実態とはならな

い模様である。なお，男子が多い営業職場では，労働時間が長くなる傾向にはあるが，残業は常態化していない。女子従業員が出産休暇を取得する場合は，派遣従業員が代替する。派遣従業員の労働条件は，「同一労働・同一条件」のため，正規と同様である。ただし，福利厚生の待遇面（住宅手当など適用）では差があるため，改善の余地があるとされていた。

多くの従業員は男子も含め，住居の移動を伴うような転勤が少ないこともあり，女子従業員本人の転勤による離職はない。日本の「雇用の最大領域である事務部門では，キャリア展開が期待され保障されている『総合職』は，圧倒的に男性，女性はいつになっても比較的簡単な様々な仕事を適宜わりあてられる『一般職』に緊縛されている」[12]とされる。総合職では，住居の移動を伴う転勤や職務のローテーションを拒否しない慣行が前提となっている。コース別管理の総合職は，「全国転勤」を求めた点で，育児や介護を抱えて転勤しにくい女子労働者を排除する「間接差別」の面を持っていた。[13]

PD社には日本のようなコース別管理[14]の人事制度はない。企業とむすぶ労働契約[15]には勤務地なども記載されているのであり，労働契約の変更には困難を伴う。しかし，使用者側が，転勤の必要性を認める場合は，事前に人事部が本人と協議し，同意のうえで決定する。同意できない場合，転勤は無効となる（I）。なお，管理職の条件として，転勤を義務付けた労働契約をむすんでいる在中日系企業の事例[16]はある。

正規従業員の契約期間は3年である。旧PD社では3年以内で退職する従業員が多かった。日本の人事制度を移転しても社員が定着化しないのであり，今後の事業展開にとって，重大な問題を抱えていた。[17]その対策として，人事部が主導し従業員の定着化に寄与すると考えられた新たな人事制度が2007年に旧PD社で導入された。労働者保護を目的とする労働契約法[18]の施行もあり，3年間の経過措置（改良期間）を経て2010年度に完成した（I）とされる。なお，新人事制度は旧PD社で導入された制度であるが，統合後のPD社に引き継がれ，旧PA社の社員にも適用すべく調整をはかっている。次にその内容を検討する。

②**女子専門職に適応した新人事制度**

導入された新人事制度の骨格は，「多様性の発揮，キャリア開発（自己実現），成果・能力の最大評価と処遇」にあるとされている。例えば，職務階層の設計，

職務評価制度，目標管理・実績評価とリンクした賃金制度，モラルアップを促す福利厚生制度の充実[19]などである。具体的には，従業員はゼネラル（一般）職の管理職コースと専門職コース（図表12-1）に分類され，職能資格等級化[20]された職能資格制度が適用された。旧PD社は女子従業員が多数働く専門職の職務が多く，労働意欲の維持・向上および長期雇用促進を目的に，職能資格制度を中心とする新人事制度を新たに導入した。

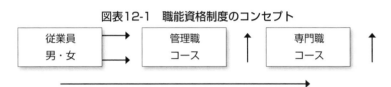

図表12-1　職能資格制度のコンセプト

出所：PD社調査により筆者作成。

　女子従業員の多くは，専門職の職務についている。専門職コースについて以下，検討する。専門職では職種により職能資格等級が分類されている（図表12-2）。例えば，法務部門では，修得段階（1級・2級）→応用段階（3級・4級）→拡張段階（5級・6級）→指導段階（7級・8級の監督職位）→創造段階（9・10級の管理職位）と階梯を上昇する。なお，部門により，職能資格等級と段階（職位）は異なる。他の部門に異動した場合，例えば経理部から専門外の人事部に異動すれば，原則，最初の1級，もしくは2級から開始することになる。その場合，基本賃金が下がることになる[21]。日本のように他の部門へ移動して昇進・昇格するようなローテーション管理は専門職には適用されない。結果，専門職はより専門の職務に特化することになる。中国のホワイトカラー労働者は専門的な能力のキャリアアップに対する意欲は強い（C）とされる。一方，ゼネラル職の管理職コースでは，他の部門へのローテーションも含め，種々の能力が養成され，昇進・昇格してゆく。

　中国の日系企業の昇進速度は一般的に遅いとされている。そして，外部労働市場が競争的である場合は，日系企業の「遅い昇進」は優位性を失う[22]とする議論がある。中国労働市場ではホワイトカラーの労働者はキャリアアップのために1度は転職する（I）のであり，昇進・昇格速度は社員の定着化を促す上で

第12章 女子従業員の人事管理

図表12-2 専門職の職能資格等級

職位＼部署	営業システム部		経理部		人事総務部		法務部		社用車運転手
創造段階（管理職位）	8	9	8		7		9	10	—
指導段階（監督職位）	6	7	6	7	6		7	8	—
拡張段階 ↑	4	5	4	5	5		5	6	—
応用段階	2	3	2	3	3	4	3	4	2
習得段階 ↑	1		1		1	2	1	2	1

出所：PD社調査により筆者作成。 ＊職位の名称は不明、数字は職能資格等級。

重要な要素の一つである。旧PD社も新人事制度に合わせて、スピードを意識して、早目の昇進・昇格を心がけていた（C）。なお、専門職の昇格期間の目安（標準）は部署により異なるため、明らかではなかったが、昇格では、職能資格等級1ランクアップが標準1～2年を要する（I）ととらえられていた。昇格速度を速めるために、能力の高い従業員を飛び級させることも行われている。

日本では、「男性正社員を中核的労働力として位置付け、女性正社員を下位のステイタスにとどめおく日本的労働慣行が一般化している」[23]。「男女同一の処遇枠組みを有する職能資格制度は、ジェンダー平等に近づく可能性を持ちながらも、現実にはそのように機能していない」[24]のである。PD社に日本から2年前に赴任したIは、中国の女子従業員の仕事振りについて、「女子従業員は指示された範囲の仕事（職務）はできる。範囲を超えた職務はしない傾向にあるので、日常的な仕事を通じてカイゼン活動を行っている」と指摘する。しかし、専門職がより専門化する過程では「指示された範囲の仕事（職務）はできるが、範囲を超えた職務はしない傾向」は、避けて通れないであり、数少ない男子専門職においても同様の傾向が見出せると予測できる。Iのいうような女子労働力の特殊性とは思われない。事実、多くの女子従業員は日本とは異なり、下位の職位にとどまることなく、導入された職能資格制度に基づき階梯を上昇していた。新たに導入された職能資格制度は男女の差異なく適用され、女子管理職（管理職位）も半数を超えている実態からも、女子労働力の特殊性（社会的性差＝ジェンダー格差）はPD社では意識されていないと理解できる。こうして、専門職コースから管理職コースへの変更も能力と実績により可能とされる[25]複線化した職能

217

資格制度となった。

③賃金と評価システム

　職能資格等級ごとに基本給が決まっており，職務の内容も明示されている。なお，具体的な金額は明らかではないが，新卒の給与は日系大企業の平均よりも上のレベルである（I）とされる。ボーナスは業績により変化はあるが，年間で基本給の平均約2.9か月（2011年実績）であった。半期の会社業績と本人の半期の成績評価により，支給額が半期ごとに決められる。定期昇給は毎年実施される。上司により年1回の能力評価査定が行われ，昇給額および昇進・昇格が決められる。1年間の業績に対する評価は，半期のボーナス評価とは異なる。次年度の業績期待も含めて，チームワークや長期的視点[26]も重要視されており，日本的雇用慣行の特質[27]が反映されることにつながる。ボーナス評価や昇給評価の基準は統一されているが，実際の運用は管理職に任されている。現地に適応した運用方法である。評価は絶対評価であるが，配分の際は，原資の枠内に収めるため，結果として相対評価となる。毎月奨励金（業績給）を付加する奨励金制度を適用するような営業職部門もあり，部門間で賃金格差はある。なお，評価システムは職能資格制度と同様に，男女の差異なく運用されている。

(2) 長期雇用制度の適用
①労働契約と雇用の安定

　新人事制度を導入する背景の一つは，高離職率であった。いま一つの背景は，既述したように，2008年の「労働契約法」の施行であった。労働契約の最初は3年契約，2回目も3年契約，3回目からは終身契約（定年年齢まで）となる。初回契約期間3年以内に離職する社員が多かった。3年以上の勤務者に住宅手当を支給するなどの対策も行った。そして，離職率は，2010年の新人事制度の実施・定着化により，年間約20%（2008年旧PD社）から10%以内に改善された。平均勤務年数は5年となった（PD社，2012年1月現在）。期限の定めのない終身雇用の従業員は20名（旧PD社，2010年末）となり，長期雇用の礎ができた（C）とされる。近年PD社に入社する従業員の多くは，企業内昇進を期待している（I）。内部で人材を育成するために，長期雇用を支える人事制度が必須となっている。

②人材の育成

　近年の従業員採用方式は，新規学卒者を多く採用する方式に移行しつつある。日本の大企業は，「職業能力を持たない新規学卒者を大量に採用し，職場でのOJT[28]を基本に，また必要に応じてOff-JT[29]や自己啓発でそれを補完しながら，職務能力を獲得させる」[30]のである。PD社も日本のように，企業の内部労働市場[31]を人材育成の場ととらえていた。ここではOff-JT研修について簡略に検討する。Off-JT研修は，階層ごとに行われる。例えば，新入社員研修，課長職位任用前の入社4年～5年程度の課題解決研修や全階層で実施されるQC活動研修などがある。新人研修では，企業理念の浸透を主目的に開催されているが，実施されるすべての階層研修に，必ず企業理念の研修が組み込まれている。企業理念を雇用関係の基本に据えていることがうかがえる。なお，日本の研修でも同様であり，日本の方式を中国現地にも適応させていた。中国人労働者は「研修を通じて自分の知識や技能を高めることが，給与と同様に，会社から得られる利益であるという意識を持っている」[32]のである。

　PD社傘下に人材開発会社がある。人材開発会社がPD社を通じて，研修内容や講師など中国P社傘下の企業（製造・販売も含む）に提供する役割を担っており，PD社の社員研修も実施する。体系的な研修制度は従業員の定着にとって重要な要素であるとともに，企業帰属意識を高め，「従業員意識」の養成に寄与する人事労務管理の一つとして，機能している。なお，中国における高学歴労働者はキャリアアップ志向が強く，大学生が「キャリア研修の機会」を企業選択理由のトップに挙げている調査結果からも，研修制度は重要視されている。また，日本経団連の中国人材戦略に関する政策提言においても，日系企業の人材育成制度（研修）の充実を第4番目に挙げている。[34]

　選抜された優秀な従業員には1年～2年間の日本研修が提供される。例えば，新人事制度の策定・実施に貢献した女子人事課長（旧PD社）は，2年前から日本の本社に勤務し，A社の人事制度を学んでいる。2012年度中に中国に戻り，さらなるキャリアアップが見込まれる（C）。PD社が選抜し，グローバル人材を養成しようとする選抜型育成システムの一環であった。グローバルに展開する企業では，海外現地法人の経営度の重要性が増しており，それを支える人材の育成が最重要課題となっている。[35]日本の人事管理を「身をもって経験した」中国人女子従業員（人事課長）が，日本の企業社会の構造と異なる中国現地で，

日本での経験と培った知識をどう生かすのかはPD社も注目している。

2. 女子コア人材の育成—財務統括企業PF社の分析—

　PF社は2007年に上海市で開業した。中国A社グループ会社向けの資金・為替・決済取引や関連サービスなどを行う独立金融会社である。日本A社財務部が直接統括している。PF社は外資系企業として初めて設立・開業した，資本金7億人民元，総資産46億人民元（2011年末現在）の金融会社である。現在（2012年2月末）のところ，主事業はグループ会社内の取引であり，他企業へのサービスは行われていない。日本人幹部2名および中国人女子従業員11名の計13名の企業である。3つの課があり，それぞれ課長がいる。日本人以外は全員女子で占められている。設立後5年を経過したが，金融業界の賃金相場の上昇に対応しなければ，労働者の離職が激しくなる（総経理U氏，以下U）流動性の高い労働市場の環境にあるとされる。本節では女子専門職ばかりの職場で，どのような人事制度が適用され，コア人材の育成に向けて，女子従業員がどのように内部昇進しているのか，などの点から女子専門職従業員に対する人事管理を概観する。

(1) **女子専門職の特質**

　前節で述べたPD社とは異なり，新卒採用者はいない。いずれも他企業での経験を有し，日本で呼称される会計士，税理士，弁理士などのような，専門的な資格や知識を持つ女子従業員の職場である。平均年齢は30歳強で半数は既婚者である。女子従業員は大学卒・大学院卒である。全員日本語1級資格者であり，日本語は堪能である。銀行などの金融系企業勤務経験者も多い。なお，上海は中国の金融中心地であるため，金融関連の優秀な人材が豊富な都市でもある。専門職を担うPF社の女子従業員は，仕事達成への意識が非常に強く，突発的な残業があっても拒否しない（U）とされるが，恒常的に残業がある職場ではなかった。PF社の従業員は女子のみであるが，女子を意識して採用したのではなく，採用した能力の高い優秀な人材が，結果として女子であった（U）とされる。上海の金融を中心とする専門職の労働市場では優秀な女子労働者が

多く存在することがうかがえる。PF社の女子従業員は，上海のホワイトカラー労働市場において，中位以上の階層に属すると思われる。

(2) 能力重視の人事管理
①雇用・分配条件
　新人の賃金（一般職位）は，職務経験を考慮し，月額4,000元～5,000元の範囲内で決められる。「金融業界の給与としては高くはないが，PF社の現在のニーズから判断して，妥当である」（U）とされる。定期昇給はベースアップも含め毎年実施されている。昇給額は日本人総経理のUが目標・行動・会社貢献などの項目の実績を評価し，社員と面接を行い，決められる。その際，次年度の目標なども話し合われ設定される。2012年度の昇給額は前年比平均8％，最高は18％アップであり，格差がある。評価制度の内容は現時点では社員には公表・提示されていない。評価制度はUが独自に策定・導入したものであり，日本A社の人事制度を移転したものではないが，「他の中国A社系列企業の人事制度を参考にした」（U）ものである。また，所属する課によって賃金に格差が付けられる。「様々な能力・知識，時勢にあった判断力が必要とされ，新たな課題や価値を見出せる営業課は結果として高くなる」（U）というのである。従業員の職務や個々の業績により，従業員間の賃金格差が拡大することになる。

　ボーナスは春節の際に基本給の1か月分を一律支給している。夏期は査定をして平均2か月分を支給している。最低が1か月分，最高が4か月分と大幅な格差がある。昇給額もふくめた賃金は，従業員の成績（実績）に対する配分を実施した結果，格差のある賃金体系となっている。中国の優秀な人材にとって，「日本企業に典型的な年功序列は人気がない，成果主義や実力主義がなじむ」[36]のである。PF社は一般従業員には職能給[37]を適用し，個人の能力・業績を反映した格差のある昇給制度やボーナスを組み合わせながら，優秀な従業員の確保と育成をはかろうとしていた。日本でよく言われているような職能給[38]の賃金制度とは少し異なる。

　雇用契約期間は初回3年，2回目も3年で次回から永久固定（定年年齢までの終身）となる。終身契約の予定者にはA社系列の別企業から異動した女子従業員の3人（内2名は課長）がいる。なお，PF社は「対象者全員を自動的に終身にする方針はないが，従業員の多くは終身を望んでいる」[39]（U）。職務経験

を積み重ね，一定の階層に到達した女子従業員の多くは，雇用の安定と賃金の確保のために終身雇用を求めている実態にある[40]。収入や社会的地位は中位以上の階層に属するが，家事や子育てなどの家事労働も一定程度負担しながら，能力と業績が厳しく評価される従業員でもあった。

女子従業員にとって必要な出産休暇は，4か月（120日）が保障されている[41]。所轄の役所（上海市人力資源・保障庁）からは「従業員の出産に伴う代替要員としての人員配置を指導されている」（U）。しかし，代替要員となる従業員や，派遣従業員は雇用していない[42]。「余裕のある人員体制は敷かない。多忙となるが，業務に支障が出ないように指導している」（U）としており，従業員への仕事管理（人事管理）の厳しさがうかがえる。

よく知られているように，中国では一般的には営業関連の仕事は男性が中心であり，スタッフ職や経理などの専門職は女性が多い。PF社に営業課はあるが，グループ企業や銀行との折衝，新規業務の企画などの専門職に類する職務を担う。一般的な営業の業務とは異なりノルマなどはない。PF社では営業課も含め，グループ内業務のため，外部の企業との接触も少なく，強い折衝力が必要とされない（U）のであり，男子を優先的に採用する必要はない。結果，専門的知識を有する能力の高い女子のみが採用されることにもつながった。

女子従業員は全員上海人である。従業員間のコミュニケーションが取りやすいこともあり，上海人となっている[43]。女子従業員は親と同居したり，親の住居近くに居を構えたり，などしている。結婚・出産後，親がその子どもの世話をすることになるが，高齢者の親と同居する家庭では，家事および子育てを担う家事労働者を派遣会社と契約し，自宅にて雇用している。また，上海市には，北京市と同様に保育所も整備されている。働きながら子育てが可能な環境にあった。なお，現時点では住居の移動を伴う，グループ企業傘下のほかの企業への転勤はない。継続して仕事ができる雇用慣行があった。ただし，中国A社系列内から転勤した従業員はいるが，労働契約に則り本人の同意を前提としていた[44]。

②高度専門職の育成と人事制度

小組織のため，会社組織は簡素である（図表12-3）。日本人幹部2人が組織を統括している。業務課はグループ企業の決算などの会計的な仕事や財務のサポー

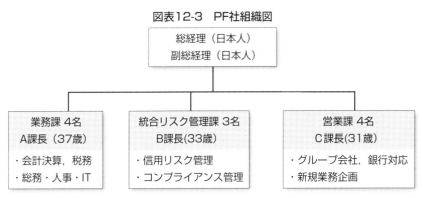

図表12-3　PF社組織図

出所：PF社入手資料より筆者作成。

ト機能や自社の人事関連業務を担っている。統合リスク管理課は政府動向に対する対策，リスク管理，法律関連を担当する。営業課はグループ企業の資金面でのサポート業務を行っており，金融関連企業の経験者を配置している。従業員の職務は専門化しており，職務の変更を伴う組織間のローテーションなどはない。

業務課課長Aは1997年に旧PD社[45]で一般従業員として採用され，2007年のPF社設立に伴い異動し，2010年に課長職に就任した既婚の女子従業員である。営業課課長Cは2005年にAと同様に旧PD社で一般従業員として採用され，2007年にPF社に異動した。2012年度より課長職に昇格した既婚の女子従業員である。統合リスク管理課課長Bは2009年にPF社で係長（一般職位）として採用され，2012年に管理職位である課長に昇格した既婚の女子従業員である。いずれも，一般職位として採用され，一定の経験と実績を積み重ね，能力と業績を評価された内部からの昇進者である。なお，AおよびCは北京にある旧PD社からの転勤者ではあるが，上海人である。同じA社系列内からの課長職への昇進であり，PF社は内部昇進を重要視していると理解される。なお，養老保険の移転問題[46]は，同系列企業内で解決している。

PF社は職能資格制度の導入により，一般職を4段階（G1～G4），管理職を6段階（M1～M3，S1～S3）に分類し，従業員を一元的に管理している。ただし，一般職や一般管理職（M1～M3，）は「職能給」，「専門管理職（S1～S3の幹部候補）」は「職務給」[47]が適用された。こうして，PF社は全従業員に一元的な職

能資格制度を導入するとともに,「専門管理職」に対しては,一般職と異なる「職務給」を適用した。一元的管理と多元的管理を組み合わせた複線的な人事管理と思われる。なお,3名の課長の職能資格等級は不明である。今後も内部昇進を進め,部長職位も外部からの採用者でない課長職位からの昇進者にする予定(U)とされる。特徴的なのは,既述したように,一般職位よりも管理職位に等級階梯を多く設定していることである。今後の業務の拡大を見据え,管理職位への昇進スピードをあげ,優秀な人材を確保する。管理職位の職能資格等級に昇格した後も,能力と実績により資格等級が上昇し,賃金も上昇が可能となり,従業員の上昇志向を刺激している。管理職も副部長・部長などの幹部職位を配置し,コア人材の育成をはかろうとしていた。

　内部昇進に一定の役割を担う企業内研修は,中国A社全体で階層別に実施されており,PF社もそれに準じて参加している。なお,階層の中身は不明であるが,職能資格等級別や職位別に実施されていると思われる。A社系列に勤務する多くの中国人労働者は,研修制度を歓迎している模様であり,PF社の女子従業員も労働条件の重要な要素として重視している(U)。PF社の従業員は,年に2回程度はOff-JT研修に参加していた。新人は必ず,企業理念や社会貢献活動を教える研修に参加する。

　金融業界に関連する企業では,「特殊性・専門性が求められる職場が多く,他企業でのキャリアを重ねて,階梯を上昇する傾向が強い」(U)のである。優秀な人材は企業への定着性が低いとされる。しかし,PF社はA社系列企業をふくむ内部労働市場で有能な人材を育成し,定着を図ろうとしている。既述したように,従業員は日本人幹部の2名を除き,女子のみである。現在は日本人男子幹部との待遇格差が大きい(U)が,女子中国人管理職の幹部への登用も視野に入れていた。PF社の人事管理は,女子の特殊性を意識したものではない。職能資格制度を基礎に,女子従業員の能力に応じた配置を行っている。なお,従業員が少人数のため,企業工会や従業員代表大会も組織されず,[48]日本人幹部が直接,女子従業員を統括管理していた。

第12章　女子従業員の人事管理

おわりに

　中国のホワイトカラー職場の労働市場は，流動化しており，競争的である。小池は労働力のタイプとして，「企業内で，関連の深い仕事群を，やさしい仕事からしだいにむつかしい仕事へと昇進していく。それで技能を高める」内部昇進制タイプがあるとする。PD社やPF社は，女子が多くを占める従業員に対して，職能資格制度を中枢として，ゼネラル職（管理職）コース・専門職コースなどの職務分類，職能給・職務給による賃金体系，企業内研修制度，などを組み合わせた複線型の人事制度を適用した。両企業は企業内で，「従業員意識」を養成しつつ，内部昇進制により人材の定着と育成を図っていた。

　本章は最初に北京にあるPD社の事例を分析した。PD社は第1に女子が多い職場の従業員の定着化に向けて，労働者保護を目的とした労働契約法を一定程度，視野に入れながら，新人事制度を実施した。ホワイトカラー職場の多様な労働者のニーズに適応しようとするものであった。そのために，新たに職能資格制度を人事制度の中枢に据えるとともに，「総合能力」をベースとするゼネラル職（管理職）コースと「専門能力」をベースとする専門職コースに分類した昇進システムを適用した。複線型の人事管理が構築された。第2に新人事制度を支える制度の一つである経営理念を基礎に据えた研修制度を導入，実施した。研修専門の企業を設立し，中国にあるA社傘下企業の製造現場やホワイトカラー職場で働くすべての正規従業員を対象として体系的な研修が行われていた。PD社も，研修により従業員の企業への帰属意識を高め，「従業員意識」を養成しようとしていた。女子従業員は男子と同様に，階層ごとの研修に参加していた。ホワイトカラー労働市場の労働者の要望に適応したPD社は，流動的な労働市場において，新人事制度を導入し，従業員，特に女子従業員が多く働く専門職従業員の定着化と育成をはかろうとしていた。

　次にPD社と同系列の高度専門職の従業員が働く，上海にある財務統括企業PF社の事例を分析した。女子従業員の働く職場は固定化されており，原則，転勤による住居の移動を伴わない職場である。子どもを養育している女子従業員の転勤を理由とする離職はなかった。労働市場において，中位以上の階層に属すると思われるPF社の女子従業員は，女子の特殊性を意識することのない職場環境で働いていた。

225

PF社は一般職として採用された従業員が能力に応じて階梯上昇できるような内部昇進制を適用していた。労働契約法を一定程度意識しつつ，コア人材の育成につながる人事制度であった。そして，賃金制度においては，一般職・一般管理職には職能給，専門管理職には職務給を適用した。こうした複線的人事管理により，企業の能力評価を基準として取捨選択され，コア従業員として終身雇用となり階梯を上昇する女子従業員と，契約を更新されず雇用機会が奪われてゆく女子従業員とに分類された。従業員全員の定年までの雇用継続は保障されなかった。

　競争主義社会の中で，「能力不足により止むを得ない」と考え，職場から去り，労働条件が低くても新たな雇用機会を得ようとするのか，これまでの経験をキャリアアップの機会としてとらえ，階梯を上昇するために，さらなる努力により，競争社会で働き続けようとするのか，などの「雇用の不安定性」と「階層上昇の可能性」の両側面は，中国ホワイトカラー労働市場の需給動向や女子労働者の生活様式とも関連しており，女子ホワイトカラー労働者にとっての課題として残される。

　本章は中国のホワイトカラー職場の事例を分析してきた。同じアジアNIES[52]の韓国のホワイトカラー職場の銀行では，「新人事制度が導入され，能力主義管理が推進されていた。しかし，女子労働者は職群別管理制度のもとで，下位職で活用され，底辺部に位置付けられていた」[53]とされる。本章で取り上げた職場の女子従業員は，男子と同様に評価・処遇される比較的に雇用・分配条件の良い労働者であることが示された。

　職場の階層構造は日本人幹部層を除き，労働者の能力と実績により，内部から階梯上昇が可能となるような構造であった。しかし，PD社やPF社と同じA社系列内の労働市場を内部労働市場と規定するなら，第10章のB社で見られたように，縁辺的な階層に属する労働者と接点を持つブルーカラー労働者は多く存在する。内部労働市場では製造職場の多数を占める一般職のブルーカラー労働者は，下位の階層に位置する。A社系列内のホワイトカラー職場で働く彼女らが属する中位・上位階層は，縁辺的労働と接点を持つ多数の下位の労働者階層に支えられていたのである。なお，ケース・スタディであるため，導き出された結論を全面展開して，一般化するには限界がある。しかし，少なからず，「女子労働力」の類型化につながるであろう。

第12章　女子従業員の人事管理

● 注

1) 第10章で取り上げた日本の大手電機メーカーであるA社のこと。
2) 対象企業の調査は2012年3月9日（金）にPF社（上海市），同年3月12日（月）にPD社（北京市）を訪問し実施した。総経理，人事総務部長，などにインタビューし一次資料等も入手した。
3) 分析対象の企業はキャリアを積んだ専門職が多数働く職場であり，ホワイトカラーにおける熟練職場とした。なお，小池はホワイトカラー労働者の技能を知的熟練としている（小池［1999］：20～22頁を参照されたい）。
4) 張［2007］：81頁を参照されたい。
5) 日本では女性が多い専門職は，看護士・教員・薬剤師で70％を占めている（熊沢［2010］：12頁）。また，日本のスタッフ職場では，会計士・税理士などの資格や経営に関する高度な知識を有する専門職に属する職務のほとんどが外注化されている。そのため日本の一般企業では専門職とされるような女子従業員は，少数と思われる。
6) 人事・経理・財務・法務などの専門的な職務を担う仕事は専門職とされていた（PD社およびPF社の調査より）。
7) 竹信［2012］：85～86頁を参照されたい。
8) 賃金や職位などの待遇。
9) 盛山は「階層構造の全体的な像を明確に描くこと，そして，そこにおけるジェンダー変数の役割を正確に位置付けることは，今日の階層論にとって困難であるが重要な課題となっている」（盛山編［2000］：盛山25頁）としている。本章の分析を進める上において階層分析は重要な課題と考える。
10) A社は2012年1月にP電工やS電機を吸収し組織統合した。中国のA社傘下にある中国統括会社も中国のP電工統括会社とA統括会社を組織統合した。本章では新統括会社をPD社，統括前のP電工統括会社を旧PD社（1997年北京で設立），A統括会社を旧PA社（1994年北京で設立）と表示する。なお，調査におけるインタビュー対象者のI氏（以下I）は，日本のP電工出身のPD社人事総務部長である。また，C氏（2011年11月2日および同年12月16日大阪にてインタビュー，以下C）はIの前任者であり，旧PD社で人事総務部長の職にあった。本節では統合後のPD社および統合前の旧PD社を分析対象とする。
11) 玉井・佐口編著［2011］李50～53頁を参照されたい。本章では当該企業での長期の勤務経験により育成され，培われた能力を企業内で発揮しようとする企業帰属意識の強い従業員のことをいう。
12) 熊沢［2010］：12頁。
13) 同上書：74～86頁。
14) 従業員を総合職と一般職とに分類した制度であり，よく言われているように，一般職は上位の階層（管理職など）への昇進は難しいとされる。日本では従業員の職務遂行能力の発展段階に応じた格付けである職能資格等級を中心とする人事制度である職能資格制度が導入されており，人事制度全体の中心に置かれる（津田編［1997］倉田96頁）とされる。なお，現代日本のコース別管理における職能資格制度の実態解明は筆者の今後の

15) 労働契約法第35条「雇用単位と労働者は，協議の上合意し，労働契約の約定の内容を変更する事が出来る。」とあるが，企業の一方的な変更は紛争を伴うので困難とされる。転居を伴う転勤は男子も女子も同様にあるが，当事者本人との合意のもとに行われており，強制的な転勤はできないのであり，転勤は少ない（C）のである。

16) 日系総合商社Mでは転勤はあるが，日本のような「頻繁なる転勤」を避けているため，既婚女子労働者も管理職になっている（M商社K中国総代理助理インタビュー［2012.3.13］於：北京）。また，労働者が養老保険（日本の厚生年金に当たるもので労使が保険費用を負担している）を享受するには15年間同一地域で費用を納付する必要があるため頻繁なる転勤は困難とされている。なお，PD社では転勤に伴い，養老保険の期間未満了の損失分は，対象者に賃金でカバーしている。従業員個々への柔軟な対応により紛争はない（I）模様である。

17) 日系企業の離職は欧米企業に比べて高い。その主な要因は，欧米企業に比べ，賃金レベルが低い，キャリアプランが乏しい，評価システムが成果と結び付いていない，など（張［2007］：83～85頁参照）であり，旧PD社も同様であった。

18) 第10章の注22で2008年に施行された労働者保護を目的とする労働契約法の内容を記載した。労働契約法の規制をクリアーしながら，人事制度改革を進める必要があった。なお，本章の注15にも，内容の一部を記載している。

19) Cからの入手資料に基づき記述。従業員が健康的な生活（会社や家庭）を送ることにより，仕事への意欲につながるような企業の制度のこと。例えば，企業内の食堂や健康増進のための設備の設置，住宅資金援助制度など。

20) 中国ホワイトカラーの人事制度では資格等級制度が柱であるべきとする議論がある（吉田［2004］：37頁参照）。

21) ただし，専門職のコース変更はほとんどない模様。

22) 金［2010］：29頁を参照されたい。

23) 木本［2004］：40頁。

24) 同上書：41頁。

25) 逆の管理職コースから専門職コースへの変更は少ない。

26) 長期に在職することを前提として職務を捉えること。例えば，将来性も含めたプロジェクトの立案・実行能力などが長期的視点とされる。

27) 親和能力，長期雇用に基づくキャリア形成，「従業員性＝従業員意識の強い性格」の養成など。

28) 仕事を通じて能力を養成する（on-the-job training）。

29) 日常の業務を離れて主に講義方式で研修を受け，能力を高めること（on-the-job training）。

30) 佐藤［2012］：9頁。

31) 労働市場には制度的な枠組みが存在する。内部労働市場は一企業，あるいは一企業の一組織，または，職業ないし同業者団体において規定される。内部労働市場の構成員は，外部労働者と明確に区別され，外部労働市場の労働者には入手不可能な権利および特権を得る

32) 田浦・劉［2008］：田浦39頁。
33) 張［2007］：83頁を参照されたい。
34) 日本経済団体連合会［2006］：16頁を参照されたい。
35) 佐藤［2012］：15頁を参照されたい。
36) 吉田［2004］：40頁。
37) 欧米にも職能給化の動きがあり，従来日本的とされていたが，職務を中心とした欧米的な賃金制度にも能力基準を加味する動きもある（奥林［2008］：正亀171頁）。近年の日本では職能給が強化されている。年功的要素を削減ないし排除し，能力主義の徹底を図る方向で強化している（同上書：169～170頁）。なお，本書10章の注39も参照頂きたい。
38) 年功賃金の要素を残した職能給。
39) 定年年齢は55歳。
40) 日本企業における男子従業員のキャリア志向に類似している。
41) 90日が義務付けられているが（労働法第62条），PF社では30日多く設定されている。ホワイトカラーの労働市場では，出産休暇は120日が多いと思われる。日系商社のホワイトカラー職場でも120日であった（日系上海M商社K人事部長インタビュー［2010年3月25日］於：上海）。
42) 日本の大企業では産休や育児休暇制度はあるが，「人減らし政策を堅持して，53％もの企業で育休の代替要員を置いていない」（熊沢［2010］：54頁）のである。在中日系企業であるPF社も同様であった。
43) 上海人ばかりとなっている理由は，「標準語といわれる北京語が通用しないとされる言葉の問題，生活様式（生活習慣）や文化の違い」（U）とされる。
44) 日本の職場では「日本的能力主義の特徴とする，職場外の生活のニーズをあまり気にせずに残業や転勤のできるような＜生活態度としての能力＞の要請がかぶさってくる」（熊沢［2010］：75頁）のである。大企業の職場では，形式的には中国のように本人の同意を前提としているが，日本の実態は同意を前提とする転勤は少なく，慣行となっている。
45) 前節で述べたケース・スタディの企業。
46) 北京市から上海市への行政区変更に伴う年金積立期間問題（15年同じ行政区で在住を条件として年金が支払われる）は前節で既述したPD社と同様に，金銭で補填解決している。
47) 様々な要素ごとにその職務を位置付けて，ほかの会社での同等の職務と比較して賃金額（率）を決定していく（津田編［1997］：藤原182頁）。
48) 工会法では，少人数（25人以下）でも工会は設立できるとされる（工会法第10条）。従業員数が100人以上の企業単位は，従業員代表大会を開催しなければならない（従業員代表大会条例第3条）としている。そして，労働条件などは従業員代表大会で審議し可決しなければならない（従業員代表大会条例第10条）のである。なお，工会は従業員代表大会の作業機構（従業員代表大会条例第5条）である。したがって，PF社のような少人数の企業には，従業員代表大会の設置義務はないが，工会設置義務があると考えられる。しかし，現在のところ上海総工会から強い設置要請はない模様である。
49) 小池［1999］：310頁。

50) 日系大企業の多くは，外部労働市場からも労働者を雇用するが，内部で育成し，昇進させる人材育成方式である。結果，日系企業の昇進スピードが遅くなる。中国企業では外部労働市場から雇用し，一定の職位に就かせてから，経験をさせる方式である（金［2010］：34〜35頁を参照されたい）とする分析もある。
51) 日本A社は日本では女性部長数ランキング第2位であり，他の大手企業と比較し，女子従業員を優遇しようとする姿勢は見られる。しかし，部長職に女子が占める比率は5.2％，全管理職に女子が占める比率は5.8％であり（週刊東洋経済［2012］「CSR企業総覧2011年版」），中国PD社の「女子管理職は半数以上」に遠く及ばない実態にある。女子従業員を下位階層に据えおく日本の実態は，グローバルに事業展開する企業にとって克服すべき課題であろう。
52) Newly Industrializing Economiesの略（新興工業経済地域）。
53) 1990年代初頭から導入され，年功主義的な人事・雇用慣行から脱却するための政策であった（梁［2005］：97頁）。

技術者の人事管理
―垂直統合体制との関連を中心に―

はじめに

　1979年の改革・開放以降，日本企業を含む多くの多国籍企業が低賃金の労働力を求めて，中国に製造工程を移転させてきた。その後，中国市場の規模拡大と消費水準の高度化に伴い，直接投資の目的は「現地におけるコスト低減」から「現地市場の開拓・獲得」へと変わり（経済産業省［2011］：171頁），現地市場のニーズに対応した研究開発の重要性が高まってきた（同上：173頁）。

　多国籍企業は，2000年代を通して研究開発拠点を中国で相次いで設立した。中国の多国籍企業の研究開発拠点は，1993年末時点では5か所のみであったが，2003年時点で550か所，2010年には1,600か所にまで達した。2000年代前半の上海では，研究開発技術者の90%が現地市場向けの応用研究に従事していたが，現在ではグローバル市場向けの研究開発も始まっている（ジェトロ［2013］）。2006年の日本企業の中国における研究開発拠点数は255か所，そのうち製造業の研究開発拠点は129か所と全体の50.6%を占め，その内訳は電機・電子機器59か所，機械19か所，化学・薬品13か所，自動車・部品9か所等となっていた（時［2009］：87頁）。

　日本貿易振興機構「平成23年度日本企業の海外展開に関するアンケート調査」によれば，「日本企業の今後（3年程度）で海外研究開発機能を拡大する国・地域」として，中国が第1位に挙げられており，現地市場向け仕様変更の研究開発に加え，新製品開発や基礎研究の拠点の候補地としても中国は第1位となっている。

　中国が「世界の工場」から「世界の研究開発センター」へと発展してきたこ

とを受け，中国国内の中国人技術者の獲得競争も激化した。多国籍企業にとって，中国国内で開発・設計の技術者や製造技術者を確保し，「開発―製造」体制を構築することがグローバル競争を勝ち抜くうえで重要な課題となってきたのである。

以上の問題意識を踏まえ，本章は，日系製造企業の「開発―製造」体制構築の特徴と課題を技術者人事管理との関連において考察する。本章の構成は，まず第1節で，日本企業の垂直統合体制の特徴を考察し，第2節で，日本企業の技術者人事管理の特徴と課題を考察する。第3節では，日本と中国の技術者市場の比較検討を行い，最後に第4節にて，日系製造企業の垂直統合体制の構築の特徴と課題を技術者人事管理との関連において考察する。

1. 垂直統合体制と「モノ・機能・ヒト」の統合

本章では，開発・設計と製造の両部門を企業内に抱える製造企業の体制を「垂直統合体制」と呼ぶ。日本の製造企業の垂直統合体制は，以下のように「モノ・機能・ヒト」の3つの側面を「統合」している。

第1に，モノの統合である。日本の製造企業は基幹部品を内製化することで競争力を発揮してきた。基幹部品を内製化するメリットは，「優れた機能や低いコストの基幹部品を自社だけに囲い込むことで，他社の追随を許さない機能あるいは製品を生み出せる点」（丸川［2007］：239頁）にあり，日本の製造企業は，テレビのブラウン管，エアコンのコンプレッサー等の基幹部品が製品の機能を支える根幹であると考えてきた（同上：25頁）。松下電器の場合，白黒テレビの大量生産を開始した1950年代よりテレビとブラウン管を内製化し（同上：46〜48頁），現在中国で製造する最終製品のほとんどの基幹部品も中国国内で製造している（同上：27頁）。基幹部品の内製化は，日本企業の製造戦略の基本となってきたのである。このモノの統合に着目すれば，垂直統合体制は「同一製品分野内で『取引関係にある活動単位』へ進出して企業活動の範囲を拡大すること」（網倉・新宅［2011］：389頁）と定義できる。

第2に，機能の統合である。日本の製造企業は，開発・設計と製造の両機能を企業内で統合して，最終製品を販売してきた。製品開発は，開発・設計部門

以外にも生産技術，製造，品質など多くの関係部門との連携のもとに進められており（寺倉［2009］：42頁），各部門を企業内で統合することで，「設計力と現場力」（同上）を向上させ高機能・高品質の製品を市場に送り出してきた。1990年代前半までのノート型パソコン産業においても，「開発―製造」の垂直統合体制をとってきた「日本企業が，付加価値創出の主体として中核的な位置を占め」（川上［2012］：68頁），垂直統合体制は戦後長期に渡ってその競争力を発揮してきた。また，基幹部品を内製している日本の大手家電企業の場合，最終製品と基幹部品の双方において「開発―製造」を行っているのが通例である（丸川［2007］：25頁）。

第3に，ヒトの統合である。垂直統合体制のもと，独創性が重視される開発・設計部門の技術者と経験的知識が重視される製造部門の技術者が処遇されてきた。「開発―製造」機能とモノの統合の成否を左右するのは，この「ヒト」なのである。

総じて，日本の製造企業の垂直統合体制は，内製化された基幹部品を物的基盤として「開発―製造」機能と両部門の技術者を企業内で統合してきたところに強みがある。垂直統合体制は，低コスト・高機能・高品質の製品の開発・製造を可能とし，「日本的経営」の競争力を支える基盤となってきたのである。

本章は，モノの統合を前提とした上で，日系製造企業の「機能とヒト」の統合に焦点を当て，その特徴と課題を明らかにする。

2．垂直統合体制と技術者人事管理

(1) 技術者人事管理の特徴と歴史的背景

日本の製造企業は，職能資格制度という日本企業に固有の人事制度のもとで開発・設計技術者と製造技術者を処遇・育成してきた。職能資格制度とは，従業員の仕事の内容を格付けする制度であり，等級ごとに職能の内容やレベルを定義した職能資格基準のもと配置・異動，昇進・昇格，人材育成，賃金などが決められてきた。

技術者は，職能資格制度のもとで以下のように採用・処遇されてきた。まず，①技術者として採用されるのではなく，新規学卒採用を通じて「○○会社の社員」，すなわち従業員として採用された。

②企業の教育投資意欲が高く，製造技術者はOJTを通じて訓練を受け，技能や知識を獲得していった。製造技術者は，企業内で開発・設計技術者に昇進するだけでなく，例えば戦後日本のテレビ産業のように，「製品開発経験者が研究や品質管理，営業技術，海外事業をも一部経験しながら，また製造の経験者が生産技術や海外事業，工務をやはり一部経験しながら副工場長に昇進」（市川［2003］：369頁）するなど，幅広いキャリアパスが企業内で保障されてきた。開発・設計と製造の技術者の相互交流と調整が頻繁に行われるとともに，開発・設計技術者は，開発・設計に関する知識のみならず，製品全体をまとめるための製造・検査・営業などの総合的知識が要求された（市川［2003］：356頁）。

③製造技術者は開発・設計技術者と年齢・勤続・学歴の要素が重視される年功的な制度のもと，企業内で可能な限り長期・継続的に雇用・処遇されてきた。また，製造技術者が開発・設計技術者に昇進する道が開かれたことで，技術者の労働意欲の向上も図られた。

このように，製造技術者と開発・設計技術者を企業内で統合し処遇してきた背景には，製造現場の「集団主義」を高く評価する人事・労務管理思想も関係している。例えば，1969年に出版された日経連『能力主義管理』は，年功制を「年功・学歴にもとづく画一的人事管理」（日経連［2001］：23頁）と批判しつつも，QCサークルなどの小集団活動は，「小集団に対する忠誠から従業員に満足と意欲を与え，大きな成果を導く」と高く評価した上で，「小集団単位による経営目標達成への全従業員の自主的・積極的参加体制を推進する」必要があるとした（同上：69頁）。こうして，専門職制度の導入が見送られ，職能資格制度のもとで開発・設計技術者と製造技術者が処遇されることとなったのである。

(2) 技術者人事管理の課題

このような技術者人事管理は，同時に課題も抱えていた。第1に，開発・設計技術者の能力や成果の評価基準が曖昧な点にある。様々な職務を画一化された・抽象的な資格要件で評価する職能資格制度は，従業員間の不公平を生み出しやすい。とりわけ，会社への貢献度が高い開発・設計技術者を製造技術者と同じ賃金体系のもとで処遇する方式は，開発・設計技術者の不満を生む土壌となってきた。

第2に，専門職志向が強い技術者にも管理職を強いる昇進方式は，本来，開発・

設計技術者として発揮しうる能力や経営資源を失うことにもなりかねない。革新的な製品開発が求められるビジネス環境においては，技術者を専門職として評価できない制度は機能不全に陥りやすいのである[1]。

第3に，職能資格制度が普及した1970年代は，週60時間を超える長時間労働の男性正社員も急増した（森岡［2013］：88頁）。長時間労働と日本の製造業の国際競争力は密接に関連しているが，残業を前提とする働き方は在中日系企業の離職率にも影響を与えることになろう。

3. 技術者市場の日中比較

日本企業の垂直統合体制は，長期雇用を前提とする技術者市場と職能資格制度のもとで運用されてきたが，中国の技術者市場は流動的かつ階層的であり，日本企業と同様の垂直統合体制を機能させるには様々な困難が伴う。日本の技術者市場と比較すると，中国の技術者市場は以下の特徴を持つ[2]。

①入社時において日本では階層的区別はなく同じ「社員」として入社するが，中国では技術職・管理職・労働者に区別され入社する。
②日本では階層間・階層内部の賃金格差は小さいが，中国では大きい。
③日本では中途採用により待遇が不利になる傾向が強いが，中国では中途採用は頻繁に行われ，地位向上の手段となっている。
④日本では技術者の職務範囲は曖昧であり，管理職の仕事にも従事するが，中国では職務範囲は明確であり，管理職の仕事に従事することも少ない。
⑤日本での研究開発は日本企業が中心に行ってきたが，中国では多国籍企業が中心である。技術者獲得競争は，主に日本では日本企業間，中国では多国籍企業間で展開される。
⑥一般的に日本企業の研究開発の期間は非常に長く，場合によっては50年以上にも及ぶこともある。しかしながら，中国では市場経済の歴史そのものが短く，研究開発の歴史も浅い。また，技術者の離職率が高いことから，「長期的な視点で研究開発できる環境にない」といった問題も抱えている（近藤［2007］：24頁）。研究開発期間と技術者の長期雇用は密接に関連しているのである。以上の特徴をまとめたものが図表13-1である。

図表13-1　日中の技術者市場の比較

	日本	中国
階層性	なし	ある
流動性	低い	高い
賃金格差	小さい	大きい
中途採用	不利	有利
職務範囲	曖昧	明確
企業の国籍	日本	多国籍
研究開発の歴史	長い	短い

出所：筆者作成。

　日本の製造企業は,「開発―製造」部門を企業内で統合する垂直統合体制のもと,低コスト・高機能・高品質の製品を開発・製造し,国際競争力を発揮してきたが,日経連『能力主義管理』が提起した「個別処遇」と「集団主義」との潜在的な矛盾が「個別処遇」を基本とする中国の人材市場で現実の問題となってきた。これらの課題に日系製造企業はどのように取り組んだのか検討する。

4．垂直統合体制の改革事例

　本節で検討する日系製造企業2社は,中国進出時には職能資格制度を採用していた。職能資格制度を導入する積極的理由は,中国でもQCサークル活動などの「集団主義」を継承し,高品質・高機能の商品を開発・製造する必要があると考えたからである。他方,消極的理由としては,職務給制度を導入する場合,①職務評価には高度なノウハウが必要であり,②職務分析と職務記述書の作成には膨大な時間を要すること（堀田［2010］),③多くの日本企業は職務給の経験がなく,こうした業務を担う人材が不足していたことから,結果として職能資格制度からスタートせざるを得なかったという事情もあった。

　最初に,垂直統合体制を構築する際の課題に直面し,研究開発部門の設置を躊躇していたA社,次に,すでに垂直統合体制を構築していたが,企業グループによる再編過程において改革を行った首鋼日電電子有限公司を取り上げ,両

社が中国の人材市場との軋轢をどのように克服しようとしたのか検討する。

(1) 垂直統合体制構築の現地化の課題

A社は，1998年に設立された独資会社である。主要業務は中級の分析機器の製造であり，従業員数は170名である[3]。操業当初は製品の100％を国内販売していたが，2003年の調査時点では海外輸出30％，国内販売70％となっていた。工場は，組立ラインと機械加工職場の二つに分かれているが，とりわけ熟練工が必要とされる機械加工職場の技術者に絞り検討を行う。

同社は，職能給を採用しており，同期入社の従業員間の賃金格差はなかった[4]。賃金体系は，勤続年数に応じて賃金が上昇する賃金カーブが与件として設定されており，自動昇給制ではないが，結果として勤続年数が考慮されている。従業員の賃金水準の引き上げ決定権は，本社が持っていた。

同社の技術者人事管理の方式は，中国の流動的・階層的労働市場との軋轢に悩まされていた。第1に，製造技術者の技能形成と流動的労働市場との軋轢である。中国の分析機器業界の人材市場の特徴は，①賃金水準は，欧米，日系，台湾，ローカルの順となっており，②「英語力」も一つの技能として評価対象となっていた。日系企業で技能を修得し，かつ英語力のある技術者に対しては，欧米企業は日系企業の2倍以上の賃金を提示する。このような人材市場のもとで，同社は，本社からの製品受注に対応するために数種類の機械を使いこなすことができる多能工を育成し，多能工の度合いを昇進とリンクさせていた。しかしながら，多能工の育成過程で有能な技術者が欧米企業に流出することが深刻な問題となっており，同社の職能給では対応できないため賃金引き上げをめぐり本社と交渉中であった。

第2に，開発・設計技術者の処遇と階層的労働市場との軋轢である。同社は開発・設計部門の設置を検討していたが，中国では開発・設計技術者を企業内で時間をかけて育成することが難しい。しかしながら，仮に彼らを外部労働市場から高賃金で採用すると，「開発―製造」の両部門の技術者の賃金格差が拡大する結果となり，職場秩序が乱れることが懸念されていた。そのため，企業内育成を重視した本社の技術者人事管理を中国で実施することは困難であると判断され，開発・設計部門を別会社化して設立することが検討されていた。

このように同社は，流動的人材市場には賃金引き上げで，階層的人材市場に

(2) 企業グループによる垂直統合体制の再編成

　開発・設計部門を設立し，製品開発を通じて業績を伸ばすことに成功はしたが，製造技術者と同じ処遇体系のもとで処遇されることに対して，開発・設計技術者から不満が上がり，研究開発体制の再編に乗り出した事例を検討する。

　首鋼日電電子有限公司（1991年2月設立，以下は首鋼日電と略称）は，日本の半導体企業として初めて中国に進出したNECと中国の首都鉄鋼公司との合弁企業である。中国側の首都鉄鋼公司は，1994年の時点で従業員26万人を抱える中国最大の鉄鋼企業の一つであった。首鋼日電の主要製品は，テレビ用リモコンや空調用リモコン，ICカード等に組み込む半導体チップであり，大規模集積回路の設計・製造・封装・検査および販売を行う垂直統合体制をとっていた。中国側は，合弁企業の設立当初より日本側から技術・管理・経営面において自立することを目標としており，開発・設計部門の設立を特に重視していた。

　1990年代を通して首鋼日電はNECからのDRAM委託製造を主要業務としていた[5]。利益の大部分は委託製造の請負による加工賃に依存し，製品の大部分は日本へ輸出した。この加工賃依存体質を脱却するために，自社ブランド製品を開発する開発・設計部門が1998年に設立された。中国政府と共同で身分証明書カード，医療カード，社会保険カード等に組み込むチップも開発し，政府からの受注拡大もねらった。

　開発・設計技術者の採用は，NEC本社からの派遣を除くと，主に3つのルートがある。①大卒と大学院卒の新規採用，②生産ラインの技術者の開発・設計部門への移動，③他の設計会社や政府の研究機関からの採用ルートである。①と②の採用ルートは日本企業と同様であり，②は同社の内部昇進ルートともなっている。

　開発・設計技術者は，職能資格制度のもと製造技術者と同じ処遇体系のもとで処遇されてきた。学歴面から見ると，後工程の技術者は高卒，前工程は大卒，開発・設計部門は大学院卒が主であり，学歴の異なる技術者が同じ処遇体系のもとで処遇されてきた。

　開発・設計技術者の会社への貢献度は極めて高く，2002年度の開発・設計部門の売上高は，会社全体の売上高3億元のうちの20％，6,000万元を占めて

いた。しかしながら，このことが，製造技術者と同じ処遇体系におかれた開発・設計技術者の不満を募らせる要因となった。また，多くの開発・設計の技術者が米国留学のために退職していった。[6]同社は，技術者の処遇と離職の問題に直面していたのである。

他方，NECは，この時期に二つの改革を行った。第1に，2000年にカンパニー制に移行し，賃金と企業業績が連動するようになった。職能資格制度に基づく技術者人事管理の方式から成果主義に基づく技術者人事管理の方式に改革され，技術者に対しては「仕事」の重要度に基づく評価制度に改革された。例えば，最もレベルの高いA職群は，「企画，カスタマーソリューション，技術開発・研究，生産の業務において，その業務遂行過程においては自身の高度な裁量性と判断力を持って，自らの発案による創造的，革新的な発想や手法により，新たな顧客価値を創造する」とされ（労働政策研究・研修機構［2006］），技術者の判断力・創造力も評価対象となった。

第2に，電子デバイス不況の影響を受けて，2001年7月に中期経営計画として電子デバイス事業の整理を進め，システムLSIを軸とした事業構造に転換させていく方針を打ち出した。電子デバイス事業の整理および関連グループ企業の統廃合を実施し（久本・電機総研編［2005］：58〜60頁），首鋼日電もその対象となった。まず，2002年11月にNECエレクトロニクス株式会社がNECから半導体専業企業として分社・独立し，首鋼日電はNECエレクトロニクスのグループ企業となった。次に，中国国内に分散していた研究開発機能を再編し，2005年5月，同社の100％子会社である北京NEC集成電路設計有限公司と首鋼日電の設計および販売部門が統廃合され，NECエレクトロニクス中国が発足した。[7]首鋼日電は，製造技術者と開発・設計技術者との軋轢を解消するために別会社化を検討していたが，本社から見れば研究開発の効率性を高めるためには研究開発体制の再編が必要と判断された。①開発・設計技術者の処遇を製造技術者の処遇から切り離すという方向性と，②研究開発機能の効率性を高めるという方向性が結果的に一致し，同社内部の開発・設計部門は統廃合されたのであった。

こうして，NECは，成果主義の導入と研究開発体制の集約化を並行して進め，企業グループ内で垂直統合体制の再構築を図ったのであった。

おわりに

　中国の消費市場の拡大・高度化に伴い、現地市場開拓のための研究開発拠点を設立する必要性が高まっている。2000年代を通して、日本の製造企業は、中国に製造拠点と研究開発拠点を相次いで設立してきたが、この傾向は中国内外でさらに活発化してきている。中国国内では、例えば2013年11月3日、ホンダは中国の四輪車事業の拡大に向け、本社の研究機能の一部を中国に移し、中国国内の既存の現地法人の研究開発部門を切り離して、ホンダブランド車を研究開発する「本田技研科技（中国）」の設立を発表した（日経産業新聞、2013年11月6日）。中国以外の新興国においても、トヨタをはじめとする自動車企業は、進出先で開発・製造・加工までを垂直統合することで、現地調達率を高め、原価低減を図ろうとしている（同上、2013年8月8日）。パナソニックは、今後の新興国の最重点地域をインドと位置付け、2014年1月にはインドで開発センターを開設すると発表した。部品調達の権限を現地に大幅に移譲し、原価低減を図りつつ、日本人社員とインド人の技術者が共同で現地市場向けの家電製品等の開発を行うとした（同上、2013年12月6日）。

　このように、進出先で基幹部品や原材料の「モノ」と「開発―製造」の「機能」の統合化・現地化を進めることが日本の製造企業のグローバル戦略の中心的テーマとなりつつある。しかしながら、日本の製造企業は「モノと機能」の統合をすすめる一方で、「ヒト」の処遇面で課題を抱えている。このことは、処遇体系と組織体制の整合性を如何に実現するのか、という課題でもあった。具体的には、二つの課題があると考えられる。

　第1に、高品質・高機能の商品を開発・製造するための「集団主義」と設計・開発技術者の「個別処遇」の矛盾を如何に克服すべきか、また、両者を同一組織の内部で処遇するのか、別組織のもとで処遇するのか、という課題である。さらに、別組織とした場合、従来の「開発―製造」の企業内調整機能をどのように担保するのかも今後課題となってくると思われる。

　第2に、多くの日系企業は職能資格制度から出発し、現地の事情に応じて現地で独自に改革をすすめてきたため、企業グループ全体としての処遇体系が統一化されていない場合が多い。統一化の方向として、成果主義導入の観点から全世界共通の職務給を導入する動きも見られるが、労働側からも「同一労働同

一賃金」の観点から長時間労働とセットで運用されてきた職能資格制度を改革し，職務給導入を望む意見が根強い（木下［1999］）。今後，垂直統合体制をグローバルに構築する際，人事制度を世界共通にするのか否かも，日本企業にとっての大きな課題であると言えよう。

●注
1) 職能資格制度の問題点については，福谷［2013］第5章を参照されたい。
2) 中国の人材市場の特徴については，大阪市立大学都市創造研究科の李捷生教授の講義資料「2004年5月19日の講義」を参照した。
3) 分析機器とは，物質の組成・性質・構造および状態などを測定するための機械器具または装置のこと。詳しくは日本分析機器工業会のホームページを参照されたい。
4) 「無査定」の賃金体系については，遠藤［2005］：131頁を参照されたい。
5) DRAMはDynamic Random Access Memoryの略。半導体記憶素子の一つ。
6) 以上の内容は，羽渕［2008］をまとめたもの。
7) 「NECニュースリリース」
http：//www.chip1stop.com/newsTmp.do?no=NEC131&tmp=1（2009年12月2日アクセス）。

【調査企業】

	A社	首鋼日電
設立年度	1998年	1991年
立地場所	蘇州	北京
出資比率	日本100%	中国側60%：日本側40%
主な生産品目	分析機器	半導体チップ
賃金形態の特徴	職能給	職能給
調査日時	2004年3月17日	2003年3月20日

注）A社と首鋼日電の調査記録は，東アジア企業研究会調査報告書（Ⅰ）李捷生・羽渕貴司編『地域間・企業間「複合的競争」下の中国日系企業』東アジア企業研究会，2007年所収。

補章

新興ローカル企業の人材育成と報酬制度

はじめに

　本章では，中国の新興ローカル企業で進められてきた「複線型人事管理」の特質を報酬制度の側面から検討する。1978年以降の経済改革で登場してきた新興ローカル企業は，急速な経済成長の過程で，優秀な人材の確保と安定した人材育成という人事労務管理上の大きな課題に直面した。この課題を解決するために，先進国企業の人事労務管理を積極的に取り入れて独自の人事制度を確立した企業が現れている。現在世界的企業に成長した華為技術有限公司（以下，華為と略す）は，その代表的事例として注目される。

　華為は1987年深圳市に6人の共同出資者によって設立された民間企業である。従業員14名からのスタートで，設立当初は香港の電話交換機メーカーの販売代理店をして資金を蓄積し，1993年にその資金の大半を使ってハイエンドの局用デジタル交換機の自主開発に成功して，本格的な通信機器設備メーカーの一歩を踏み出した。1998年には国内市場でトップ・シェアを取り，国際市場への進出を開始した。現在（2013年），売上高においてエリクソンを抜いて世界第1位の通信機器設備メーカーに成長した。

　華為は最新の電話交換機の自主開発をきっかけにして大きく成長した。そのため，研究開発を重視した経営政策を採用し，現在までその政策を一貫して維持してきた。研究開発は未知のものを創り出す活動であり，それに携わる人材には，独創的なものを生み出す才能を最大限に発揮することが期待されている。また技術の多様化と市場の高度化によって，異なる分野の専門家がプロジェク

ト・チームを作って共同で研究開発を行うことが近年著しく増えてきた。このようなプロジェクト・チーム方式を組み入れた研究開発体制では，個性の強い研究開発技術者をチームとしてまとめ，それぞれの役割を存分に発揮させることが求められる。

華為は成長の過程で，研究開発技術者という自立心の強い人材を管理する独自の人事制度を作り上げてきた。そのなかで注目されるのは，賃金制度と従業員持株制度を組み合わせた「二元的分配システム」を確立したことである。「能力主義的職能給制度」と名付けられた賃金制度は，日本企業で実施されてきた「職能資格制度に基づく職能給制度」に関連し，「従業員持株制度」はアメリカのIT企業で多用されているストック・オプション制度に関連している。これらの性質の異なる制度を組み合わせた「二元的分配システム」は，「複線型人事管理」を体現していると言えよう。

以下では，このような「二元的分配システム」が，どのような背景で創られ，どのような問題を孕んでいるかを研究開発体制との関連において分析しつつ，新興ローカル企業で進められてきた「複線型人事管理」のあり方を検討する。まず，第1節で華為の研究開発体制の発展を概観し，第2節で現在の人事制度が導入された経緯を取り上げる。第3節では人事制度改革で導入された「二元的分配システム」の実態を詳しく検討し，おわりで今後の課題を述べる。

1. 研究開発体制の発展

華為は上述のように，研究開発重視の経営政策を一貫して維持してきた（今道［2008］）。そのことは図表補-1に見ることができる。図表補-1は華為の売上高と特許出願件数の推移を示す。1995年から2006年まで，売上高の増減に関係なく，また売上高の上昇率よりも大きな上昇率で特許出願を増大させてきた。2007年から2010年までは，特許出願が低減しているが，2011年以降また増大に転じている。[1] 特許出願は研究開発活動を示す有力な指標であり，特許出願が多いということは，研究開発活動が活発であると見ることができる。特許出願で見ると，華為の研究開発活動は増大傾向にある。

研究開発の活発化とともに，研究開発体制の改革も積極的に行われてきた。

図表補-1　華為の売上高と特許出願件数の推移

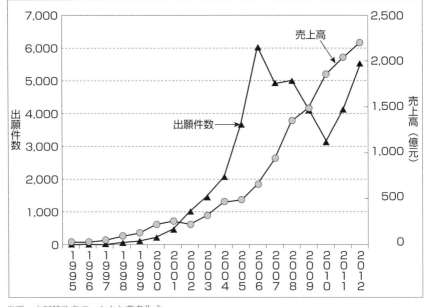

出所：中国特許庁データより著者作成。

　研究開発体制の改革で最も大きな改革は，1998年より2003年まで5年の歳月をかけて進められた「IPD（Integrated Product Development/統合製品開発）体制」の導入であった。「IPD体制」はIBMが1990年代初期に創出したもので，「市場の動向」に速やかに対応できる研究開発体制の確立を目標としている。「IPD体制」では，プロジェクト・チームが重要な役割を担う。プロジェクト・チームは，研究開発部門だけでなく，製造部門や販売・サービス部門等の他部門からも参加した人員で構成される。「IPD体制」の確立のために，華為はIBMに毎年1,000万ドルの指導料を支払った。この組織改革は，研究開発部門の人員が約30％退職するような大きなものであった。

　「IPD体制」では，研究開発のテーマごとに，各部門出身者で構成されたマトリックス型研究開発組織（プロジェクト・チーム）が結成される。チーム自体は期限が定められた一時的な性格を有している。チームを構成する人材は，チームの結成と解散の度に配置転換する必要がある。またチーム方式の研究開発組織においては，チームの中心に存在するプロジェクト・マネージャーが最も重要

な役割を担う。プロジェクト・マネージャーに能力と責任感がなければ、そのプロジェクトが失敗する可能性が高い。したがって、プロジェクトを指導するマネージャーには、高い技術専門知識だけでなく、管理者能力とリスクを負って目的を達成する強い意欲が求められる。

しかしチームを構成する人材はマネージャーだけではない。ルーチン的な仕事を担う人材も必要である。このような人材は、創造性はそれ程高くないが、マネージャーの指示に忠実に従い、チームが求める能力向上に継続的に努力する人材である。さらに企業全体から見た場合、プロジェクト・チーム指向の人材だけでなく、生産部門の現場作業者やスタッフ部門の人材が存在する。「IPD体制」を企業内で効率的に運営していくには、これらの性格の異なる人材を有機的に統合して活動させていく必要がある。そのための人事制度には、①高い開発意欲と責任感を持った人材の有効活用、②自発的な能力形成への取り組み、③配置転換の円滑化が重要な課題としてあった。

2. 人事制度の改革

人事制度の改革は、「IPD体制」が導入される1年程前（1997年）から始まっていた。この改革において「能力主義的職能給制度」と名付けられた賃金制度と「従業員持株制度」とを組み合わせた「二元的分配システム」が導入された。この分配システムは、上述のプロジェクト・チーム方式を組み入れた研究開発体制が有効に機能する上で大きな役割を果たし、その後の華為の人事制度の性格を決定付けるものとなった。以下二つの制度を中心にして華為の人事制度を検討する。検討するに当たり、これらの制度を設立するための企業理念と、制度の実際の運用に焦点を合わせた[2]。

(1) **企業理念**

華為の企業理念を理解するには「華為公司基本法（以下、「基本法」と略す）」が重要である。「基本法」はハイエンドの局用デジタル交換機の市場参入を果たした1年後の1995年から取り組まれ、1998年に全従業員に正式に公布された。「基本法」は6章103条からなり、華為の企業経営に関わる項目が整然と規定さ

れている。華為の経営戦略，組織構成，人事管理等の経営項目は「基本法」に則って運営されるようになっているので，華為の人事管理のあり方を理解するには，「基本法」の検討が必要不可欠である。

　「基本法」は創業期（1987年～1997年）を無事乗り越えて将来を展望する時期に，将来への経営の基礎を確立するために制定された。「基本法」が採り入れた経営思想は，P. F. ドラッカーの経営思想であり，特に「知識経済」論を基礎にしている[3]。それは華為の従業員構成を見れば納得できよう。すなわち「基本法」が公布された1998年当時で，研究開発技術者は全従業員（約8,000人）の60%を占め，他の職種の従業員も多く加わるようになった現在においても，研究開発技術者が全従業員（2013年で約15万人）の45%を占めている。このような従業員構成であれば，「知識労働者」を重視したP. F. ドラッカーの「知識経済」論の影響を強く受けたことは頷けよう。

　しかしP. F. ドラッカーの経営思想をそのまま採り入れたのではなく，当時の中国の状況，すなわち研究開発技術者の不足等を考慮した「修正」を加えている。創業者が特に取り組んだ課題は，創業者と従業員の家族的で活気に満ちた創業期の企業文化を，成長とともに新たに加わった多数の若手従業員の中に如何に植え付けて，「安定的でかつ活気に満ちた」企業を形成するかであった。「基本法」は「企業の安定化と活性化」という並立することが難しい課題に対して，一つの成長企業が提示した経営政策と言えよう。この課題を達成するために提示された制度が，上述の「能力主義的職能給制度」と「従業員持株制度」を組み合わせた「二元的分配システム」であった。しかしこの課題を達成しようとした二つの制度の間には，本質的な矛盾が存在している。この点に焦点を合わせて「基本法」を検討する。

(2)　分配方式

　「基本法」は2種類の分配方式を規定している。一つは「労働に応じる分配」であり，もう一つは「資本に応じる分配」である。「労働に応じる分配」には，基本給，奨励金，退職年金等が含まれ，「資本に応じる分配」には，株式付与やその配当が含まれる。しかし「労働に応じる分配」も「資本に応じる分配」も分配の基準に大きな違いがなく，両者とも属人的要素を基準にしている。この属人的要素が「二元的分配システム」を理解する手掛かりになる。

まず報酬の原資ともなる企業価値について、「基本法」は第16条で、「労働、知識、企業家、および資本が会社のすべての価値を創造している」と規定している。価値創造に「知識」が含まれている点から、「基本法」がP. F.ドラッカーの「知識経済」論の影響を受けて作られたことがわかる。人事制度との関連で注目すべき点は、「労働」と「企業家」が並べられていることである。「労働」は極めて広い意味を持った用語であるが、「労働」する人間（従業員）が当然前提とされていると考えてよいだろう。また「企業家」は現在においても十分に確立されたとは言えない概念であるが、「基本法」においては、「所有者（資本家）」という意味よりは「経営者」の意味が強い。「労働（者）」と「経営者」の両者を価値創造の担い手と見ていることが、「二元的分配システム」を生み出す基礎になっていると考えられる。

　このように創造された価値（利益）の分配方式について具体的に規定しているのが第18条で、「分配方式」には、「機会、職権、基本給、奨励金、退職年金、医療保障、株式、配当、およびその他の人事待遇」があると規定している。

　そして分配の基準について、第19条が、「労働に応じる分配」は「能力、責任、貢献および仕事の態度に依拠する」と規定し、「資本に応じる分配」は「持続的な貢献、突出した才能、人徳、およびリスク負担に依拠する」と規定している。両者とも属人的要素を基準にしており、「リスク負担」を除けば、大きな違いはない。

　「労働に応じる分配」の基準に関しては、第69条でさらに詳しく次のように規定している。「基本給の分配」は「能力主義的職能給制度に基づいて行う」と述べ、「奨励金の分配」は「部門と個人の成果の改善と関係し」、「退職年金等の福利の分配」は「仕事の態度の考課結果により」、「医療保障」は「貢献の大きさによる」と規定している。第69条で規定された基準の内容をまとめると、図表補-2のようになる。一方「株式の分配（付与）」の基準については、上述の「持続的な貢献、突出した才能、人徳およびリスク負担」より詳しい規定は基本法にはない。

　基本給は賃金制度の根幹である。「基本法」はその基本給の分配を「能力主義的職能給制度に基づいて行う」と規定している。この点から、華為の賃金制度は「能力主義的職能給制度」が中心になっていることが理解できる。

　「基本法」が規定している「能力主義的職能給制度」は、日本において1960

図表補-2 華為の報酬形式

分配形式	依拠する要素
基本給	能力主義的職能給制度
奨励金	部門と個人の成果改善に連動
退職年金	仕事の態度
医療保障	貢献度

出所：著者作成。

年代から70年代にかけて創出された「能力主義管理」との関連が深い。日本の「能力主義管理」は，経験（学歴）に依拠した従来の「年功的人事制度」による組織の硬直性を打破し，従業員の能力開発を推進するために1960年代後半より導入され，その後多くの日本企業に普及していた。[9] 日本の「能力主義管理」は，①雇用を安定的に維持して，②職務遂行能力を長期的に査定し，③それを基本給で裏付けることによって，④従業員自らが能力形成に努め，⑤企業に対する従業員の最大限の貢献を引き出すことを目指した人事制度である。

欧米や中国の多くの企業で取り入れられている「職務」を基準にした賃金制度（職務給制度）では，職務が固定されていることが前提になっている。そのため，企業と外部労働市場との人材移動は比較的容易に行えるが，企業内での配置転換は容易ではない。一方「能力主義管理」を基礎とした「職能給」制度では，仕事をする「人の能力」を基準にしているので，職務の固定はなく，企業と外部労働市場との人材移動は容易ではないが，企業内の配置転換は円滑にできる。したがって，「能力主義的職能給制度」は「IPD体制」に必要な「自発的な能力形成」や「配置転換の円滑性」に有利であり，また「企業の安定化」にも有益であると，華為の経営者たちは考えたと思われる。「能力主義的職能給制度」は，評価の基準を「能力，責任，貢献，および仕事の態度」に定めている点で，日本の「能力主義管理」に類似していて，職務（仕事）を基準にした職務給制度とは本質的に異なると言えよう。

「従業員持株制度」については，第17条が「我々は従業員持株制度を実施する」と述べ，その目標を「華為の模範従業員を特別に認定し，会社と従業員の利益運命共同体を結成し，責任感があって才能のある者が会社の中堅層に絶えず加わるようにする」と述べている。華為の「従業員持株制度」は，「企業と従業

員との利益運命共同体」の形成と「責任感と才能を備えた企業幹部層」の養成という二つの目標を有していることがわかる。「利益運命共同体」は，上述の「労働（者）」と「企業家」を並置した考えと通底していて，「共同体意識」を従業員に植え付けようとしていることが見える。「責任感と才能を備えた企業幹部層」は，「創意工夫とリスクを負う高い志」を備えた「企業家精神」に通底している。「共同体」と「企業家精神」は創業者の理想を表現したものと捉えることもできる。

(3) 基本法の問題点

　ここまで「基本法」の規定内容に沿って，「二元的分配システム」を構成する「能力主義的職能給制度」と「従業員持株制度」の考え方を検討してきた。しかし「基本法」の他の条項には，これらの制度と整合しないものが見受けられる。次に，それらについて検討を加えて，「基本法」が目指している「二元的分配システム」が抱えている問題点を指摘しておく。

　まず「雇用制度」についてである。基本法は第60条で「雇用制度」について，「我々は終身雇用制を採らない。しかしこれは華為で仕事を一生涯続けることができないことではない。我々は自由雇用制を主張する。ただし中国の実情から離脱しない」と両義的な規定をしている。ここで使用されている「自由雇用制」は，「従業員自らが華為に留まるか否かを決定する」という意味である（黄主編［1997］）。言い換えれば「使用者が雇用に責任を持たない」という意味になろう。第60条をわかりやすく言い直すと，「終身雇用制」ではなく「自由雇用制」を採用するが，雇用維持を重視している「中国の実情」を考慮して対処するので「雇用の維持」は重視される，と解釈できる。「能力主義管理」は長期雇用を前提とした人事制度であり，長期雇用を保証していない華為の雇用制度は，「能力主義管理」を弱体化させる恐れがある。

　第2に「労働市場（人材移動）」についてである。第61条は「内部労働市場」を確立して，「人的資源管理に競争と選択のメカニズムを導入する」と述べる一方，「内部労働市場と外部労働市場の交流を通して，優秀な人材の輩出を促進して，人的資源の合理的配置と沈殿層の活性化を実現する。人を職務に適合させ，職務を人に適合させる」と述べている。「内部労働市場」と「外部労働市場」について明確な定義がないので，その内容を理解することは難しいが，一応「内部労働市場」を「企業内の労働市場（配置転換）」，「外部労働市場」を「企業

外の労働市場」と理解するならば，この条項で言われている「内部労働市場と外部労働市場の交流」は，「能力主義管理」とは合致しない。「能力主義管理」の特徴は，企業内で人材を育成することであり，企業外から人材を導入する考えは，基本的にはないからである。この点からも華為の「能力主義管理」の取り組みには，一貫性がない。

　第3に，「従業員持株制度」が目指している「共同体意識」と「企業家精神」についてである。両者は互いに融合するよりは反発し合う傾向が強い関係にある。分配において両者は対立する。すなわち「共同体意識」を発揚するには，できるだけ多くの従業員に株式を付与する方がよい。一方「企業家精神」を発揚するには，「平均的報酬」ではなく「格別の報酬」を出す必要がある。「共同体意識」発揚のために，多くの従業員に株式を分配すると，「賃金給付」と齟齬が生じることが予見できる。すなわち「賃金給付」と「株式付与」の関係を，研究開発技術者の人事管理の側面から見た場合，「賃金給付」はあくまで雇用―被雇用の関係のもとで，雇用者の価値観に基づいた評価（査定）によって定まるものである。そのため被雇用者としての研究開発技術者は雇用者の眼（価値観）を意識した受動的な立場で研究開発活動を行うことになる。一方「株式付与」は雇用―被雇用の関係ではなく，企業所有者として同等の立場になることである。株式付与された株式の数が少ないとしても，企業所有者として研究開発活動を主体的に行うことになろう。この相違を研究開発に対する創造的意欲の視点で見た場合，株式を所有する者にとって，研究開発成果は自身のものになり，創造的意欲は高くなることが予想できるが，「賃金給付」では，研究開発成果はあくまで雇用者のものであり，その創造的意欲は「株式付与」に比べて低くなることが予想できる。「企業者精神」の発揚という観点から見た場合，「株式付与」と「賃金給付」では本質的な違いがあることが理解できる。「賃金給付」と「株式付与」には理論的にも，「消費（コスト）」と「蓄積」という対立関係が指摘できる。

　以上のように，「基本法」が提示した「二元的分配システム」は，容易に解決できない問題を抱えていることが理解できる。「二元的分配システム」は「安定的でかつ活気に満ちた企業活動」という課題を達成するために考え出された。この課題は，多くの企業家や経営者たちが取り組んできたものであり，容易に達成できるものではなかった。特に，華為は研究開発技術者という高級人材を

対象にしており，なおさら困難が見込まれる。その分，華為の事例から学ぶべきものが多いともいえよう。

ここまでは，「基本法」という理念（理論面）を検討してきたが，これからは，「二元的分配システム」の実際の運用（実践面）を検討していこう。

3. 二元的分配システムの実態

　華為の報酬制度の主要部は，基本給，奨励金，株式付与の3種類で構成されている[10]。以下では，基本給と株式付与に焦点を合わせて，経営者がこれらの報酬を研究開発技術者の人事管理に如何に用いてきたかを分析する[11]。特に注目する項目は，基本給に対する株式付与の比率である。この項目に注目する理由は，基本給に対する株式付与の比率が高まると，基本給で支えられている「能力主義管理」が形骸化すると考えられるからである。すなわち基本給は賃金制度の根幹で「能力主義管理」を支える基礎であり，人材育成の目標に沿って給付額が決定される。しかし，株式付与は従業員の役割とその成果によって定まり，基本給とは異なった報酬額になる。したがって，基本給に対して株式付与の比率が高くなると，報酬制度に占める基本給の重要性が低下し，それに支えられている「能力主義管理」が有効に機能しないことが予見される。

(1) 能力主義的職能給制度

　まず「能力主義的職能給制度」の基礎となる資格等級制度について見よう。図表補-3は華為の研究開発技術者についての資格等級と職位の関係を示す[12]。資料によれば，資格等級は多くの企業と同様に数字で表記されている。最高位は「22」であるが，手持ちの資料では最低位の数字は明らかでない。各等級はさらにA，B，Cと3段階の号俸に分けられ，生産ラインの作業者には「12」以下の等級が付与される。研究開発技術者のキャリア形成開始点と見なされている4年制大学の新卒者には，「13C」の等級が付与される。定期的に実施される人事考課の結果に基づいて昇格があり，下位等級では，1年ごとに平均2号俸の昇格がある。さらに上位の等級への昇格についても，図表補-3に示すように，勤続年数が重要な因子になっている。昇格の面で見る限り，日本企業と同様に

第Ⅱ部　人事・労務管理のダイナミズム

図表補-3　研究開発技術者の資格等級と役職・職位との関係

資格等級		到達年数	役職	職位
12以下		生産ラインの作業者等		
13	C	大学新卒		補助技術者
	B			
	A			
14	C	大卒2年後,		補助技術者
	B	修士卒業,		
	A	実務経験5年の社会人		
15	C	大卒5年後,		
	B	実務経験6年の		
	A	社会人		普通技術者B
16	C	大卒8年後,		普通技術者B
	B	実務経験8年の社会人		
	A			
17	C	大卒10年後,		普通技術者A
	B	部門マネージャー経験10年の		
	A	社会人		
18	C	業界有名企業の		高級技術者B
	B	部門マネージャー2年以上,	開発チーム	
	A	又は実務経験10年以上の専門家	主・副リーダ	
19	C		プロジェクト・	
	B	シスコ, エリクソン,	マネージャー	
	A	ルーセントの 部門責任者だった者	小代表所代表 地域会社職能部門主管	高級技術者A 又は技術専門家
20	C		大代表所代表 各部門総監	高級技術者A 又は技術専門家
	B			
	A			
21	C			不明
	B		製品事業部総裁,	
	A		地域会社総裁,	高級専門家 （技術部門の最高）
22	C		子会社代表	高級専門家 （技術部門の最高）
	B			
	A	創業者任正非と董事長孫亜芳の2名のみ		

出所：楊祖江［2010］『華為内部の賃金と待遇の解説』に基づいて著者作成。

勤続年数が重要な因子になっている点に注目する必要がある。

　ただし，定期的（6か月ごと）に行われる人事考課は厳格で，以下のような5段階の相対評価が行われている。すなわち「最上位」，「中上位」，「中位」，「下位」，「最下位」の5段階のグループを設け，被評価者同士を相対的に評価して，評価順に5つグループの一つに振り分けられる。「最上位」グループには被評価者の25％，「中上位」グループには30％，「中位」グループには35％，「下位」グループには8％，「最下位」グループには2％が振り分けられる。「最下位」グループにはマイナスの評価点が付けられ，「下位」グループにはゼロの評価点が付けられる。評価点によって，昇格できなくなったり，研修所で特別の研修を受けることになったりする。さらに悪い場合は，退職勧奨を受けることになる。

　資格等級の最高位の「22A」等級は創業者の任正非と董事長の孫亜芳の2名だけが格付けされている。創業者までが資格等級に格付けされているのは，後述するように，現在華為が，「華為投資ホールディング有限公司組合」という従業員だけで構成された集団によって所有（98.82％）され，創業者も董事長も従業員の一員であるためである。

　華為は図表補-3に示すように，全社的に統一した資格等級制度を確立している。華為が「能力主義的職能給制度」を賃金制度の中核にしようとしていることが，この資格等級制度からも理解できよう。資格等級制度には，従業員を格付するための資格要件表が必要であるが，その一例を図表補-4に示す。図表補-4は研究開発技術者専門職ルートの資格要件表である（孔飛燕［2009］：32頁）。図表補-3の「職位」と図表補-4の「職位」で互いの関連性が理解できよう。

　各等級の要件の定義は広い解釈ができるように，一般的な表現がされている。広い解釈を認めることによって格付けの幅が広がり，異なった才能を有する多様な人材を同一の等級に格付けしやすくなり，「配置転換の円滑化」に有益である。

　一方，資格等級制度を賃金から支える基本給体系は，図表補-5に示すように，等級間の差は大きい。[13] 図表補-5の基本給体系において，研究開発体制の末端を構成する補助技術者領域の「13C」等級（大学新卒者）と「17A」等級（大卒後10年経験者）との格差が約5倍である。日本の一般的な企業では，基本給20万円の新卒者が，10年後に100万円の基本給が受け取れるということは考え難い。このことから見ても，華為の昇給ピッチは極めて大きいと言えよう。基本給体系において昇給ピッチを大きくすることには，昇格の価値を従業員に理

図表補-4　研究開発技術者の資格要件表

資格等級	職位	要件
技術1等級	補助技術者	当該専門分野の基本知識又は単一領域の特定の知識を備え，適当な指導の下に，単一又は局部的な業務ができる。
技術2等級	普通技術者B	当該専門分野の基礎的且つ必須の知識，技能を備え，それらの知識及び技能が既に業務で何度も実践され，適当な指導の下で，複数の複雑な業務を完成でき，例外的な状況下でも，自律的に動ける。
技術3等級	普通技術者A	当該専門分野の特定領域の全面的な知識と技能を備え，特定方面に精通して，自律して目標を達成でき，当該領域の1つの系統の業務を要領よく行え，他の者の業務を指導できる。
技術4等級	高級技術者B	当該専門分野の特定領域の知識と技能に精通し，他の領域の知識も備え，当該領域内の特定の系統を指導して有効に運用でき，その系統の複雑で重大な問題に対して，現用の手順，方法を改革して解決でき，他の系統の運用も熟知している。
技術5等級	高級技術者A	当該専門分野の複数の領域の知識と技能に精通し，当該領域の発展状態を把握して，全体の体系の有効運用を指導でき，当該領域の重大で複雑な問題の解決を指導できる。
技術6等級	高級専門家	当該領域の発展方向を洞察して，戦略的な指導思想を提起できる。

出所：孔飛燕［2009］に基づき著者作成。

解させやすいという効果がある。このことから，華為が昇給ピッチの大きい基本給体系を使って，「能力主義的職能給制度」を強力に推進しようとしていることがわかる。

「能力主義的職能給制度」の推進は，華為が行っている「ジョブ・ローテーション（輪番）制度」にも見ることができる。「能力主義管理」は自社内でのキャリア形成を大きな目標にしている。「能力主義管理」を行っている多くの企業は，安定的雇用を維持して，入社時の職務にとらわれることなく，経営者の意図に従って，従業員に異なる職務を経験させて能力を高めるジョブ・ローテーション制度を設けている。上述のプロジェクト・マネージャーを育成する観点からも，「企業家的能力」の形成にはジョブ・ローテーション制度は有益である。華為は2種類のジョブ・ローテーション・コースを実施している。

補章　新興ローカル企業の人材育成と報酬制度

図表補-5　基本給体系

等級	基本給 (元) C	基本給 (元) B	基本給 (元) A	レンジ	ピッチ
13等級	5,500	6,500	7,500	2,000	1,000
14等級	7,500	9,000	10,500	3,000	1,500
15等級	10,500	12,500	14,500	4,000	2,000
16等級	14,500	17,000	19,500	5,000	2,500
17等級	19,500	22,500	25,500	6,000	3,000
18等級	25,500	29,000	32,500	7,000	3,500
19等級	32,500	36,500	40,500	8,000	4,000
20等級	40,500	45,000	49,500	9,000	4,500
21等級	49,500	54,500	59,500	10,000	5,000
22等級	59,500				

出所：楊祖江［2010］に基づいて著者作成。

　一つは職能を変えるもので，例えば研究開発技術者に中央研究所，中央試験部（検査部），製造・販売，サービスを歴任させて各職能部門を経験させるコースである。このコースは多くの日本企業でも見られるものである。華為の現在の董事会役員の経歴からも，このことが理解できる。董事会を構成する多くの役員は理工科系大学出身者であるが，研究開発部門だけではなく販売部門も経験している。理工科系出身者であっても販売部門の経験がないと役員になる可能性が低いことが推測される。

　もう一つのジョブ・ローテーションは，華為特有のものと思われる。このジョブ・ローテーションは職位を変えるもので，例えば人事部の課長をしていた者が，営業部の末端営業員に配置転換されるような，中高級幹部に低職位の職務を担当させるようなジョブ・ローテーションである。「上に立つ者は下の経験が必要である」という創業者の考えが反映されたものである。このように上の職位に居た者が下の職位を担当するということはキャリア形成の一環であるとしても，下の職位を担当しても賃金が下がらないことを保証する制度がなければ，実施することは困難であろう。このようなジョブ・ローテーションが行えるのは，「能力主義的職能給制度」を設けることによって可能になっていると言える。

なお賃金として基本給以外に，奨励金が大きな比率で給付されている。図表補-6は，図表補-4の資格要件表に基づいて格付けされた職位（等級）と報酬との関係を示す。奨励金は個人および個人が属するグループを，年間の業績に基づいて評価して給付している。図表補-6からもわかるように，基本給は職位が上がるに従って全報酬に対する給付比率は下がるが，奨励金は職位が上がるに従って全報酬に対する給付比率は上がるように設定されている。

図表補-6　職位（等級）と報酬との関係（％）

職位（等級）	基本給	奨励金	株式付与
補助技術者	90	10	
普通技術者	60	25	15
高級技術者	50	30	20
高級専門家	40	20	40

出所：孔飛燕［2009］に基づき著者作成。

　また図表補-6では，後述する従業員持株制度による株式付与の全報酬に対する比率も，合わせて示している。このような異なった性格を持った報酬と職位の組み合わせにおいて，次の点が注目される。すなわち最上位の高級専門家の奨励金の割合が，普通技術者や高級技術者より低いのに対して，株式付与の割合が高いことである。これは高級専門家に対しては，リスクを取ることを推奨しているためであろう。すなわち結果が簡単に予見できない事業を，自らの責任で引き受けて，事業成功のために最大限の努力をするように，高級人材を動機付けるには，株式付与が適していると考えているからであろう。そして中間位置にいる普通技術者や高級技術者に対しては，奨励金の割合が高い。これは，高いリスクを取る必要はないが，成果を出すために努力することを求めているためである。

(2)　**従業員持株制度**

　「基本法」の分析によって「従業員持株制度」は，「共同体意識」と「企業家精神」の発揚を目標にして設けられていることが明らかになった。このような目標設定には，創業期の自主技術開発とその事業的成功が影響していることも明らかにした。創業期，創業者だけでなく従業員も崖っ縁に立たされた気持ち

で働いて，成長のきっかけを掴んだ。従業員の経営者的な行動を制度として確立しようとしたのが，「従業員持株制度」と見ることができる。したがって，「従業員持株制度」については，創業期からの変遷をたどりながら検討するのが有益であろう。「従業員持株制度」は，次の3つの段階を経て現在に至っている。

第1期（資金蓄積期）1990年～1997年
第2期（利潤還元期）1998年～2001年
第3期（成果給期）2002年～現在

まず華為の急速な企業規模の拡大を理解するために，創業から2007年までの従業員数，資本金，および従業員1人当たりの資本金の推移を図表補-7に示す。図表補-7からわかるように，従業員数も資本金も急激に増大している。従業員1人当たりの資本金も大きく変化している。このような背景から，「従業員持株制度」の性格も企業の成長とともに変化してきた。特に，従業員数が創業期の1,000倍を超えた2002年，「従業員持株制度」は大きな変化をとげた。

図表補-7　従業員数と資本金の推移

年	1988	1995	1997	2002	2007
従業員数（名）	14	800	5,600	22,000	84,000
資本金（千元）	20	70,000	280,000	3,200,000	21,000,000
資本金/員数（千元）	1.5	87.5	50	145.5	250

出所：各種資料に基づいて著者作成。

第1期（1990年～1997年）は華為の「従業員持株制度」の原点である。1990年にこの制度が設立された。当初の動機は，創業（1987年）間もない弱小企業の資金繰りのために，従業員から資金を集めるためであった。当時は，このような制度について国が定めた法律はなく，創業者が編み出した資金繰りのための窮余の策で設けられた制度であった。一般の従業員にとって，株式を保有できるというよりも，創業者から半強制的に購入させられた面が強かった。株式は，どのような職位の者であっても購入することができた。創業期の苦難を乗り越えて事業的成功，すなわち利益が出るようになったのは第1期の後半か

ら（1994年以降）であるが，第1期においては，利益の大半は蓄積に向けられていたと考えてよい。そのため株式付与（配当）が動機付けとして大きな役割を果たすことはなかった。この時期の株式所有は，資金の提供と，創業者と従業員の共同体意識の確認の役割が大きかった。

第2期（1998年～2001年）は「従業員持株制度」が従業員への動機付け機能を果たすようになった時期である。事業の成功によって，株式所有が利潤の分配を受けられる権利として実質的に機能するようになった。配当は株式購入価格（1株1元）の70～90％に達する高いものであった。そのため株式所有は従業員にとって大きな刺激となり，経営者は株式付与を従業員に対する動機付けとして使うようになった。

「従業員持株制度」は法的裏付けを得るために，1997年に深圳市が出した「深圳市国有企業内部従業員持株試行規定」に基づいて改正された。この改正における最も大きな変更は，株式の所有主体を従業員から工会（労働組合）に変えられたことである。工会への変更は次のように行われた。改正前は，資本金7,005万元（10億500万円）が華為の従業員と華為新技術股份公司という別会社（以下，「別会社」と略す）の従業員で100％保有されていた。改正後は，資本金を27,606万元（41億4,000万円）に増資し，それらを華為の工会（持ち分61.90％）と別会社の工会（持ち分33.05％）がそれぞれの持ち分を受託管理し，残りの5.05％を別会社自身が保有するようになった。別会社は株保有のために設立された「ペーパー・カンパニー」である。また工会が従業員の議決権を代行することが当時の株主総会で決定された。しかし①工会と従業員個人との権利関係，②具体的な株主とその保有数等は明らかにされずに改正が行われた。また株式価格は1株1元とされ，企業業績に関係なく固定的に維持されることが決定された。さらに株式購入権について制限が加えられ，研究開発技術者に対しては勤続1年を経過すると株式の購入が認められたが，一般の事務スタッフや生産ラインの作業員には株式購入権は基本的に認められなくなった。

これらの改正は，従業員に十分な説明をすることなく実施された。このような改正が実施できたのは，第1に配当金が高く，従業員にとって不満をいう必要がなかったこと，第2に当時「株式」に対する知識が低く，従業員の中に問題点を指摘できる者がいなかったためと考えられる[14]。

この時期の株式所有の割合は，40％の株式が高級従業員，30％が中級従業員，

10％～20％が一般従業員（事務スタッフ，作業員は除かれている）で保有されていた（程・劉［2004a］：109～110頁）。また1997年までに入社した一般従業員は5万株，中級従業員が10万株を保有し，200万の株式を保有する従業員が1,000人もいた（黄・程［2010］：117頁）。株式保有が制限されるようになったこの時期においても，従業員の80～90％が株式を保有していた。また毎年の配当率が70～90％と高く，5万株を保有する一般従業員でも，3.5万元（1元×5万株×70％）の配当を受けることができた。基本給に対して，少なくとも3分1相当の株式配当を受けていたと推測できる。[15] 格差が大きい基本給に加えて，株式付与という刺激の強い報酬によって，「リスクを負う高い志」を持った人材の育成と誘致に成功し，華為の急速な発展を支えた。

　しかし高い配当は，華為の「従業員持株制度」が宿していた「資本的性格」と「賃金的性格」の矛盾を露見させることにもなった。経営者は株式付与を成果給のように用いてきた。しかし株主を無限に拡げることは，経営支配の観点からできることではない。一方従業員の中には，企業の成長とともに多くの株式を保有するようになり，高い配当によって「働かずに収入が得られる」ことを経験して，「従業員持株制度」が本来目標とした「企業家精神」の発揚から逸脱する者が現れてきた。また一般従業員が株式の所有によって，基本給に相当するような報酬を得られるようになったために，「基本給」の「基本」が揺らぐことになり，「基本給」に支えられた「能力主義的職能給制度」が形骸化する恐れが出てきた。さらに高い成長を経験した従業員は，「企業資産」と「株式価値」との関係に不信を抱くようになってきた。この不信を象徴する事件が，2003年に起こっている。華為の1990年代の発展に大きく貢献し執行副総裁にまで昇進した元経営幹部が，2002年に華為を退社して2003年に従業員持株問題で裁判所に提訴した。訴訟の内容は，「企業資産」と「株式の実勢価格」との関係が不合理であるというものであった。具体的には，華為の株式は公開されていないので，1株の価格が市場で決定されるのではなく，1株1元に固定されていた。華為の驚異的な発展による企業資産の増大と株式価格が対応していないことを問題にしたものであった。裁判の結果は元経営幹部の敗訴に終わったが，華為の従業員持株制度における「企業資産」と「株式の実勢価格」の矛盾が公になり，後述する「ファントム・ストック（虚似受限股）」を採り入れる要因の一つとなった。

第3期（2002年〜現在）は，株式付与の「成果給」的機能を確立した時期である。そして，第2期の後半から現れてきた上述の矛盾をさらに深めることになった時期でもある。

　経営者は，株式付与を「成果給」として確立するために，従来の「株式」を「ファントム・ストック（虚似受限股）」と呼ばれる株式に似たものに転換した。華為は「ファントム・ストック」を2002年より導入した。「ファントム・ストック」はアメリカで開発されたもので，現実の株式価格と連動して価値が定まる「疑似株式」を従業員に付与し，規定期間経過後に会社が内定した価格で会社に売却するなり，経過後も保有して配当相当額を受け取るなりができる制度である。通常の株式と異なる点は，議決権や譲渡権等の通常の株主が有している権利がないことである。「ファントム・ストック」をいくら増やしても，株主構成や株式価値の希釈化は生じない。

　経営者は従来の「株式」を「ファントム・ストック」に転換するために，株式価格を「1株1元」と固定していたものを，年ごとの「純資産」に基づいて定めるようにした。[16] 導入当初の2002年は「1株2.64元」と定めて，従来の「株式」を所有する従業員が「ファントム・ストック」に転換することを促した。その後の華為が内定した株式価格の推移を図表補-8に示す。図表補-8からわかるように，企業業績の増大とともに内定株式価格が上昇している。すなわち「ファントム・ストック」を付与された従業員の資産は，この間大きく増大したことが推測できよう。なお華為の「ファントム・ストック」の規定期間は4年である（黄・程［2010］：108頁）。

　華為の2012年度報告書によると，華為の最大の株主は，華為投資ホールディング有限公司（以下，「華為投資」と略す）で全株式の98.82％を所有し，残りの株式（1.18％）を創業者の任正非が所有していることがわかる。[17]「華為投資」は，華為の工会の投資会社として2003年に設立された。このことから，華為は法律的には工会と創業者によって所有されている。[18] しかし「華為投資」（すなわ

図表補-8　内定株式価格の推移

年	2001	2002	2003	2006	2008
株式価格（元）	2.64	2.62	2.74	3.94	4.04

出所：各種資料に基づいて著者作成。

ち工会)内の株主構成や意思決定方式についての詳しい説明は公にはされていない。因みに「華為投資」の代表者は,華為の董事長の孫亜芳である。

華為の本来の株式と「ファントム・ストック」との関係は,次の増資の事例からその一部を見ることができる(明他[2012])。華為は2004～2011年に63.74億株(275億元/4,125億円)の増資をした。2011年だけでも17.35億株の増資をした。それに対して,2人の株主(華為投資と任正非)は94億元(1,410億円)の出資をした。「華為投資」は出資に相当する「ファントム・ストック」を従業員に割り当てた。2004年から現在までに,従業員が購入した「ファントム・ストック」は260億元(3,900億円)であった。この事例から,株式の増資があった場合,本来の株式は「華為投資」と任正非が所有し,増資分に当たるものを従業員が「ファントム・ストック」として購入していたことが理解できよう。

華為が年度報告書等で「従業員持株」といっているものには,「ファントム・ストック」が含まれている。このことは,華為CEOの徐直軍が中文版「フォーブス」(2012年12月3日発行)でおこなった,次の説明からも明らかである。「従業員株を,我々はファントム・ストック(虚似受限股)と称している。したがって,6万以上の従業員株主は厳格な意味での株主ではない」。図表補-9は2009～2012年の株式保有従業員割合の推移を示す。この株式保有従業員には,「ファントム・ストック」を購入した従業員が含まれていることは,上述の通りである。

図表補-9からもわかるように,最近4年間の株式保有従業員割合は従業員数の増大とともに低下傾向にある。しかし全従業員の50％前後が株式を保有していることは,株式付与による動機付けを重視していることを示すものと言える。株式保有従業員割合は,第1期では100％,第2期で80～90％,第3期でも約50％と非常に高い。そして大学新卒者でも1年後には株式を保有することが

図表補-9 株式保有従業員の割合

	2009	2010	2011	2012
全従業員数	9.5万	11万	14万	15万
株式保有従業員数	6.1万	6.5万	6.6万	7.4万
株式保有従業員割合(％)	64	59	47	49

出所:各年度報告書に基づいて著者作成。

できる。その株式保有によって受ける報酬は，基本給に相当するような額である。高い株式価格で買い戻してもらえれば，下級の従業員でも多額の利益を得ることができる。華為の「従業員持株制度」は，従業員の持株比率と配当の高さから見て，日本の多くの大企業で行われている「従業員持株制度」と異質であることが理解できよう。

　第3期，経営者は「ファントム・ストック」の導入によって，「従業員持株制度」の「成果給」的側面のみを強化したように見える。そして「基本法」で謳われていた「株式付与」による「共同体意識」と「企業家精神」の発揚は，「株式付与」が「ファントム・ストック」に変質することによって難しくなってきている。そして「株式付与」による高額の報酬が，基本給に支えられた「能力主義管理」の形骸化をさらに深めることになろう。

　さらに「従業員持株制度」には次のような問題がある。華為が属する通信機器産業は技術革新が最も急速に進展している産業の一つである。そのために研究開発費は厖大になってきている。しかし華為は株式市場に上場していないので，株式市場から資金を調達することはできない。そのため内部から調達することが選択される。それは「ファントム・ストック」を使って従業員から調達する方法である。上述の増資の事例では，2011年だけで94億元（1,410億円）の資金を集めようとした。これからもこのような大きな資金調達のために「ファントム・ストック」が利用されることになれば，「突出した才能を備えた人材」の誘致や「企業家精神を植え付ける」人材育成という研究開発技術者の人事管理が益々軽視されることになろう。

おわりに

　「二元的分配システム」に焦点を合わせて，華為の人材育成と報酬制度の関係を検討してきた。そこから明らかになったことは，この分配システムは，「能力主義的職能給制度」と「従業員持株制度」で構成されていたことであった。「能力主義的職能給制度」は日本企業の「能力主義管理」に似て，①雇用を安定的に維持して，②職務遂行能力を長期的に査定し，③それを基本給で裏付けることによって，④従業員自らが能力形成に努め，⑤企業に対する従業員の最大限

の貢献を引き出すことを目標とし，「従業員持株制度」は，①「利益運命共同体」の形成と②「責任感と才能を備えた企業幹部層」の養成を目標としていた。そして両制度を組み合わせて，末端従業員と幹部の人材育成を進めてきた。

　華為は従業員10名余りの弱小企業から15万人の世界的大企業に30年足らずで成長した。華為が属する通信機器産業は，企業間の技術革新競争が最も激しく展開されてきた産業分野である。そのなかにあって，「ドッグ・イヤー」にたとえられるような急速な技術革新に遅れることなく，華為は事業の規模を拡大してきた。この点から見て，「二元的分配システム」を報酬制度の柱にした人事制度は，経営者の期待通りに機能してきたように見える。

　しかし華為の人事制度の有効性について，ここで一般化することは慎まなければならない。それは華為がまだ調整期を経験していないからである。華為の成長は，中国が先進国へのキャッチ・アップを開始した1978年の経済改革以降の高度経済成長と同調している。経済改革直後の手つかずの巨大な市場の存在や，政府の保護育成政策によって，中国のローカル企業が右肩上りに急速に成長できる経済環境が存在した。そのため，成長が次の成長を促進する「正のスパイラル」を形成することは困難ではなかった。「二元的分配システム」，特に「従業員持株制度」による「株式付与」は，この「正のスパイラル」において最もその効力を発揮したと考えられる。

　しかし企業成長が停滞または下降する調整期，「負のスパイラル」が生じる恐れが出てきた時，「株式付与」が状況打開に寄与するのか，状況悪化に作用するのか，現在の資料で予想することは難しい。「株式付与」を「賃金（成果給）」と見なした場合，「賃金」が出ると期待していたものが，企業業績の悪化のために出ないと知れば，従業員のモラル（やる気）が落ちることは自然であろう。言い換えれば，「基本法」が期待するように，企業成長の停滞または下降によって株式に対する信頼性が低下しても，株式を保有する従業員が経営者のように長期的な視野を持って株式価値の低下（成果給の低下）に耐え，苦境打開の活動をする可能性よりも，その逆に，株式価値の低下によって従業員のモラル（やる気）が，従来の賃金制度のみで構成された報酬制度よりも早く落ちる可能性の方が高いと考えられる。

　したがって，華為の人事制度の有効性について確定的なことを述べることは難しいが，次のような仮説を立てて，次の研究につなげることはできるだろう。

すなわち,「二元的分配システムは,高度経済成長が可能なキャッチ・アップ期に有効で,成長率が鈍化する安定成長期や成長率が低下するような調整期においては,その有効性は消滅する」という仮説である。この仮説の検証は,調整期を迎えつつある近年の中国経済の動向から見て,そう遠くない時期に行えるだろう。

● 注

1) 2007年から2010年までの下降傾向は,華為の特許出願戦略の見直し(国内出願から海外出願への重点シフト)のためで,研究開発活動は減退していないと,華為の特許出願を代理している中国専利代理人から聞いたことがある。
2) 華為は今まで人事制度について,自ら積極的に公開してこなかった。取締役会のメンバーを具体的に公開したのは2011年の年度報告書からである。そのため華為が提供する情報だけで深い検討をすることは難しいが,インターネット上には華為の情報は大量に存在する。その背景には,華為が中国企業の中で最も高い報酬を提示している会社でもあるので,中国の大学卒業生の関心が高いことがある。そして華為を退職した者も多くいる。そのため,華為の報酬や待遇については大量の情報がインターネット上に存在する。インターネット情報の特質として,華為に関する情報も玉石混淆であるが,丹念に調べていくことによって,貴重な情報を把握することができる。本章の検討においても,そのような手法で得た情報も使用した。
3) 「基本法」とP. F. ドラッカーの経営思想との関係を,ここで詳しく論じることはできないが,ドラッカー[1993]が参考になるだろう。
4) 中国語原文では,「労働,知識,企業家和資本創造了公司的全部価値」と記載されている。
5) 「企業家」については,シュンペーターの「企業家」からP. F. ドラッカーやW. J. ボーモルの「企業家」まで多くの企業家論の系譜がある。多くの企業家論は,①不確実性(リスク),②革新行為,③不確実性と革新行為の両方,④適合・調整力を提示している。
6) 中国語原文では,「分配形式是：機会,職権,工資,奨金,安全退休金,医療保障,股権,紅利,以及其他人事待遇」と記載されている。ここでいう「機会」は研修や研究会への参加機会の意味である。華為人的資源管理部編[1997]:16頁を参照。
7) 中国語原文では,「按労分配的依拠是：能力,責任,貢献和工作態度;股権分配的依拠是：可持続性貢献,突出才能,品徳和所承担的風険」と記載されている。
8) 中国語原文では,「工資分配実行基於能力主義的職能工資制;奨金的分配与部門和個人的績効改進挂鉤;安全退休金等福利的分配依拠工作態度的考評結果;医療保障按貢献大小」と記載されている。
9) この部分の見方については,津田[1968]:277～279頁が参考になろう。
10) 華為の報酬制度については,人事制度と同様に,華為自らが公開した具体的情報は極めて少ない。しかし最近(2010年頃から)華為も企業情報を公開するようになってきた。その大きな理由は,①華為がグローバル企業になったことによって,米国を含めた先進

補章　新興ローカル企業の人材育成と報酬制度

国規準を満たす必要があることと，②ビジネスがBtoCになって，一般消費者の印象が重要になってきたからである。なお退職年金や医療保障等は，これら3つの報酬に比べると，従業員の大半を占める若い従業員にとっては重要性が低いので，本章では検討しない。

11) ここでは「報酬制度」を，基本給や賞与等の賃金制度と株式付与による経済的利得を包含した概念として使用する。
12) この表は，中国通信産業ウォッチャーの楊祖江が2010年11月2日に自身のブログ（http：//www.yzjbj.com）で公開した『華為内部の賃金と待遇の解説（華為内部工資和待遇詳説）』を中心に，他の情報も合わせて著者が作成したものである。
13) 図表補-5のデータは華為自身が公開したものでなく，華為を退職した「前華為人」達が互いの情報をインターネット上で交換し合って作成されたものである。図表補-5のデータは楊［2010］に公開されていて，2009年のデータと考えられる。
14) この状況に対して，退職した老幹部が裁判所に提訴した事件が2002年にあった。この裁判によって，華為の「従業員持株制度」の実態が少し公になった。
15) 別の情報によれば，当時の報酬構造は，給料，賞与，株式配当が1：1：1の関係であったと言われている。
16) 華為は市場公開企業でないので，株式価格は華為自身で定めることなる。華為は会計事務所の会計報告に基づいて決定していると説明しているが，具体的な決定方法は公開していない。
17) 華為は株主構成等に関わる情報を提供してこなかったが，2009年以降，年度報告書で株式構成等を若干明らかにするようになった。
18) 華為の2012年度英文年度報告書，84頁を参照。

「複線型人事労務管理」の課題と展望

はじめに

　本書は事例分析（製造業7社，小売業2社）に基づいて，中国日系企業の人的資源管理の変容過程をたどりながら，その変容の特質を移転側要素と現地側要素との関連において実証的に論じるものである。全体としてⅡ部構成となっているが，いずれも在中日系企業の成功事例を主な分析対象とした。第Ⅰ部では採用・教育，熟練形成，内部昇進，チームワークといった人材形成システムの各側面が「相乗ハイブリッド」の視点に基づいて検討されるとともに，その進化の到達点（調査時の2012年前後）と特質が多面的に明らかにされる。第Ⅱ部では現地企業の人事・労務政策，とりわけ近年進められている「複線型人事労務管理」の変遷過程をたどりながら，人材形成システムの変容の特質，それと関わる因果関連が動態分析を通じて明らかにされる。先行研究を踏まえた上，第Ⅰ部により提起される「相乗ハイブリッド」仮説は本書の基本的な視座となっており，移転側要素と現地側要素とを持ち合わせる現地経営の管理システムの特質を明らかにする上で有意義である。第Ⅱ部で取り上げられる「複線型人事労務管理」は従業員の多元的管理を目指す現地経営が進めてきたものであり，現地における人材形成システムのハイブリッド化のダイナミズムを示す格好の材料である。本章では，「相乗ハイブリッド」仮説を踏まえた上，第Ⅰ部により明らかにされる経営ハイブリッド化の典型例を吟味しながら，第Ⅱ部で取り上げられる「複線的労務管理」の骨格を提示する。

終章　「複線型人事労務管理」の課題と展望

1.「相乗ハイブリッド」仮説

　日本企業の管理システムの海外移転をめぐって，移転と現地適応がミックスされる「ハイブリッド」現象を取り上げる研究は多く存在するが，そのほとんどは「移転する側の論理が先行し，あくまでも日本的経営システムがその核を構成している」ところに限界がある（第1章4節）。現地経営の視点から移転側と現地側の優れていると思われる点を持ち寄る新しい管理システムの存在と可能性を射程に入れて分析を深めていく視角が欠如したからである。
　現地経営の視点から「移転・現地」「両者の優れていると思われる点を結合することで」「相乗的な効果が期待できる第三のシステム」，いわば「相乗ハイブリッド」の存在と可能性に注目する必要があるということは，第1章で仮説として提起された。「相乗ハイブリッド」仮説は，現地経営の視点から「移転・現地」の両面における優れた点が如何なる形で結合され，その結合によってどのような相乗的効果が生まれたのか，またその過程で如何なるシステムが創出されたのかを考える上で役に立つものである。
　諸要素の結合によって新しい管理システムが生まれる場合，システムの安定性と有効性を把握するには「移転・現地」両側の諸要素の結合形態およびその効果を明らかにする必要がある。ここでいう「結合」とは「融合」と「接合」という二つの形態を含み，「融合」とは移転側要素と現地側要素が溶け合って一つのものになることを指すのに対して，「接合」とは移転側要素と現地側要素が繋ぎ合わされることを指す。前者は異なる要素の同質化をいうのに対して，後者は異なる要素を連結することをいう。移転と現地適応がミックスされる「ハイブリッド」現象の生成過程において，融合を通じた異質なものの同質化のケースもあれば，接合を通じた異種混合化のケースもあり得るということで，結合形態には多様な可能性があり，諸要素の結合による制度形成も多様性を有するものである。結合形態の多様性，それに基づく制度形成の多様性を柔軟に分析する上で，「相乗ハイブリッド」仮説が分析視角として役に立つと思われる。

2.「相乗ハイブリッド」管理の典型例

　「相乗ハイブリッド」管理の諸相は第Ⅰ部で多面的に検討した。代表的事例として注目すべきはA社（電子部品メーカ）とB社（大手小売業者）の内部昇進制と評価制度である。第7章の内容に依拠してその特徴を要約すると，次のようになる。すなわち，第1に，導入された内部昇進制が性格の異なる複数の昇進ルートの接合により構築され，日本方式も主要たる部分として定着したということである。すなわち，定期昇給のルートと社内公募制のルートが設けられた。ラインの職務体系とリンクする定期昇給ルートは，現場作業員→組長→班長→係長→課長→部長（A社），また一般従業員→主管→課長→部長→経理→店長（B社）の形で，従業員が人事査定を経て下位の職務から上位の職務へと逐次に昇進していくシステムである。経験と職務遂行能力の度合いが昇進基準として重要とされ，日本方式に近いものである。

　第2に，内部昇進制の一極を為すのは社内公募制であり，応募率の高さ，ルールの明確さなどの面で現地要素が強く反映されていると見られる。社内公募制度とは企業が職務の要件をあらかじめ従業員に公開し，応募者から必要な人材を登用する仕組みである。日本企業が中国よりも早く社内公募制を導入したが，応募率が低く，定期昇給のように広く適用される昇進システムになっていないのが現状である。中国A社とB社の場合，社内公募制の応募率が高く，公募ルールも整備され，定期昇給ルートと並ぶ常用の昇進ルートとなっている。詳細なデータと資料が入手できた中国A社の場合，社内公募制は，農村出稼ぎ労働者を含めて全従業員が公募試験を通じて，職場間の配置転換，破格な昇進，工員から職員への身分転換などを可能とする仕組みとなっている。昇進基準は主として専門能力と業績である。応募者数が多く，公募手続きと試験範囲が明確化され，採用基準と採用結果も公開されるといったところに示されているように，A社の社内公募制は重要な昇格ルートとして整備され，階層間身分差別を緩和するという意味で大きな変革であり，労働者のモチベーションを喚起する効果が大きいと見られる。

　第3に評価システムには現地側要素との融合が目立っている。A社もB社も人事査定制度が確立されている。とりわけ長期雇用制度が定着しているB社の場合，日本に類似する長期的査定制度が確立されているが，査定内容と評価基

準には現地側要素が強く反映されている。例えば，仕事の成果である「業績」は評価基準において7割を占めるのに対して，仕事のプロセスと関わる「態度」が3割ということで，プロセスより成果が重視されている。そして業績評価の結果は毎月明確化され，賃金とリンクされている。なお昇給昇格の基準として，経験や勤続年数より業績＝能力の評価が重視され，業績次第で破格の昇進も可能とされる。このような長期査定制度が当初導入した制度を大きく修正した。その修正は現地従業員の公平感と価値志向を吸い上げて行われたものである。

　最後に内部昇進・評価システムに現地要素が強く反映しえる根拠として，人材の現地化が進んでいるという背景がある。B社の場合，現場主管，総経理・董事長を含めて，経営管理者は全員現地人により担われる。日本人駐在員（11名）は全員，顧問としてサポート機能を担うといったところに示されるように，人材現地化が進められている。A社の場合も総経理以外，経営管理者のほとんどは現地人により担われている。現地経営の戦略形成と制度設計に現地人が高い裁量権を有するということは管理システムに現地要素が強く反映しえる根拠である。A社もB社も成功企業であるが，とりわけB社は小売業界における最も成功した企業と評価されている。現地経営の視点から移転側要素と現地側要素が巧みに結合し，それに基づく「相乗効果」が発揮され，有効な制度形成が成しとげられたといってよい。

3.「複線型人事労務管理」の展開

　成功事例から見た人材形成システムの相乗ハイブリッド化の諸相が第Ⅰ部によって明らかにされた。では，現地経営の視点から「移転・現地」両面の優れていると思われる点が如何なる背景のもとで企業により認知され，移転側要素と現地側要素が如何なる形で結合され，その結合によってどのような制度形成が行われたのであろうか。このような問いかけを解くには，相乗ハイブリッド化のダイナミックな展開過程に目を向け，そこに凝集される因果関連を動態的に分析する必要がある。とりわけハイブリッド化現象の生成要因として注目すべきは，従業員の多元的管理を目指す現地企業の人事・労務政策である。第Ⅱ部では，現地企業で進められる「複線型人事労務管理」の生成要因と実態が動

態分析を通じて明らかにされる。

　近年「複線型人事労務管理」を導入する日本企業が増えている。従来日本企業における従業員管理の根幹は「職能資格制度」である[1]。いわば，従業員の職務遂行能力の度合いによって職能資格等級が決定され，賃金も職能給として資格等級とリンクされる制度である。この場合の職務遂行能力とは同一企業内でOJTにより幅広いキャリアを経て経験を積みながら育成される総合能力のことを指し，業績のほか，学習能力や異常対応能力および労働意欲なども含まれる。昇進システムも職務遂行能力の伸長に応じて下位の職務から上位の職務へと逐次に昇進していく仕組みであり，企業にとって高度の総合能力とモラルを持つ従業員を育成し，労働力の柔軟な配置転換を図る上で有効なシステムであった[2]。この仕組みが定着しえる根拠は長期雇用制度の実施である。

　他方，職能資格制度の問題点として，職務遂行能力の規定が包括的である代わりに，曖昧さが残り，それに起因する能力評価の無限定性が生じるということである[3]。能力規定の曖昧さと能力評価の無限定性は過重労働やそれによる過労死を招く要因であった[4]。近年進められる複線型人事管理とは，総合能力を重視する職能資格制度と並んで，専門能力を重視する「専門職制度」を設け，専門人材の育成を図るために導入された制度である。その背景として，新製品の開発，新事業の開拓などが経営課題となり，専門人材の需要が高まっていることが挙げられる。

　中国の現場で見られる「複線型人事労務管理」は日本の状況と異なる。それは主として現地人材の供給源や労働力タイプが多様化し，従業員の企業に求める要素も多様化しているという背景のもとで生まれたものである。さらにまた各種人材をめぐる企業間競争が激化する中，人材確保のため，多様なニーズに対応する人事制度が必要とされた。その実態について，第Ⅱ部の内容を著者なりにまとめると次のようになる。

　まず第9章では自動車メーカーを分析対象とし，典型的な大量生産方式のもとでの労務管理の特質を動態的に分析した。生産システムの面では，4車種混流生産が行われ，タクトタイムが本社工場と同水準に設定され，日々の人員調整を可能とするサブラインが設置された。つまり高能率で柔軟な生産システムが作り上げられているが，それを支えているのは多能工化と，経験を重視する「職能給」制度の導入であった。労働意欲，仕事経験，潜在能力などを総合的に評

価して定期昇給を決める制度として，本社の職能給制度に類似する。長期雇用制度も導入されている。他方，高業績をつくる優秀な従業員の離職問題が「職能給」制度を見直すきっかけとなった。個人間の能力と業績の差異が的確に反映できず，高業績者にとって不公平感が生じるという問題が認知され，総合能力を重視する「職能給」と並んで，業績を重視する「成果給」が導入された。職能給と成果給が併存する形で賃金体系の「複線化」が進み，高業績者の確保が求められた。

　第10章では大手電機メーカーのケースが取り上げられる。同社は進出した当初，女子単能工による組立作業をベースに，ローエンド製品の量産体制を維持していくことを現地経営の基本方針としていた。高学歴者（技術専門学校卒）の離職率上昇が方針転換を迫る契機であった。背景として，同工場の労働者では都市出身かつ技術専門学校卒の女子労働者と出稼ぎ女子労働者が混在しているということがあった。高度の専門知識を持つ女子労働者の定着を確保するために，ハイエンド製品の多種少量生産ラインが増設され，高度なセル生産（巡回方式と1人セル）が導入されるとともに，多能工化が推進され，作業職から管理職への昇進を可能とする昇進システムと職能給制度および長期雇用制度が続々と導入された。ここでは日本企業の男子正社員向けの雇用システムが現地の女子本工労働者に適用されている。労働者と管理者とが階層的に分断される中，階層間の壁を取り除くことは大きな変革であり，労働者のモラルアップを確保しえる重要な根拠であった。他方，下位の職務，またはローエンド生産を担当する単能工が出稼ぎ労働者であり，かれら（彼女ら）に適用されるのは「短期雇用」と「職務給」である。ここでいう「職務給」はマニュアル化される単能工の職務内容に応じて決められる賃金であり，勤続年数や職務遂行能力の伸長とは無関係であった。ここでは「単能工・短期雇用・職務給」と「多能工・長期雇用・職能給」の形で労務管理の複線化が展開された。他方，多能工と単能工，本工・出稼ぎ労働者間の分断的な階層構造は労働市場の二重構造を内部化させつつ成り立っているものであり，階層関係の緊張ひいてはシステムの不安定性をもたらす要因でもあることも示唆された。

　第11章では，日本の中小金属加工メーカーでよく見られるケースが検討される。少数の熟練工と多数の単能工によって部品の精密加工が行われるが，熟練工の確保が大きな課題であった。熟練工の育成は5年〜10年もかかり，離職率が高

い状況のもとで現地育成が困難であった。そこで熟練形成をめぐって，本社と現地工場間で分業体制が作り上げられた。本社では熟練工が育成され，現地工場では単能工が採用され，労務管理も現地方式でおこなわれる。現場の作業にあたって，本社から熟練工が派遣され，高度の作業や技術管理を担う。現地「単能工」はマニュアル化される単純作業に携わる。それによって品質を保ちながらコスト削減が目指されている。

第12章では大手電機メーカーの二つの事務職場（上海市と北京市）の事例分析を通じて，専門職・管理職の女子正規従業員の存在形態が分析される。女性が大半を占める両職場とも，学歴が高く長期勤務志向が強い女子社員がコア人材として採用されている。流動性の高い労働市場のもと，人材の定着性をどう上げるかは現地経営に課された課題である。長期雇用制度，幅の広いキャリア形成と多様な研修システムなどが導入されたほか，性格の異なる二つの昇進システムが複線的人事管理の一環として構築された。すなわち「総合能力」ベースの管理職コースと「専門能力」ベースの専門職コースである。前者は経験と長期的査定を重視するが，後者は専門能力と業績に基づいて跳躍的昇進と破格の抜擢が可能であることが明らかにされている。

第13章では半導体メーカーの事例が分析される。現地に進出した当初，同社では本社の職能給制度が導入され，総合能力を育成するOJTやOff-JT制度も構築された。現行制度を見直すきっかけは研究開発技術者の大量離職であった。同社の技術者は研究開発技術者と工程管理技術者など2種類の技術者に区分される。「職能資格制度」のもとで，2種類の技術者は技術職の資格等級制度に編入され，処遇の面では同ランクの技術職に格差が付けられなかった。このことが研究開発技術者の不平不満を招いた。背景として，人材市場における研究開発技術者の供給が極めて不足し，賃金相場は工程管理技術者より10倍以上も高かった。企業の対策は社内分社化であった。研究開発部を会社から分離させ，独立会社をつくるということであった。研究開発会社には専門能力のみを重視する「職務給」制度が適用されるのに対し，半導体製造会社には依然として勤続年数と経験を重視する「職能給」が実施される。かくて社内分社化を通じて工程管理技術者と研究開発技術者にそれぞれ性格の異なる賃金体系を適用する複線化をはかり，異なるタイプの技術者の定着を確保しようとした。

終章　「複線型人事労務管理」の課題と展望

むすび

　上記の事例分析から、「複線型人事労務管理」の展開に現地側要素が強く働いたことが明らかになった。移転側要素として特に重要なのは「職能資格制度」およびそれに基づく「職能給」の導入であった。この制度は中国においても熟練労働者や総合管理職人材を育成する上で有効であり、企業意識の向上というところのモラルアップを促す上でも役に立つものである。日本企業は現地において多少改善を図るものとしても「職能資格制度」「職能給」制度を極力導入しようとした。ただ現地人材の供給源が多様化し、労働力タイプも様々であり、企業に求める要素、仕事に関する価値志向も多様化する中、職能給1本の「単線的管理」は現地適応の面で困難な局面に直面した。高業績者、専門人材、高度な専門知識を持つ労働者、都市高卒労働者、出稼ぎ労働者など、高賃金のみを求めるもの、破格の昇進を追求するものもいれば、長期勤務を志向するもの、あるいは短期契約で可とするものもいる。他方、多国籍企業やローカル企業の間に人材確保をめぐる競争が激化する一方である。日系企業、欧米企業、NIES系企業、ローカル企業は人材確保のために、人事制度の革新を極力進めているのが現状である。日本企業は企業内教育、総合能力育成、長期雇用を内包する「職能資格制度」の導入と改善を競争優位の源泉にしながら、様々な形で現地要素（欧米流の職務給、現地の成果主義分配、社内公募制など）の体制内化をはかり、重層的な昇進システムを構築してきた。「職能資格制度」プラスαということは「複線型人事労務管理」の基本的なスタンスである。結果としては、移転側要素と現地側要素とが複雑に絡み合い、「相乗ハイブリッド」化が進んだ。本書の事例で示されるように、「職能資格制度」が現地要素との融合を通じて、改善・再生するケースもあれば、他の異質の制度と接合して多元的管理を実現したケースも現れる。「移転・現地」両側要素の巧みな結合は現地企業の成功を支える重要な要因であった。

　本書の事例分析には問題点も存在する。例えば、失敗事例の分析を踏まえていないことが挙げられる。「ハイブリッド化」現象は相乗効果を生み出す可能性もあれば、摩擦と矛盾を続出させる可能性もある。2008年世界金融危機以降、現地日系企業ではストライキが多発し、労使関係が緊張するケースが増えている。労使関係の緊張は現地経営の「ハイブリッド化」、または「複線的人事労務管理」

とどのような関係にあるのであろうか。これらの点について，本書の事例分析はカバーできず，残される研究課題である。

●注

1)「職能資格制度」の成立過程，その性格と意義について，兵藤［1997］，上巻，Ⅱ-5を参照。
2) OJTによる熟練育成システムの形成過程とその仕組みについて，佐口［1990］を参照。
3) 曖昧さなど人事評価の問題点について，遠藤［1999］を参照。
4)「日本的経営」と過労死問題との関連について，大野［2003］，［2005］が詳しい。

【文献リスト】

（邦文文献）
《著書・編著》
浅江季光［1995］『ホンダ流「課題達成型」目標管理』産能大学出版部刊。
穴田義孝［1989］『日本人再考　in China』明治大学政治経済学部　社会心理ゼミナール。
J. C. アベグレン［2004］『日本の経営』日本経済新聞社。
阿部誠・三井逸友編［1999］『日本的生産システムの評価と展望』ミネルヴァ書房。
網倉久永・新宅純次郎［2011］『経営戦略入門』日本経済新聞社。
安保哲夫他［1991］『アメリカに生きる日本的生産システム』東洋経済新報社。
石田英夫［1985］『日本企業の国際人事管理』日本労働協会。
石塚浩美［2010］『中国労働市場のジェンダー分析』勁草書房。
稲垣清・21世紀中国総研［2004］『中国進出企業地図［日系企業・業種別篇］』蒼蒼社。
稲垣清［2010］『一目でわかる　中国進出企業地図』蒼蒼社。
岩室宏［2002］『セル生産システム』日刊工業新聞社。
上野泉・近藤正幸・永田晃也［2008］「日本企業における研究開発の国際化の現状と変遷」
　　　調査資料NO. 151, 科学技術政策研究所。
氏原正治郎［1966］『日本労働問題研究』東京大学出版会。
内田研二［2001］『成果主義と人事評価』講談社。
梅津祐良・水谷栄二訳［1992］『ハーバードで教える人材戦略』日本生産性本部。
苑志佳［2001］『中国に生きる日米生産システム』東京大学出版会。
苑志佳［2009］『現代中国企業変革の担い手―多様化する企業制度とその焦点』批評社。
遠藤公嗣［1999］『日本の人事査定』ミネルヴァ書房。
遠藤公嗣［2005］『賃金の決め方』ミネルヴァ書房。
遠藤功［2004］『現場力を鍛える「強い現場」をつくる7つの条件』東洋経済新報社。
遠藤功［2011］『経営戦略の教科書』光文社。
江口傳［1995］『労務管理の理論と実際』中央経済社。
大河原克行［2003］『松下電器　変革への挑戦』宝島社。
大島一二［2001］『中国進出日系企業の出稼ぎ労働者』芦書房。
大野威［2003］『リーン生産方式の労働』御茶の水書房。
大野正和［2003］『過労死, 過労自殺の心理と職場』青弓社。
大野正和［2005］『まなざしに管理される職場』青弓社。
大橋英夫・丸川知雄［2009］『中国企業のルネサンス』岩波書店。
大橋史恵［2011］『現代中国の移住労働者』御茶の水書房。
岡山宏之［2005］『トヨタ式で店内作業を見直す』イトーヨーカ堂＆豊田自動織機。
小川英次［1996］『新起業マネジメント（技術と組織の経営学）』中央経済社。

奥林康司編著［2008］『入門人的資源管理』中央経済社。
小野旭［1997］『変化する日本的雇用慣行』日本労働研究機構。
小原明［2001］『松下電器の企業内教育―歴史と分析―』文真堂。
小椋康弘［2000］『経営教育論』学文社。
奥林康司・吉田和夫［1991］『現代の労務管理』ミネルヴァ書房。
何燕侠［2005］『現代中国の法とジェンダー』尚学社。
鍵山整充・太田滋［1983］『管理職要覧―日本的MTP―』白桃書房。
鍵山整充・太田滋［2010］『日本型賃金（2010年版）』白桃書房。
郝燕書［2006］『東アジアの経済発展とグローバル経営戦略』晃洋書房。
郝燕書［2007］『中国における外資系企業経営―成功事例に学ぶ』財団法人国際貿易投資研究所報告書。
梶田幸雄編［2007］『海外・人づくりハンドブック―中国Ⅰ―』海外職業訓練協会。
加藤鉱［2004］『中国ホンダ経営会議』ビジネス社。
加藤弘之・上原一慶［2004］『中国経済論』ミネルヴァ書房。
加藤弘之・渡邉真理子・大橋英夫［2013］『21世紀の中国経済編　国家資本主義の光と影』朝日新聞出版。
鹿嶋敬［2005］『雇用破壊　非正社員という生き方』岩波書店。
門田安弘［1989］『トヨタシステム』講談社。
金井壽宏［2006］『働くみんなのモチベーション論』NTT出版株式会社。
金森久雄・荒憲治郎・森口親司編［2002］『経済辞典』有斐閣。
金津健治［1995］『目標管理の手引』日本経済新聞出版社。
金津健治［2005］『人事考課の実際』日本経済新聞出版社。
上山邦雄［2005］『巨大化する中国経済と日系ハイブリッド工場』有楽出版社。
川上桃子［2012］『圧縮された産業発展』名古屋大学出版会。
河野豊弘・ステュワート＝クレグ［2002］『日本的経営の変革』有斐閣。
川端重夫［1995］『労務管理入門の入門』税務研究会出版局。
関志雄［2005］『中国経済革命最終章』日本経済新聞社。
関志雄・朱建栄［2008］『中国の経済大論争』勁草書房。
関志雄［2010］『チャイナ・アズ・ナンバーワン』東洋経済新報社。
木本喜美子［2004］『女性労働とマネジメント』勁草書房。
木下武男［1999］『日本人の賃金』平凡社新書。
楠田丘［1981］『人事考課の手引』日本経済新聞社。
熊沢誠［1989］『日本的経営の明暗』筑摩書房。
熊沢誠［2010］『女性労働と企業社会』岩波新書。
黒田兼一・関口定一・青山秀雄・堀龍二［2001］『現代の人事労務管理』八千代出版社。
小池和男・猪木武徳［1987］『人材形成の国際比較―人材形成国際比較―』東洋経済新報社。
小池和男［1999］『仕事の経済学』（第2版）東洋経済新報社。
小池和男［2005］『仕事の経済学』（第3版）東洋経済新報社。
小池和男・中馬宏之・太田聰一［2001］『もの造りの技能』東洋経済新報社。

孔健［1996］『日本人は永遠に中国人を理解できない』講談社。
小笹芳央［2002］『モチベーションカンパニー』日本協会マネージメントセンター。
後藤晃・長岡貞男編［2003］『知的財産制度とイノベーション』東京大学出版会。
小宮隆太郎［1988］『現代中国経済』東京大学出版会。
小山昇［2011］『経営の心得　最高の社員を育てるリーダーの決断と行動』大和書房。
今野浩一郎［1998］『中国レポート海外調査シリーズ42中国企業の経営と雇用管理』日本労働研究機構。
今野浩一郎・佐藤博樹［2002］『人事管理入門』日本経済新聞社。
今野浩一郎・大木栄一・畑井治文［2003］『能力・仕事基準の人事・賃金改革』㈶社会経済センター生産性労働情報センター。
サーチナ・中国情報局著［2005］『いまどきの中国人』サーチナ総合研究所。
佐口和郎［1990］「日本の内部労働市場」，吉川洋・岡崎哲二編『経済理論への歴史的パースペクティブ』東京大学出版会。
佐々木信彰・辻美代・金澤孝彰・許海珠［2009］『中国の改革開放30年の明暗』世界思想社。
佐藤博樹・玄田有史編［2003］『成長と人材：伸びる企業の人材戦略』勁草書房。
佐藤博樹・藤村博之・八代充史［1999］『新しい人事労務管理』有斐閣。
佐護譽［1997］『人事管理と労使関係』泉文堂。
柴山恵美子・藤井冶枝・渡辺峻編著［2000］『各国企業の働く女性たち』ミネルヴァ書房。
清水秀晃［2005］『企業再生の人事戦略』金融財政事情研究会。
白井泰四郎［1982］『現代日本の労務管理』東洋経済新報社。
白木他石・黒田兼一等［1986］『現代人事労務管理論』八千代出版社。
白木三秀［2005］『チャイナ・シフトの人的資源管理』白桃書房。
白木三秀編著［2007］『海外・人づくりハンドブック―中国Ⅲ―』海外職業訓練協会。
白木三秀・梅澤隆［2010］『人的資源管理の基本』文眞堂。
白木三秀編著［2011］『チェンジング・チャイナの人的資源管理』白桃書房。
周政毅・フォーイン中国調査部［2009］『中国を制す自動車メーカーが世界を制す』FOURIN。
周宝玲［2007］『日系企業が中国で成功するために―異文化経営が直面する課題』晃洋書房。
末廣昭［2000］『キャッチ・アップ型工業化論　アジア経済の軌跡と展望』名古屋大学出版会。
鈴木良始［1994］『日本的生産システムと企業社会』北海道大学図書刊行会。
鈴木良始・那須野公人［2009］『日本のものづくりと経営学』ミネルヴァ書房。
鈴木滋［2000］『アジアにおける日系企業の経営』税務経理協会。
鈴木滋［2004］『中国ビジネスのむずかしさ・おもしろさ』税務経理協会。
関満博・範建亭［2003］『現地化する中国進出日本企業』新評論。
関満博［2003］『「現場」学者 中国を行く』日本経済新聞社。
瀬沼克彰［2001］『日本型生涯学習の特徴と振興策』学文社。
蘇林［2005］『現代中国のジェンダー』明石書店。
戴秋娟［2005］『変動する中国の労働市場』社会経済生産性本部生産性労働情報センター。
平盛之［2002］『昇格・昇進の設計とモデル規定集』㈱産労総合研究所。

高橋勝彦・大場允晶・藤川裕晃［2009］『生産マネジメント概論　技術編』文眞堂。
高橋潔［2010］『人事評価の総合科学―努力と能力の評価』白桃書房。
竹信三恵子［2012］『ルポ賃金差別』筑摩書房。
橘木俊詔［1992］『査定，昇進，賃金決定』有斐閣。
田原真司・田口徹也・山崎良兵・大屋奈緒子・谷川博・小林和良［2003］『気がつけば中国が［世界の工場］』日経BP社。
玉井金五・佐口和郎編著［2011］『講座現代の社会政策　第1巻　戦後社会政策論』明石書店。
趙暁霞［2002］『中国における日系企業の人的資源管理についての分析』白桃書房。
張晟［2005］『中国人をやる気にさせる人材マネジメント』ダイヤモンド社。
張塀［2003］『中国の人口移動と社会的現実』東信堂。
張明山［2005］『変動する中国の労働市場』社会経済生産性本部生産性労働情報センター。
津田真澂［1968］『年功的労使関係論』ミネルヴァ書房。
津田真澂［1995］『新人事労務管理』有斐閣。
津田眞澂編著［1997］『人事労務管理』ミネルヴァ書房。
寺倉修［2009］『「設計力」こそが品質を決める』日刊工業新聞社。
寺澤弘忠［1989］『OJTの実際』日本経済新聞社。
唐伶［2005］『中国企業における業績主義の導入―本田に見る日本から中国への移転事例とその教訓』雄松堂出版。
P. F. ドラッカー，上田淳生・佐々木実智男訳［1993］『イノベーションと企業家精神』ダイヤモンド社。
P. B. ドリンジャー・M. J. ピオレ著，白木三秀監訳［2007］『内部労働市場とマンパワー分析』早稲田大学出版部。
中兼和津次［2000］『現代中国の構造変動2　経済―構造変動と市場化』東京大学出版会。
中兼和津次［2010］『体制移行の政治経済学』名古屋大学出版会。
中川涼司［2007］『中国のIT産業―経済成長方式転換の中での役割―』ミネルヴァ書房。
中島一［2011］『中国人とはいかに思索し，どう動く人たちか。』河出書房新社。
中谷巌［2012］『資本主義以後の世界―日本は「文明の転換」を主導できるか』徳間書店。
中原淳［2006］『企業内人材育成入門』ダイヤモンド社。
中村圭介［1996］『日本の職場と生産システム』東京大学出版会。
中村圭介［2006］『成果主義の真実』東洋経済新報社。
中村久人［2010］『グローバル経営の理論と実態』同文館出版株式会社。
西澤正樹［2007］『海外・人づくりハンドブック―中国Ⅱ―』海外職業訓練協会。
仁田道夫・久本憲夫編［2008］『日本的雇用システム』ナカニシヤ出版。
西宮輝明・平野文彦［1989］『労務管理』泉文堂。
日経連出版部編［1997］『OJT推進マニュアル集』日経連出版部。
日経連能力主義管理研究会［2001］『能力主義管理―その理論と実践―（新装版）』日経連出版部。
㈳日本経済団体連合会［2006］『日本企業の中国におけるホワイトカラー人材戦略』㈳日本経済団体連合会。
日本貿易振興機構［2005］『中国進出企業の人材活用と人事戦略』ジェトロ。

㈳日本能率協会［2008］『中国における日系企業の経営のあり方』社団法人日本能率協会経営研究所。
根元孝・金雅美［2006］『人事管理（ヒューマンリソース）』学文社。
野田孝［1963］『企業内の教育』日刊工業。
野中郁次郎［1980］『経営管理』日本経済新聞社。
野中郁次郎・竹内弘高［1996］『知識創造企業』東洋経済新報社。
延岡健太郎［2006］『MOT「技術経営」入門』日本経済新聞社。
野村総合研究所［2008］『モチベーション企業の研究「働く野性」を引き出す組織デザイン』東洋経済新報社。
野村秀和［1997］『イトーヨーカ堂　セブンイレブン』大月書店。
野村正實［1993］『トヨタイズム：日本型生産システムの成熟と変容』ミネルヴァ書房。
野村正實［2007］『日本的雇用慣行―全体像構築の試み―』ミネルヴァ書房。
橋本寿朗編［1995］『20世紀資本主義Ⅰ技術革新と生産システム』東京大学出版会。
秦堯禹［2007］『大地の慟哭：中国民工調査』PHP研究所。
濱川泰博［1996］『ザ・カイゼン　再構築と活性化』日本規格協会。
林伸二［2005］『人材育成管理』白桃書房。
原口俊道［1995］『動機づけ―衛生理論の国際比較―東アジアにおける実証的研究を中心として―』同文館出版。
原口俊道［1999］『経営管理と国際経営』同文館出版。
PHP研究所［2006］『新版 中国で成功する人材マネジメントマニュアル』PHP研究所出版。
樋口美雄［1998］『人事組織の経済学』日本経済新聞社。
樋口美雄［2001］『人事経済学』生産性出版。
久本憲夫・電機総研編［2005］『企業が割れる！電機産業に何がおこったか』日本評論社。
一橋大学イノベーション研究センター編［2001］『イノベーション・マネジメント入門』日本経済新聞社。
兵藤釗［1997］『労働の戦後史』（上・下）東京大学出版会。
弘中史子［2007］『中小企業の技術マネジメント（競争力を生み出すモノづくり）』中央経済社。
福谷正信［2001］『R&D人材マネジメント』泉文堂。
福谷正信［2007］『研究開発者の人事制度』中央経済社。
福谷正信［2013］『技術者人事論』泉文堂。
藤野哲也［1998］『グローバリゼーションの進展と連結経営』文真堂。
藤本隆宏［1997］『生産システムの進化論』有斐閣。
藤本隆宏［2001］『生産マネジメント入門Ⅰ』日本経済新聞社。
古田秋太郎［2004］『中国における日系企業の経営現地化』税務経理協会。
邊見敏江［2007］『イトーヨーカ堂の「業務改革」取り組みの経緯とその本質』東京大学OECものづくり経営研究センター。
邊見敏江［2008］『イトーヨーカ堂顧客満足の設計図―仮説・検証にもとづく売り場づくり』ダイヤモンド社。
邊見敏江［2011］『イトーヨーカ堂の経営力強さの原理―モノづくり経営学との共振』ダイ

ヤモンド社。
堀田達也［2010］『等級制度の教科書』労務出版。
堀野不二生［1984］『人的資源管理と教育訓練』ぎょうせい。
本庄良邦［1964］『企業内教育論』三和書房。
馬欣欣［2011］『中国女性の就業行動』慶応義塾大学出版会。
眞崎龍次［1996］『職能資格制度のしくみがわかる本』経営書院。
町田秀樹［2010］『中国市場で成功する人材マネジメント　広汽ホンダとカネボウ化粧品中国に学ぶ』ダイヤモンド社。
丸川知雄［2007］『現代中国の産業―勃興するローカル製造企業の強さと脆さ』中央公論新社。
丸川知雄・安本雅典編［2010］『携帯電話産業の進化プロセス―日本はなぜ孤立したのか―』有斐閣。
丸山惠也［1995］『日本的生産システムとフレキシビリティ』日本評論社。
宮野正克［2001］『成功する作業者多能工化の進め方マニュアル』アーバンプロデュース。
村田高嘉治［1981］『人事考課の技法』精文堂。
村山元英［1997］『新・経営海外移転論』創成社。
明治大学企業内教育研究会［2000］『人材活用と企業内教育』日本経済評論社。
茂出木幸二［1996］『初めての人事考課』日経連出版部。
森岡孝二［2013］『過労死は何を告発しているか』岩波書店。
森和夫［2008］『人材育成の「見える化」上巻』JIPMソリューション。
森克徳［2004］『争覇の流通イノベーション―ダイエー・イトーヨーカ堂・セブン-イレブン・ジャパンの比較経営行動分析』慶応義塾大学出版会。
森建資［1988］『雇用関係の生成』木鐸社。
盛山和夫編［2000］『日本の階層システム4　ジェンダー・市場・家族』東京大学出版会。
八代充史［2009］『人的資源管理論』中央経済社。
安室憲一［1997］『現場イズムの海外経営』白桃書房。
安室憲一［2003］『徹底検証中国企業の競争力』日本経済新聞社。
柳下和夫［2009］『中小企業のモノづくり』教育評論社。
矢作敏行［2003］『中国・アジアの小売業革新』日本経済新聞社。
山下久徳［2011］『わかる！使える！50の経営理論がマスターできる本』明日香出版社。
山田稔［1999］『高度成長期の日本労務管理』千倉書房。
山田雄一［1981］『社内教育入門』日本経済新聞社。
山本潔［1967］『日本労働市場の構造』東京大学出版会。
山本潔［1994］『日本における職場の技術・労働史1854-1990』東京大学出版会。
湯谷昇羊［2010］『巨龍に挑む』ダイヤモンド社。
吉澤正編［1988］『ソフトウエアの品質管理と生産技術』日本規格協会。
吉田和夫［1996］『解明　日本型経営システム―日本経済を分析する新しい経済学の挑戦』東洋経済新報社。
吉原英樹［1998］『日本企業の国際経営』同文館。
吉原英樹・欧陽桃花［2006］『中国企業の市場主義管理：ハイアール』白桃書房。

リクルート・マネジメント・ソリューション［2009］『昇進，昇格実態調査2009』組織行動研究所．
李捷生・羽渕貴司編［2007］『地域間・企業間の複合的競争下の中国日系企業』東アジア研究会調査報告書（非売品）．
凌星光［1996］『中国の経済改革と将来像』日本評論社．
林毅夫著，関志雄・李粋蓉訳［1999］『中国の国有企業改革』日本評論社．
労働政策研究・研修機構［2006］『主要企業における賃金制度改革の変遷に関する調査～大手電機メーカーにみる1990年代以降の賃金制度改定（Ⅱ）』調査シリーズNo.28．

《論文》

安保哲夫［2004］「日本型ハイブリッド経営の世界比較」『帝京システムラボ国際シンポジウム報告論文集』．
磯辺洋［2006］「企業の成長を支える人材育成のポイント」『IT＆家電ビジネス』30巻8号．
市川博［2003］「技術者の人事管理」，佐口和朗・橋元秀一編著『人事労務管理の歴史分析』ミネルヴァ書房．
出水力［2004］「広州本田汽車有限公司とそのサプライヤー・システム」『大阪産業大学経営論集』第6巻第1号（2004年10月）．
伊藤宜生・張侃［2008］「中国における企業形態―その現状の紹介」『山形大学紀要（社会科学）』第35巻第2号．
今溝英明［2006］「新時代における企業内教育」日本大学法学部（山田正雄ゼミ卒業論文）．
今道幸夫［2008］「中国における通信機器産業の発展と技術形成―大型デジタル交換機の自主開発の実態分析を中心に―」『季刊経済研究』大阪市立大学経済研究会，Vol. 31．
岩田京子［2009］「企業内教育に関する序論的考察」『中村学園大学・中村大学短期大学部研究紀要』第42号．
江島由裕［2007］「米国の技術基盤型中小企業支援政策の実証分析」『中小企業季報』大阪経済大学中小企業・経営研究所，通巻143号．
王叔珍・新宅純二郎［2005］「中国半導体産業におけるプロセス・アーキテクチャの変化」，藤本隆宏・新宅純二郎編『中国製造業のアーキテクチャ分析』東洋経済新報社．
欧陽菲［2009］「中国大学生の日系企業の就職希望に関する意識調査分析」『産業能率大学紀要』第29巻第1号．
大泉啓一郎［2010］「中国の経済発展を俯瞰する―337の地級からの観察」『環太平洋ビジネス情報RIM』第10巻第36号．
大場裕之［2008］「日的経営の有効性をめぐる議論」『日本的経営とモティベーション研究』プロジェクト麗澤大学経済社会総合研究センター．
小川正博［2006］「中小企業経営と情報技術の役割」『信用組合』53(3)．
何燕侠［2007］「現代中国の女性事情」『法政理論』第39巻第4号（2007年3月）．
郝燕書［2004］「原田式マネジメントとSOLID社の再生―農民集団から意欲的労働者への改造過程」『経営論集』第51巻第1号．
郝燕書・多田稔［2010～2012］「異文化経営と人材育成(1)～(6)-2」『経営論集』第57巻第2号～第59巻第1/2号．

門田安弘［1983］「多能工化とジョブローテーションによる柔軟な職場づくり」鈴木雄三編『トヨタ生産方式の新展開』日本能率協会。

河崎亜洲夫［2008］「中小企業の国際経営活動」『龍谷大学経営学論集』47(4)。

川端基夫［2011］「日系小売業による中国市場進出の歴史と今後の課題」『季刊 イズミヤ総研』86号。

金堅敏［2004］「対中ビジネスにおける現地化とガバナンスのあり方」『研究レポート』No. 199。

金明花［2010］「中国における日系企業の昇進システムの研究―ホワイトカラー労働者を対象とした事例調査」『横浜国際社会科学研究』第15巻第4号。

熊沢透［1998］「多能工理念の検討」『社会政策学会年報第42集　アジアの労働と生活』。

米谷雅之［2001］「四位一体型自動車販売システムの構築：中国広州本田汽車のケース」『山口経済学雑誌』第49巻第2号（2001年3月）。

近藤信一［2007］「日系電機メーカーの中国事業における新展開」機械振興協会経済研究所『機械経済研究』(38)。

近藤正幸［2013］「日本企業の中国における研究開発」『Development Engineering』Volume 19。

坂下昭宣［1982］「欲求理論と人間行動」，二村敏子編『組織の中の人間行動―組織行動論のすすめ―』有斐閣。

佐々木透［2009］「技術教育，職業教育研究の進歩のために―『産業教育研究』の誌面に見られた論点に注目して―」『産業教育研究』39巻2号。

佐藤厚［2012］「企業における人材育成の現状と課題」『社会政策』第3巻第3号。

佐藤公久［2003］「日本の中小企業におけるビジネスモデル構築―その事例研究と構築要因」『情報科学研究』(12)。

時鍵［2009］「日本多国籍企業の中国における研究開発活動：全体像の分析」『経済学研究』59(2)。

進藤英樹［2012］「アジアBiz・中国小売業で深刻な人手不足　離職率年2～3割に」『日経速報ニュースアーカイブ』2010年9月4日付。

徐向東［1997］「中国の日系企業における技術移転と人材育成―日本的生産システムの適応をめぐって―」『立教大学大学院社会学研究科論集』第4号。

周藤亜矢子［2012］「小売業の中国進出と現地従業員の育成」日本国際秘書学会『研究年報』第19号。

薛軍・西村豪太［2005］「中国での日系企業における経営現地化問題について」『国際金融』1115号。

田浦里香・劉沫真［2008］「中国労働市場の動向と日本企業の人材マネジメント戦略」『知的資産創造』7月号，野村総合研究所。

田中信彦［2010］「中国で長期雇用は実現できるか―成長志向に応じえる仕組みとは―」『Work Review』Vol. 4。

張英莉［2007］「在中国日系企業の人材マネジメント―現状・問題点・課題―」『埼玉学園大学紀要（経営学部編）』第7号。

張洛霞・吉本健一［2008］「中国における日系企業の組織管理」『中京女子大学研究紀要』第42号。

沈瑛［2008］「中国における大学生の職業選択動機に関する一考察」『明治大学大学院政治学研究論集』第27号．
寺岡寛［2004］「中小企業と技術戦略をめぐる諸問題―産官学連携と技術開発の政策課題」『中京経営研究』14(1)．
中村久人［2006］「日本発MOT革新としての『セル生産方式』の創成に関する一考察」『経営力創成研究』東洋大学経営力研究センターVol. 2, No. 1（2006年3月）．
中村博［2011］「株式会社イトーヨーカ堂　中国総代表麦倉弘氏に聞く」『流通情報』第43巻第3号．
中山健一郎［2001］「第2章　ホンダの中国トランスプラントとマザー工場制」，塩見治人編著『移行期の中国自動車産業』日本経済評論社．
西川三恵子［2010］「企業内教育についての一考察」『名古屋大学短期大学紀要』第51号．
日本政策金融公庫［2006］「中小企業の技術経営MOTと人材育成」『中小公庫マンスリー』53 (5)．
日本労働研究雑誌編集委員会［2010］「日本的雇用システムは変わったのか？」『日本労働研究雑誌』No. 606/January 2011（2010年12月）．
羽渕貴司［2008］「在中日系半導体企業の技術者人事管理の変容」『季刊経済研究』大阪市立大学経済研究会，第31巻第2号．
羽渕貴司［2010］「在中日系企業における帰国人材の役割」，夏目啓二編『アジアICT企業の競争力』ミネルヴァ書房．
濱田英次［2011］「『在中日系企業の女子労働』の研究方法と分析」『季刊経済研究』大阪市立大学経済研究会，第34巻第1・2号．
濱田英次［2011］「日系企業で働く女子本工労働者に関する一考察」『日本労働社会学会年報』第22号．
早川周［2005］「中堅・中小企業の技術・技能の継承―人材育成モデルと中部地域の実態調査―」『生産管理』Vol.11 No2，日本生産管理学会．
原田則夫［2005］「対談・現地経営を成功させるポイント」『JC ECONOMIC JOUANAL』2005年9月号．
馮慶宇・柏迪・温仙［2009］「中国小売業におけるアジア系企業の研究」『帝京大学大学院経済学年誌』第17号．
藤井正男［2005］「在中日系企業の労務管理の変容―TA社とBB社の事例を中心に―」『季刊経済研究』大阪市立大学経済研究会，第28巻第1号．
藤井正男［2008a］「広州本田の経営戦略と生産システム（上）」『世界経済評論』通巻629号，Vol. 52，No.1（2008年1月）．
藤井正男［2008b］「広州本田の経営戦略と生産システム（下）」『世界経済評論』通巻630号，Vol.52，No.2（2008年2月）．
藤原貞雄［2003］「第6章　WTO新時代と広州本田」，座間紘一・藤原貞雄編著『東アジアの生産ネットワーク―自動車・電子機器を中心として―』ミネルヴァ書房．
松島茂［2007］「技術の相互作用と技術深化―「世界一」を支えるモノ作り中小企業―　浅沼技研のケース（特集 これが世界一！日本の技術力）」『精密工学会誌』73(1)（通巻865号）．

松永桂子［2006］「中小企業の技能継承問題と地域の新たな対応（特集1 技能・技術の形成・継承と創造の課題）」『中小商工業研究』（87）中小商工業研究所。

松永桂子［2006］「中小企業の技能継承問題と基盤技術振興に関する政策」『総合政策論叢』（11）島根県立大学総合政策学会。

水口昭一郎［2005］「「モノ」づくり復活に向けた中小企業の挑戦（特集 科学技術と産業競争力強化）──（将来の経済社会に向けた重要技術）」『経済 trend』53(3)。

山口隆英［1996］「日本的生産システムの国際移転とマザー工場制」『商学論集』第64巻第3号（1996年3月）。

山田基成［2007］「中小企業の事業開発と技術経営」『国民生活金融公庫調査月報』通巻557号。

楊紅［2005］「日系中国進出企業の離職問題─中国蘇州における日系企業の一事例からみる─」『上智経済論集』50巻1/2号。

横山宏［1967］「中国経済用語集」『早稲田商学』195号。

吉田寿［2004］「中国市場の人材マネジメント」『UFJ Institute Report』Vol. 10, No.1。

吉村真子［1998］「1990年代のマレーシアの労働力構造の変化」『アジアの労働と生活』第42集（1998年6月）。

李創［2003］「技術移転から見る中国の自動車産業の発展」『東洋大学 国際地域学専攻 修士論文要旨』。

李捷生［2010］「雇用関係の変容」『大原社会問題研究所雑誌』No.616。

梁京姫［2005］「ジェンダーの主流化政策と構造改革による内部労働市場の変容」『經濟學雜誌』大阪市立大学経済学会，第106巻第1号。

萬里紅［2011］「中国のマナー教育事情～日本で学んだおもてなし，思いやりの心を教える～」『ショッピングセンター・ジャパン・トゥデイ』10月号。

(英文文献)
《著書・編著》

Bill W.K. Taylor, Chang Kai, and Qi Li［2003］, *Industrial Relations in China*（中国の労使関係）, Edward Elgar Publishing Glensanda House.

Peter B. Doeringer, and Michael J. Piore［1985］ *Internal Labor Markets and Manpower Analysis*, M. E. Sharpe.

Richard M. Steers, and Lyman W. Porter［2002］, *Motivation and Work Behavior*, McGraw-Hill.

Ronald C. Brown［2009］, *Understanding Labor and Employment Law in China*（中国労働契約法解説）, Cambridge University Press.

WIPO［2014］, *Patent Cooperation Treaty Yeary Review 2014*.

《論文》

C. Predergast［1992］, "Career Development and Specific Human Capital Collection," *Journal of the Japanese and International Economies*, Volume 6, Issue 3.

(中文文献)

《著書・編著》(順不同)

華為技術有限公司企業文化資料集編［1997］『華為文摘Ⅰ～Ⅶ』華為技術有限公司。
華為研修資料［2005］『華為服務合作規範―合作工程師培訓専用―（華為のサービス協業規範―協業エンジニア研修専用―）』華為技術有限公司。
華為人的資源管理部編［1997］『華為人事考課』華為技術有限公司。
黄衛偉主編［1997］『卓越を追求した管理探索―華為公司の戦略，管理，機制と文化―』華為技術有限公司。
黄速建・黄群慧［2007］『中国管理学発展研究報告』経済管理出版社。
黄麗君・程東昇［2010］『資本華為』当代中国出版社。
国家統計局貿易外経統計司［2010］『中国貿易外経統計年鑑』中国統計出版社。
謝光亜［2006］『多国籍企業在中国投資分析』中国経済管理出版社。
成媛［2007］『我国通信設備企業発展戦略比較研究』華東師範大学。
大連市人民政府弁公庁通知［2010.7.6］109号。
中国商務年鑑編輯委員会［2011～2013］『中国商務年鑑2011～2013』中国商務出版社。
中国電子工業年鑑編集委員会［2004］『中国電子工業年鑑2004』電子工業出版社。
中商流通生产力促進中心・中国人民大学流通研究中心［2010］『中国零售业研究与实战解析』中国经济出版社。
張軍［2008］『中国企業的転型道路』世紀出版集団格致出版社・上海人民出版社。
張卓元［2008］『中国企業改革30年回顧与展望』人民出版社。
趙景華［2002］『多国籍企業在中国子会社戦略研究』中国経済管理出版社。
趙広信［2011］『中国特色管理学』科学出版社。
陳明［2004］『2003~2004就業報告』中国労働社会保障出版社。
陳栄秋・呉世農・趙曙明［2011］『中国管理研究与実践』復旦大学出版社。
陳衛中主編，陳映雄副主編［2009］『管理学基礎』北京理工大学出版社。
陳佳貴［2009］『新中国管理学60年』中国財政経済出版社。
陳俊生［1993］『中国改革政策大典』紅旗出版社。
程東昇・陸海燕［2008］『任正非管理日誌』中信出版社。
程東昇・劉麗麗［2004a］『華為真相』当代中国出版社。
程東昇・劉麗麗［2004b］『任正非談国際化経営（任正非国際化経営を語る）』浙江人民出版社。
馬寧［2006］『華為与中興通訊（華為と中興通訊）』中国経済出版社。
本書編委会［2008］『大跨越中国電信業三十春秋（大飛躍中国電信業30年）』人民出版社。
毛蘊詩［2005］『多国籍企業在中国経営戦略』中国財政経済出版社。
李暁西・胡必亮［2011］『中国経済新転型』中国大百科全書出版社。
李世化［2011］『管理学和你想像的不一様』石油工業出版社。
马洪・王梦奎［2005］『2005版中国发展研究』中国发展出版社。

《論文》（順不同）
孔飛燕［2009］『華為公司研発人員管理模式研究（華為公司研究開発人材管理方式研究）』蘭州大学学位公表論文。
張利華［2009］『華為研発（華為の研究開発）』機械工業出版社。
明叔亮他［2012］「華為股票虚実」財経雑誌社『財経』2012年16期。

（その他）
《新聞》
『朝日新聞』2011年1月20日，夕刊。
『日本経済新聞』2006年5月19日。
『日本経済新聞』2006年7月25日，朝刊。
『日本経済新聞』2007年1月27日。
『日本経済新聞』2007年5月27日。
『日本経済新聞』2007年5月28日。
『日本経済新聞』2007年12月31日。
『日本経済新聞』2007年12月31日，朝刊。
『日本経済新聞』2010年3月31日。
『日本経済新聞』2011年12月17日，朝刊。
『日経産業新聞』2013年8月8日。
『日経産業新聞』2013年11月6日。
『日経産業新聞』2013年12月6日。

《資料》
経済産業省［2010］『通商白書2010』ぎょうせい出版。
経済産業省［2011］『通商白書2011』ぎょうせい出版。
経済産業省［2012］『通商白書2012』ぎょうせい出版。
ジェトロ［2013］『中国における外資企業の研究開発発展状況報告書』。
中国研究所［2010］『中国年鑑』毎日新聞社。
21世紀中国総研［2011］『中国進出企業総覧2012』蒼々社。
週刊東洋経済［2012］「CSR企業総覧2011年版」週刊東洋経済新報社（3月17日）。
『成都D社の目指すもの』（社内講義資料）。
成都D社2010年第三四半期成果発表会（DVD）。
成都D社2012年度PRESENTATION資料。
2011（7-12月）成都D社業務改善提案発表会資料。
毎日新聞社［2003］『週刊エコノミスト』2003年9月9日号。
東洋経済新報社［1998］『週刊東洋経済』1998年8月1日号。
東洋経済新報社［2001］『週刊東洋経済』2001年12月15日号。
日本貿易振興会［2002］『ジェトロセンサー』2002年8月号。
日経BP社［2005a］『日経ものづくり』2005年8月号。

日経BP社［2005b］『日経ビジネス』2005年6月13日号。
生産革新実践ガイドブック［2009］「セル生産の有効性とその活用」パナソニック㈱。
厚生労働省平成21年賃金構造基本統計調査。
華為ホールディング・カンパニー［2012］『Huawei Investment & Holding Co., Ltd. 2012 Annual Report（ファーウェイ・ホールディング・カンパニー2012アニューアル・レポート）』。

《各種サイトアドレス》（順不同）
独立行政法人労働政策研究・研修機構　http://www.jil.go.jp/foreign/jihou/2005_5/china_01.htm（2012年10月アクセス）
人材育成.com　http://www.jinzaiikusei.com/index.html（2012年9月23日アクセス）
成都天府ソフトウェアパーク　http://www.tianfusoftwarepark.com/ja/chengdu/economy.html/（2012年9月29日アクセス）
四川新聞　http://scnews.newssc.org/system/2012/02/02/013434935.shtml/（2012年9月29日アクセス）
ジェトロ　http://www.jetro.go.jp/（2011年9月18日アクセス）
IMF　http://www.imf.org/external/（2011年9月26日アクセス）
日経BP社BPnet　http://www.nikkeibp.co.jp/（2011年9月21日アクセス）
レコードチャイナ　http://www.recordchina.co.jp/group.php?groupid=64651&type（2012年9月16日アクセス）
日本HR協会　http://homepage1.nifty.com/gluck/0802_kaizen_map1.pdf#search='カイゼン%20定義（2012年9月16日アクセス）
中華人民共和国 国家統計局　http://www.stats.gov.cn/（2012年1月アクセス）
中国政府網　http://www.gov.cn/zwgk/2005-08/12/content_21691.htm（2014年8月31日アクセス）
財富中文網　http://www.fortunechina.com/fortune500/c/2014-07/07/content_212317.htm（2014年8月31日アクセス）
中華人民共和国財政部　http://qys.mof.gov.cn/zhengwuxinxi/qiyeyunxingdongtai/201408/t20140820_1128946.htm（2014年8月30日アクセス）
国務院国有資産監督管理委員会http://www.sasac.gov.cn/n1180/index.html（2014年8月23日アクセス）
中国共産党新聞網　http://cpc.people.com.cn/GB/64162/71380/71382/71386/4837883.html（2014年8月31日アクセス）
北京週報（日本語版）　http://japanese.beijingreview.com.cn/yzds/txt/2011-03/10/content_340529.htm（2014年8月31日アクセス）
広州本田HP　http://www.ghac.cn/
China Auto Industry HP　http://www.iijnet.or.jp/IHCC/north-chinamotor-industry-senryaku2002-2010index.html（2011年12月24日閲覧。※現在は閲覧不可）
International Highway HP　http://www.ihcc-info.org/mem-north-chinamotor-industry-senryaku2002-seisan-06-1-mitoshi01.html（2013年4月1日閲覧）

丸川知雄［2002］「華為技術有限公司」 http://www.iss.u-tokyo.ac.jp/~marukawa/huawei.pdf（2008年11月22日アクセス）。

楊祖江［2010］『華為内部の賃金と待遇の解説（華為内部工資和待遇詳説）』（http://www.yzjbj.com, 2013年7月31日アクセス）。

劉平［2010］『華為往事（華為の過去)』前華為人網（http://exhwren.com/, 2011年7月3日アクセス）。

■索引

■あ
愛社心 ……………………………………… 79
アコード ……………………………… 164, 166, 173
アジアNIES ……………………………… 226
アメリカ ……………………………… 243, 260

■い
育児休職制度 ……………………………… 214
意識改革 ………………………………… 180
異種混合化 ……………………………… 267
異常対応能力 …………………………… 270
委託製造 ………………………………… 238
一元的管理 ……………………………… 224
一般職 ……………………………… 215, 226
一本化混流生産ライン ………… 167, 169, 172
移転側要素 ……………………… 266, 267, 269, 273
移転・現地 ……………………… 267, 269, 273
異文化経営 ……………………………… 16
異文化コンフリクト …………………… 56
医療 ……………………………… 184, 185, 238, 247

■う
ウォーム軸 ……………………………… 201

■え
エアコン ………………………………… 232
営業技術 ………………………………… 234
営業職場 ………………………………… 215
営業担当 ………………………………… 203
エンジニア ……………………………… 170
縁辺的労働 ……………………… 176, 177, 226

■お
欧米企業 ……………………………… 237, 273
応用研究 ………………………………… 231
応用段階 ………………………………… 216

お客様第一主義 ……………………………… 66
遅い昇進 ………………………………… 216
オートメーション ……………………… 195, 196
オリジナル生産体制 …………………… 180

■か
華為 ……………… 9, 242, 243, 244, 245, 246, 247, 248, 249, 250, 251, 253, 254, 255, 257, 258, 259, 260, 261, 262, 263
海外工場 ……………………… 164, 165, 166, 197
海外生産 ……………………………… 176, 180
改革・開放政策 ………………………… 15, 97
解雇規制 ………………………………… 185
外資系自動車メーカー ………… 160, 168, 171
カイゼン活動 …………… 4, 97, 179, 181, 187, 217
階層間身分差別 ………………………… 268
階層研修 ………………………………… 219
階層構造 ……………………………… 226, 271
階層的人材市場 ………………………… 237
階層的労働市場 ………………………… 237
階層別教育 ……………………………… 58
海外研究開発機能 ……………………… 231
開発―製造 …………………… 232, 233, 236, 237, 240
開発・設計 …………………………… 232, 234
開発・設計技術者 ……… 233, 234, 237, 238, 239
開発・設計部門 …………… 232, 233, 238, 239
外部労働市場 …………… 110, 216, 237, 248, 249, 250
価格競争力 …………………………… 173, 202
画一的人事管理 ………………………… 234
加工業者 ………………………………… 198
加工工程 ……………………………… 199, 205
加工賃依存体質 ………………………… 238
加工費 …………………………………… 205
家事労働者 …………………………… 183, 222
課長職 …………………………………… 214
株式配当 ………………………………… 9, 259

289

株式付与 246, 250, 251, 256, 258, 259, 260, 262, 263
株式保有従業員 261
韓国 194, 226
間接差別 215
監督職 186, 187, 188, 214
管理者教育 75
管理職 186, 187, 188, 214, 216, 223, 235, 272

■き
基幹部品 232, 233, 240
企業意識 273
企業家 247, 249, 250, 256, 259, 262
企業間移動 213
企業間競争 188, 270
企業帰属意識 219
企業内教育 57, 273
企業内研修 186, 224
企業文化 79, 165, 172, 246
企業別組合 14
企業理念 219, 224, 245
議決権 260
疑似株式 260
技術・技能集約的な職場 166
技術者 9, 170, 232, 233, 234, 235, 237, 238, 240
技術者獲得競争 235
技術者市場 232, 235
技術者人事管理 9, 232, 234, 237, 239
技術職 235
技術的同質化 164, 171, 172
機種別職場 195
帰属意識 225
技能 166, 168, 177, 195, 200, 234
技能継承問題 195
技能形成 8, 189, 195, 197, 198, 200, 206, 207, 208, 209, 210, 237
技能者 197, 202, 206, 207, 208, 210
技能者育成 195
技能者養成 200

技能集約型作業工程 200, 207, 208, 209, 210
基本給 184, 218, 246, 247, 251, 253, 256, 259, 262
キャッチ・アップ 263
キャリア 186, 188, 189, 270
キャリアアップ 216, 226
キャリア形成 177, 182, 183, 188, 213, 214, 251, 272
行政性公司 15
業績給 218
業績評価 141, 184, 269
競争優位 273
共同経営者 203, 204
共同体 249
共同体意識 249, 250, 256, 258, 262
勤続年数 167, 168, 237, 253, 269, 271, 272
勤務評価 184

■く
苦情処理機能 187
組立技術 168
組立作業 271
組立ライン 164, 237
グローバル競争 9, 189, 232

■け
経営環境 194, 211
経営管理 194
経営管理者 269
経営者 247, 262
経営戦略 160, 163, 164, 172, 246
経営ハイブリッド化 266
経営方式 7, 171
経営方針 172, 195
経営目標達成 234
経営理念 187, 225
計画経済 100
経験的熟練 199
経験的知識 233

経済改革 242
原価低減 240
研究開発 231, 235, 239, 240, 242, 243, 250
研究開発活動 243, 250
研究開発技術者 231, 243, 246, 250, 251, 255, 258, 262, 272
研究開発拠点 231, 240
研究開発体制 238, 239, 243, 244, 245, 253
研究開発費 262
研究開発部門 236, 240, 244, 255
検査測定機器 200
研修制度 187, 188, 219, 224, 225
現地化 136, 240, 269
現地側要素 266, 267, 268, 269, 273
現地経営 171, 172, 266, 267, 269, 271, 272
現地調達率 173, 240
現地統括会社 8
現地日系企業 273
現場管理 203, 210
現場管理者 201
現場力 106, 233

■こ
コア人材 182, 187, 220, 224, 226
工会 258, 260
工場稼働率 202
工程管理技術者 272
合弁企業 15, 178, 238
合弁契約 161, 168
個別処遇 236, 240
雇用形態 8, 177
雇用システム 176, 177, 182, 183, 188, 189, 271
混流生産 270

■さ
財務部門 8, 213
作業経験 200, 209
作業現場 196, 199
作業工程 8, 177, 178, 189, 200, 208

作業標準 180
作業方式 176, 177, 178, 180, 182, 187, 188
査定内容 268
三大経済圏 27
三不主義 165

■し
ジェンダー 217
資格等級 224, 251, 253, 270
自己啓発 58, 219
自己推薦制度 145
自動車市場 160, 161, 172, 178, 182
ジャスト・イン・タイム 100, 180
社内公募制（制度） 4, 109, 268, 273
従業員代表大会 224
従業員持株制度 243, 245, 246, 248, 249, 250, 256, 257, 258, 259, 262, 263
終身雇用（制） 14, 218, 222, 226, 249
住宅積立金制度 184
住宅手当 215
集団主義 234, 236, 240
熟練 178, 182
熟練技能者 199, 202, 203
熟練形成 266, 272
熟練工 8, 33, 168, 169, 170, 172, 187, 197, 210, 237, 271, 272
熟練職場 8, 176, 177, 181, 184, 188, 189
熟練度 199, 200, 204
熟練労働者 181, 187, 273
出産休暇 215
情意考課 154
昇格 223, 224, 233
試用期人員追跡表 149
昇進 233, 234, 237
昇進システム 225, 268, 270, 271, 272, 273
奨励金 184, 187, 218, 246, 247, 251, 256
職位 253, 256
職能給 8, 9, 187, 188, 221, 223, 226, 237, 248, 270, 271, 272, 273

職能資格制度⋯⋯⋯⋯6, 7, 9, 58, 167, 168, 169, 170, 171, 172, 185, 186, 187, 188, 216, 217, 218, 223, 224, 225, 233, 234, 235, 236, 238, 239, 240, 241, 243, 270, 272, 273
職場懇談会⋯⋯⋯⋯⋯⋯⋯⋯⋯⋯⋯⋯⋯⋯⋯187
職務⋯⋯⋯⋯⋯⋯⋯⋯⋯⋯⋯⋯⋯167, 248, 249
職務記述書⋯⋯⋯⋯⋯⋯⋯⋯⋯⋯⋯⋯⋯⋯236
職務給⋯⋯⋯⋯⋯⋯187, 189, 223, 224, 236, 240, 241, 271, 272, 273
職務経験⋯⋯⋯⋯⋯⋯⋯⋯⋯⋯⋯⋯186, 221
職務昇進申請評価表⋯⋯⋯⋯⋯⋯⋯⋯⋯150
職務遂行能力⋯⋯⋯⋯6, 167, 168, 169, 170, 172, 248, 262, 268, 270, 271
職務評価⋯⋯⋯⋯⋯⋯⋯⋯⋯⋯⋯⋯216, 236
女子管理職⋯⋯⋯⋯⋯⋯⋯⋯⋯⋯⋯⋯⋯⋯217
女子従業員⋯⋯⋯⋯8, 9, 213, 214, 215, 216, 217, 220, 222, 223, 224, 225, 226
女子熟練労働者⋯⋯⋯⋯⋯⋯⋯⋯⋯⋯⋯⋯177
女子正規労働者⋯⋯⋯⋯177, 178, 182, 183, 186, 188, 189
女子専門職⋯⋯⋯⋯⋯⋯⋯⋯⋯⋯⋯⋯⋯⋯220
女子単能工⋯⋯⋯⋯⋯⋯⋯⋯⋯⋯⋯⋯⋯⋯271
女子出稼ぎ労働者⋯⋯⋯⋯⋯⋯⋯⋯⋯⋯182
女子不熟練労働者⋯⋯⋯⋯⋯⋯⋯⋯⋯⋯176
女子労働者⋯⋯⋯⋯⋯⋯8, 176, 177, 182, 183, 188, 189, 220, 226, 271
ジョブ・ローテーション⋯⋯⋯⋯⋯⋯⋯255
新規学卒採用⋯⋯⋯⋯⋯⋯⋯⋯⋯⋯⋯⋯⋯233
人件費⋯⋯⋯⋯⋯⋯⋯⋯⋯⋯8, 197, 210, 211
人材育成⋯⋯⋯⋯⋯⋯⋯⋯172, 195, 233, 262
人材移動⋯⋯⋯⋯⋯⋯⋯⋯⋯⋯⋯⋯248, 249
人材確保⋯⋯⋯⋯⋯⋯⋯⋯⋯⋯⋯⋯270, 273
人材形成システム⋯⋯⋯⋯⋯⋯⋯⋯266, 269
人材現地化⋯⋯⋯⋯⋯⋯⋯⋯⋯⋯⋯⋯⋯⋯269
人材流出⋯⋯⋯⋯⋯⋯⋯⋯⋯⋯⋯⋯168, 170
人事管理⋯⋯⋯⋯⋯⋯194, 213, 214, 219, 220, 224, 246, 250, 262
人事考課⋯⋯⋯⋯⋯⋯⋯⋯⋯⋯167, 251, 253
人事制度⋯⋯⋯⋯9, 177, 215, 219, 220, 221, 225, 226, 233, 241, 242, 243, 245, 247, 249, 263, 270, 273
新人事制度⋯⋯⋯⋯215, 216, 217, 218, 219, 225, 226
人的資源⋯⋯⋯⋯⋯⋯⋯⋯⋯⋯⋯194, 208, 249

■す

垂直統合体制⋯⋯⋯⋯232, 233, 235, 236, 238, 239, 241

■せ

成果⋯⋯⋯⋯⋯⋯⋯⋯⋯170, 171, 172, 256, 269
成果給⋯⋯⋯⋯⋯⋯9, 171, 172, 259, 260, 262, 271
成果主義⋯⋯⋯⋯⋯6, 139, 171, 172, 221, 239
成果主義的分配⋯⋯⋯⋯⋯⋯⋯⋯⋯⋯⋯⋯8
成果主義導入⋯⋯⋯⋯⋯⋯⋯⋯⋯⋯⋯⋯240
成果主義分配⋯⋯⋯⋯⋯⋯⋯⋯⋯⋯⋯7, 273
正規労働者⋯⋯⋯⋯⋯⋯178, 182, 183, 187, 189
生産現場⋯⋯⋯⋯⋯172, 177, 178, 185, 188, 195, 197, 198, 200, 208
生産システム⋯⋯⋯⋯172, 180, 194, 195, 196, 197, 206, 208, 210, 211, 270
生産体制⋯⋯⋯162, 163, 168, 171, 181, 187, 188, 206
生産方式⋯⋯⋯⋯⋯⋯⋯⋯⋯⋯⋯176, 179, 182
生産ライン⋯⋯⋯⋯167, 168, 172, 179, 238, 258
製造技術者⋯⋯⋯⋯9, 232, 233, 234, 237, 238, 239
製造現場⋯⋯⋯⋯⋯⋯⋯8, 165, 166, 177, 178, 180, 181, 210, 225, 234
製品開発⋯⋯⋯⋯⋯⋯⋯⋯⋯⋯232, 235, 238
世界の工場⋯⋯⋯⋯⋯⋯⋯⋯8, 9, 56, 97, 231
セル生産⋯⋯⋯⋯8, 177, 179, 180, 182, 187, 188, 271
専門管理職⋯⋯⋯⋯⋯⋯⋯⋯⋯⋯223, 224, 226
専門職⋯⋯⋯⋯⋯⋯9, 216, 217, 220, 222, 235, 272
専門人材⋯⋯⋯⋯⋯⋯⋯⋯⋯⋯⋯⋯7, 270, 273

■そ

総合能力⋯⋯⋯⋯⋯⋯⋯⋯⋯⋯⋯225, 270, 272
相乗ハイブリッド⋯⋯⋯⋯3, 266, 267, 268, 273
属人的要素⋯⋯⋯⋯⋯⋯⋯⋯⋯⋯⋯⋯246, 247

■た
- 退職年金 246, 247
- タクトタイム 163, 270
- 多元的管理 160, 224, 266, 269
- 多能工 8, 83, 168, 169, 172, 182, 237, 271
- 短期雇用 181, 182, 189, 200, 271
- 単純作業 178, 272
- 単純労働 181, 182
- 男性正社員 217, 235
- 段取り作業 199, 200, 203, 204, 207, 208
- 単能工 271, 272

■ち
- 知的熟練 196, 197, 199, 209, 211
- 長期雇用 181, 182, 183, 184, 188, 200, 210, 214, 218, 235, 249, 271, 273
- 賃金 170, 221, 233, 239, 256, 263, 270, 271
- 賃金格差 221, 237
- 賃金制度 170, 177, 187, 188, 216, 221, 226, 243, 245, 247, 248, 253, 263
- 賃金相場 184, 220, 272
- 賃金体系 225, 237, 272

■て
- 定期昇給 221, 268, 271
- 低コスト 233, 236
- 出稼ぎ労働者 31, 112, 182, 205, 271, 273

■と
- 同一労働同一賃金 189, 240

■な
- 内製化 232, 233
- 内部育成 9, 169
- 内部化 271
- 内部昇進 4, 109, 220, 223, 224, 225, 226, 238, 266, 268
- 内部労働市場 4, 110, 219, 224, 226, 249, 250

■に
- 二元的分配システム 243, 245, 246, 247, 249, 250, 251, 262, 263, 264
- 日本的経営 7, 14, 233, 267

■ね
- 年功 8, 14, 170, 221, 234, 248

■の
- 能力主義管理 8, 167, 169, 171, 226, 248, 249, 250, 251, 262

■は
- ハイエンド 188, 242, 245, 271
- ハイブリッド 6, 7, 266, 267, 269, 273
- 派遣労働者 178, 182, 188, 189
- 万能熟練工 195, 196, 197, 199, 200, 209, 210, 211
- 万能職場 195, 196, 197, 199, 210

■ひ
- 非正規 177, 178, 181, 183
- 一人っ子政策 116, 185
- 評価制度 4, 109, 268
- 品質管理 163, 167, 200, 203, 234

■ふ
- フレキシブル 168, 171, 177, 181
- プロジェクト・チーム方式 9, 243, 245
- プロジェクト・マネージャー 244, 245, 254

■へ
- ベルトコンベアー生産 177, 178, 179, 180, 182, 188

■ほ
- 報酬制度 242, 251, 262, 263
- 母性保護 188, 189

ボーナス............................185, 187, 218, 221
ホワイトカラー............8, 9, 27, 213, 214, 216, 221, 225, 226

■ま
マザー工場............................164, 171, 187
マニュアル化............................271, 272

■も
目標管理制度............................139, 166, 167, 172
モチベーション............................9, 172, 180
モラルアップ............................216, 271, 273

■り
離職............................28, 182, 189, 210, 235, 271, 272

■ろ
労働契約法............7, 8, 169, 170, 172, 183, 185, 187, 188, 215, 218, 225, 226
労働工程............................181
労働市場............176, 209, 213, 220, 225, 226, 249, P250, 271, 272
労働市場（配置転換）............................249
労働（者）............................235, 247, 249
労働者保護............................215
労働集約型............................197
労働集約的............................8
労働条件............................224
労働力............177, 181, 187, 208, 209, 231, 270, 273
ローテーション............................181, 215, 216, 223

■アルファベット
IPD体制............................244, 245, 248
Off-JT............................58, 68, 167, 219, 224, 272
OJT............6, 8, 58, 68, 167, 200, 202, 210, 219, 234, 270, 272
QC............................181, 187, 234, 236

■ 執筆者紹介

郝　燕書（かく　えんしょ）

〈担当〉「はじめに」の前半部分，「序章」（多田と共編著，ただし，李・藤井担当部分を除く）
1956年生まれ。明治大学 経営学部教授
東京大学大学院 経済学研究科修了，博士（経済学）
〈著書〉『中国の経済発展と日本的生産システム─テレビ産業における技術移転と形成─』（単著）ミネルヴァ書房，1999年
　　　『東アジアの経済発展とグローバル経営戦略』（共著）第6章「異文化経営におけるトップマネジメントの役割」晃洋書房，2006年
　　　「中国企業の創出と進化」（単著）『経営学論集第83集』日本経営学会，2013年　ほか。

多田　稔（ただ　みのる）

〈担当〉「はじめに」，「序章」（郝と共編著，ただし，李・藤井担当部分を除く），第1章～第8章
1962年生まれ。日本経済大学大学院 経営学研究科教授
明治大学大学院 経営学研究科（博士後期課程）修了，博士（経営学）
〈著書〉「中国における国有資産管理システムと株式制」（単著）『アジア経営研究』第9号 アジア経営学会，2003年
　　　『巨大化する中国自動車産業』（共著）第3章「電機産業の歴史的経験と自動車産業への示唆」日刊自動車新聞社，2009年
　　　『China: A-bird's eye view』（共著）Intelligence Publishing，2014年
　　　I. Problems with the economic development and ancient regime 4. The internal problems of China
　　　"All the Stock Circulation（股権分置）Reform" and the "Ancient Regime" ほか

藤井　正男（ふじい　まさお）

〈担当〉「序章」の第Ⅱ部の概要部分，第9章
1969年生まれ。神戸女学院大学・日本経済大学大学院　非常勤講師。
大阪市立大学大学院経済学研究科博士課程単位取得満期退学，博士（経済学）
〈著書〉「在中日系企業の労務管理研究の方法」大阪市立大学経済研究会『季刊経済研究』第33巻，第1・2号，2010年9月10日
　　　「日本企業の対中投資の動向と課題」大阪市立大学経済学会
　　　『経済学雑誌』第111巻・第3号，2010年12月20日.
　　　『地域共同体とグローバリゼーション』（共著）晃洋書房，2010年

濱田　英次（はまだ　えいじ）

〈担当〉第10章，第12章

1949年生まれ。大阪市立大学客員研究員を経て，現在同大学大学院経営学研究科客員研究員
大阪市立大学大学院創造都市研究科後期博士課程修了，博士（創造都市）

〈著書〉「『在中日系企業の女子労働』の研究方法と分析」大阪市立大学『季刊経済研究』第34巻第1・2号，2011年9月

「日系企業で働く女子本工労働者に関する一考察」『日本労働社会学会年報』第22号，2011年12月

津川　礼至（つがわ　れいじ）

〈担当〉第11章

1966年生まれ。大阪市立大学大学院創造都市研究科後期博士課程を経て，現在日本経済大学経営学部商学科准教授
大阪市立大学大学院創造都市研究科後期博士課程修了，博士（創造都市）

〈著書〉「金属切削加工産業の日中中小企業の比較研究」工業経営研究，第26巻，2012年．

「経営資源が限られる小規模製造企業のアジア展開」大阪の経済，2011年版，大阪市経済戦略局．

「在中国日系中小製造企業における労務管理の変容—電気機器産業の事例分析—」大阪市立大学『季刊経済研究』第37巻第1・2号，2015年9月。

羽渕　貴司（はぶち　たかし）

〈担当〉第13章

1971年生まれ。神戸国際大学経済学部准教授。
大阪市立大学大学院経営学研究科博士課程修了，博士（商学）

〈著書〉「在中日系企業における帰国人材の役割」夏目啓二編『アジアICT企業の競争力』ミネルヴァ書房，2010年

「電電公社民営化研究の分析枠組み構築と研究史の構造的統合」『神戸国際大学経済文化研究所年報』第24号，2015年4月

今道　幸夫（いまみち　ゆきお）

〈担当〉補章
1951年生まれ。大阪市立大学大学院創造都市研究科　客員研究員を経て，現在同大学院経営学研究科客員研究員
大阪市立大学大学院創造都市研究科後期博士課程単位取得満期退学，博士（創造都市）
〈著書〉「中国における通信機器産業の発展と技術形成―大型デジタル交換機の自主開発の実態分析を中心に―」大阪市立大学『季刊経済研究』Vol. 31，2008年6月発行
　　　「中国通信機器産業におけるローカル・メーカの成長方式―華為技術有限公司の事例を中心に―」工業経営研究学会『工業経営研究』第25巻，2011年9月発行
　　　「中国通信機器産業における研究開発技術者の人事制度―華為技術有限公司の事例を中心に―」工業経営研究学会『工業経営研究』第28巻，2014年8月発行
　　　『ファーウェイの技術と経営』（単著）白桃書房，2017年

李　捷生（り　しょうせい）

〈担当〉「はじめに」の後半部分，終章
1957年生まれ。大阪市立大学大学院創造都市研究科教授を経て，現在同大学院経営学研究科教授
東京大学大学院経済学研究科修了，博士（経済学）
〈著書〉『中国「国有企業」の経営と労使関係』（単著）御茶の水書房，2000年
　　　『人事労務管理の歴史分析』（共著）ミネルヴァ書房，2003年
　　　『日本企業の生産システム革新』（共著）ミネルヴァ書房，2005年
　　　『中国社会主義市場経済の現在』（共著）御茶の水書房，2011年　ほか。

■ **中国の現場からみる日系企業の人事・労務管理**
　　―人材マネジメントの事例を中心に―

■ 発行日――2015 年 11 月 6 日　初版発行　　　　〈検印省略〉
　　　　　　2019 年 11 月 16 日　初版 4 刷発行

■ 編著者――李 捷生・郝 燕書・多田 稔・藤井 正男

■ 発行者――大矢栄一郎

■ 発行所――株式会社　白桃書房
　　　　〒 101-0021　東京都千代田区外神田 5-1-15
　　　　☎ 03-3836-4781　📠 03-3836-9370　振替 00100-4-20192
　　　　https://www.hakutou.co.jp/

■ 印刷・製本――藤原印刷

Ⓒ Jiesheng Li, Yanshu Hao, Minoru Tada, Masao Fujii 2015 Printed in Japan
ISBN 978-4-561-26665-5 C3034

本書のコピー，スキャン，デジタル化等の無断複製は著作権法上での例外を除き禁じられています。本書を代行業者等の第三者に依頼してスキャンやデジタル化することは，たとえ個人や家庭内の利用であっても著作権法上認められておりません。

JCOPY 〈(社)出版者著作権管理機構 委託出版物〉

本書の無断複写は著作権法上の例外を除き禁じられています。複写される場合は，そのつど事前に，(社)出版者著作権管理機構（電話 03-5244-5088，FAX 03-5244-5089，e-mail：info@jcopy.or.jp）の許諾を得てください。

落丁本・乱丁本はおとりかえいたします。

好 評 書

吉原英樹・欧陽桃花【著】
中国企業の市場主義管理 本体 2,300 円
　　―ハイアール

潘　志仁【著】
中国企業のもの造り 本体 3,000 円
　　―参与観察にもとづいて

橋田　坦【著】
中国のハイテク産業 本体 2,000 円
　　―自主イノベーションへの道

秋山憲治【著】
米国・中国・日本の国際貿易関係 本体 2,800 円

法政大学イノベーション・マネジメント研究センター【編】
発展する中国の流通 本体 3,800 円

税所哲郎【著】
中国とベトナムのイノベーション・システム 本体 3,300 円
　　―産業クラスターによるイノベーション創出戦略

村松潤一【編著】
中国における日系企業の経営 本体 2,500 円

中野宏一・寺嶋正尚・春山貴広【著】
海外市場開拓のビジネス[第2版] 本体 2,500 円
　　―中国市場とアメリカ市場

白木三秀【編著】
チェンジング・チャイナの人的資源管理 本体 2,800 円
　　―新しい局面を迎えた中国への投資と人事

東京　**白桃書房**　神田

本広告の価格は本体価格です。別途消費税が加算されます。

好 評 書

金井壽宏【著】
変革型ミドルの探求　　　　　　　　　　　　　　　本体 4,800 円
　―戦略・革新指向の管理者行動

H. ミンツバーグ【著】奥村哲史・須貝栄【訳】
マネジャーの仕事　　　　　　　　　　　　　　　　本体 3,200 円

M.H.ベイザーマン・M.A.ニール【著】奥村哲史【訳】
マネジャーのための交渉の認知心理学　　　　　　　本体 2,900 円
　―戦略的思考の処方箋

W.L.ユーリ　他【著】奥村哲史【訳】
「話し合い」の技術　　　　　　　　　　　　　　　本体 2,500 円
　―交渉と紛争解決のデザイン

上田和勇・岩坂健志【著】
NPO のリスクマネジメント　　　　　　　　　　　本体 1,905 円
　―NPO 経営　成功の鍵

小山和伸【著】
リーダーシップの本質　　　　　　　　　　　　　　本体 1,800 円
　―失意から成功への回帰

北　寿郎・西口泰夫【編著】
ケースブック京都モデル　　　　　　　　　　　　　本体 3,000 円
　―そのダイナミズムとイノベーション・マネジメント

上野恭裕【著】
戦略本社のマネジメント　　　　　　　　　　　　　本体 3,600 円
　―多角化戦略と組織構造の再検討

S.デニング【著】高橋正泰・高井俊次【監訳】
ストーリーテリングのリーダーシップ　　　　　　　本体 3,300 円
　―組織の中の自発性をどう引き出すか

―――――――――――― 東京　**白桃書房**　神田 ――――――――――――

本広告の価格は本体価格です。別途消費税が加算されます。

好 評 書

E.H.シャイン【著】二村敏子・三善勝代【訳】
キャリア・ダイナミクス 本体 3,800 円

E.H.シャイン【著】金井壽宏【訳】
キャリア・アンカー Ⅰ 本体 1,600 円
　　―自分のほんとうの価値を発見しよう

E.H.シャイン【著】金井壽宏・髙橋　潔【訳】
キャリア・アンカー 本体 762 円
　　―セルフ・アセスメント

E.H.シャイン【著】金井壽宏【訳】
キャリア・サバイバル 本体 1,500 円
　　―職務と役割の戦略的プランニング

金井壽宏【著】
キャリア・デザイン・ガイド 本体 2,100 円
　　―自分のキャリアをうまく振り返り展望するために

E.H.シャイン【著】稲葉元吉・尾川丈一【訳】
プロセス・コンサルテーション 本体 4,000 円
　　―援助関係を築くこと

C.D.マッコーレイ　他【編】金井壽宏【監訳】
CCL リーダーシップ開発ハンドブック 本体 4,700 円

横山和子【著】
国際公務員のキャリアデザイン 本体 3,000 円
　　―満足度に基づく実証分析

髙橋　潔【著】
Jリーグの行動科学 本体 3,300 円
　　―リーダーシップとキャリアのための教訓

―――――――――――― 東京　**白桃書房**　神田 ――――――――――――

本広告の価格は本体価格です。別途消費税が加算されます。